健康中国战略下
国民心理健康法治保障研究

JIANKANG ZHONGGUO ZHANLÜEXIA
GUOMIN XINLI JIANKANG
FAZHI BAOZHANG YANJIU

万传华◎著

中国政法大学出版社

2022·北京

图书在版编目（ＣＩＰ）数据

健康中国战略下国民心理健康法治保障研究/万传华著. —北京：中国政法大学出版社，2022.10

　ISBN 978-7-5764-0711-2

Ⅰ.①健⋯ Ⅱ.①万⋯ Ⅲ.①国民－心理健康－法治－研究－中国 Ⅳ.①D922.164

中国版本图书馆CIP数据核字(2022)第201584号

出 版 者	中国政法大学出版社
地　　　址	北京市海淀区西土城路 25 号
邮寄地址	北京 100088 信箱 8034 分箱　邮编 100088
网　　　址	http://www.cuplpress.com（网络实名：中国政法大学出版社）
电　　　话	010-58908586(编辑部) 58908334(邮购部)
编辑邮箱	zhengfadch@126.com
承　　　印	固安华明印业有限公司
开　　　本	720mm×960mm　1/16
印　　　张	17.75
字　　　数	310 千字
版　　　次	2022 年 10 月第 1 版
印　　　次	2022 年 10 月第 1 次印刷
定　　　价	69.00 元

构建中国特色的全民心理健康法治保障体系

　　中国共产党和中国政府不仅把尊重和保障人权作为治国理政的基本理念，而且开创了一条顺应时代潮流、适合本国国情的人权发展道路，推进我国人权事业取得了历史性成就。在国民心理健康权保障方面，贯彻健康中国战略，强化"大卫生、大健康"理念，制定政策和法律，发展精神卫生事业，规范精神卫生服务，保护精神障碍患者的合法权益，树立以中华优秀传统文化为基础、以社会主义和谐价值观为引领的自尊自信、理性和平、积极向上的社会心理认知，维护和增进国民的心理健康素养，构建中国特色的全民心理健康服务体系。党的十七大报告指出："健康是人的全面发展的基础，关系千家万户幸福。"党的十八大报告指出："健康是促进人的全面发展的必然要求。"在 2016 年 8 月召开的全国卫生与健康大会上，习近平总书记就明确提出要"把健康融入所有政策，人民共建共享"，强调"没有全民健康，就没有全面小康。要把人民健康放在优先发展的战略地位"。同年 10 月，中共中央、国务院印发《"健康中国 2030"规划纲要》，提出"普及健康生活、优化健康服务、完善健康保障、建设健康环境、发展健康产业"五方面的战略任务。党的十九大报告提出了"实施健康中国战略纳入国家发展的基本方略，强调人民健康是民族昌盛和国家富强的重要标志，为人民群众提供全方位全生命周期健康服务"，"加强社会心理服务体系建设，培育自尊自信、理性和平、积极向上的社会心态"。在 2021 年 7 月 1 日庆祝中国共产党成立 100 周年的大会上，习近平总书记向全世界庄严宣告，经过长期不懈努力，中国人民实现了从翻身解放到解决温饱、从基本小康到全面小康，并正在向共同富裕目标迈进，我国人权事业取得了全面发展。党的二十大报告把"推进健康中国建设"作为报告第九部分"增进民生福祉，提高人民生活品质"的四个基本内容之一，并强调"把保障人民健康放在优先发展的战略位置，完善人民健康促进政策""重视心理健康和精神卫生""深入开展健康中国行动和爱国卫生运动，倡导文明健康生活方式"。一百多年来，中国共产党在马克思主义人权观和当代中国人权观的指导下，结合五千多年中华文化中关注民生、以人为本的主流价值追求，坚持把保障人民生存权、发展权作为首要的基本人权，坚持在发展中保障和改善民生，把人民幸福生活作为最大的人权，努力推进我国各类人权事业全面发展以实现人的全面发展。从人权视角看，中国共产党的一百年历史就是一部追求人权、尊重人权、保障人权、发展人权的历史。健康权作为基本人权之一，受到我国宪法和法律的承认和保护，并提升到国家战略高度予以对待。为了满足人民群众对美好生活权利的追求，党和国家实施了以"大卫生、大健康"为理念的"健康中国"战略，健康观念从强调"以治病为中心"向"以健康维护为中心"转变，不仅强调体质健康，而且强调心理健康是健康的重要组成部分，还把与健康有关的食品、环境、生活方式等内容纳入健康法治保护的内容。当前，我国正处在经济社会发展的快速转型期，新冠疫情笼罩，生活节奏加快，竞争压力加剧，个体心理行为问题及其引发的社会问题日益凸显，公民的心理健康意识和心理健康素养有待提高，心理健康已成为一个影响经济社会发展的重大公共卫生问题和社会问题。但"心理健康服务体系不健全，政策法规不完善，社会心理疏导工作机制尚未建立，服务和管理能力严重滞后，现有的心理健康服务状况远远不能满足人民群众的需求及经济建设的需要，加强心理健康服务、健全社会心理服务体系迫在眉睫"。[1]

健康权是许多国际公约和国家宪法承认的一项基本权利。《经济、社会及文化权利国际公约》（ICESCR，1966年）对健康权的规定，"人人有权享受可能达到之最高标准之身体与精神健康"的标准。换言之，健康权的内涵是：人人享有体质健康权和心理健康权。但是，不论在理论上还是实践上，人们对健康权的关注主要倾向于体质健康权，心理健康权保护常常被忽视。心理

---

〔1〕 参见原国家卫生计生委、中宣部、中央综治办等：《关于加强心理健康服务的指导意见》。

健康问题——作为一个全球性的问题正伴随着现代化的进程而日益凸显出来。世界卫生组织（WHO）专家曾断言，从现在起到 21 世纪中期，没有任何一种灾难能像心理危机那样给人们带来持续而深刻的痛苦，就疾病发展史而言，可以说人类已经进入了"心理疾病时代"。有的学者把这种病象称为"时代病"或"文明病"，因为它是这个时代造成的，是文明社会所带来的；有的学者把问题归咎于现代化的"两面性"——它的负面效应。这些释因从微观层面似乎很牵强，但从宏观层面分析，伴随现代化进程中人的生活节奏加剧、竞争压力加大、信息量过剩、生活方式变异与非理性认知、非良性竞争、非善好生活追求等因素正成为催生大众心理健康问题的主要根源。

通过研究可以发现，伴随人类现代化进程出现的大众心理健康问题是由于人们遭遇的复合心理危机对其心理系统的"冲击"超出了个体心理能够积极应对和有效处理的阈限，威胁到"人像人那样"生存的临界点。正如前辈们所阐释的，制度性弊病而造成个人依靠自我能力而不能生存的思想孕育了生存权思想的萌芽。这种以积极保障公民生存条件为基本特征的生存权理论在第二次世界大战后得到各国宪法的承认并日益国际化。心理健康权，即精神健康权，是一种具有生存权性质的社会权，是社会变迁对人们心理系统的适应性和承受力产生的冲击超出了其所能积极应对和有效处理的阈限而依赖国家和社会提供一定的设施、物品或服务的权利。人类生活的本质，就在于人有精神生活，对精神健康的关注就是对人的根本性的关注。心理健康权是健康权的重要内容，是人在体质健康基础上的更高层次的基本权利需求。正如我国心理学家傅小兰所强调的，"国家的发展，本质上是人的发展。人的发展，离不开心理的健康发展。唯有心安，才有民安，才有国安"。[1]

通常情况下，心理学或医学等领域的学者和专家从微观或中观层面探索个体或群体的心理健康问题，主张心理问题自我适应和调适，力图从主观上寻找问题的根源。而本书在健康中国战略背景下从宏观层面阐释心理健康权是人人皆应享有的一项基本权利，既强调国家和社会在公民心理健康方面提供最基本的尊重、保护和实现的义务，又强调"每个人是自己心理健康第一责任人"理念，以中华优秀传统文化为根据，探索新时代中国特色社会主义

---

〔1〕 苏向东、雷亚楠："十九大代表、心理学家傅小兰：唯有心安才有民安"，载 http://www.china.com.cn/19da/2017-10/18/content_ 41754637.htm，最后访问时间：2022 年 7 月 18 日。

的国民心理健康保护理念及其服务体系，从主客观相结合来探求解决问题之道。《"健康中国2030"规划纲要》强调："全民健康是建设健康中国的根本目的。立足全人群和全生命周期两个着力点，提供公平可及、系统连续的健康服务，实现更高水平的全民健康（主要健康指标居于中高收入国家前列）。"[1]这是中国共产党和中国政府正在实施的覆盖世界最大人群的高水平的全民健康事业。全民心理健康是实现全民健康必不可少的重要内容，"改善心理健康是实现全民健康全覆盖的核心"。[2]在全面依法治国的背景下，实现全民心理健康离不开全民心理健康法治保障。本书拟从国际人权法学和宪法学角度研究心理健康权的宪法权利属性，在此基础上界定心理健康权的概念，分析权利的主体和内容，阐述国家、社会、单位、家庭及其个人在公民心理健康权保护中的义务，探索健康中国视域下的国民心理健康的法治保障及其实现路径，将心理健康问题置于法治国家的大背景下进行研究。

---

〔1〕 健康中国行动推进委员会办公室编：《健康中国行动文件汇编》，人民卫生出版社2019年版，第1~6页。

〔2〕 "世界精神卫生日联合国秘书长古特雷斯发表致辞"，载 https://www.cn-healthcare.com/article/20201010/content-543801.html? appfrom = jkj&from = timeline&isappinstalled = 0，最后访问时间：2022年7月12日。

目 录 ▶CONTENTS

绪　论

一、选题的背景和意义

当今社会的全球化、信息化、老龄化和城市化进程越来越快，对人的心理行为带来了前所未有的挑战，产生了许多心理行为问题。[1]心理健康问题，作为一个全球性的问题，正伴随着现代化的进程而日益凸显出来。世界卫生组织（WHO）曾预测，全球约有4.5亿人患有精神疾病，而这些人中仅有少数人能接受基本的治疗，同时全球30%左右的残疾失能是心理和精神疾病导致的；心理疾病和精神障碍引发的疾病负担占全球疾病负担的15%，中低收入国家面临很大的挑战，而世界上多数国家心理健康的年度预算不到整个国家健康支出额的1%。[2]在全球负担前20位的疾病中，心理和精神疾病就占了5个，重度抑郁症和焦虑障碍排名最靠前，分别占第2位和第7位（WHO，2011年）。我国学者近二三十年来的心理健康研究显示，中国不同人群的心理健康问题均呈增长趋势。[3]根据《中国精神卫生工作规划（2002—2010

---

〔1〕　这里的心理行为问题，即心理健康问题，是比"心理疾病"或"心理障碍"外延更大的概念，它指个体在社会中产生的不同程度的心理不适症状。笔者比较赞同我国著名心理学家黄希庭教授的观点，心理健康是一个连续体，一端是最佳的心理健康行为，另一端是最差的心理健康行为——也就是心理疾病或心理障碍，每个人一生中都可能处在连续体的任一点，且容易变化自己的位置。换言之，个人的心理健康，像体质健康一样，是会经常出现问题的。参见黄希庭：《黄希庭心理学文集》（全十卷），西南大学出版社2021年版。

〔2〕　Mental Health，"New Understanding，New Hope"，WHO，2001，p.3.

〔3〕　邱晨辉："中国不同人群心理健康问题均呈增长趋势"，载 https://baijiahao. baidu. com/s? id=1626173064068167897&wfr=spider&for=pc，最后访问时间：2022年7月18日。

年）》的统计，我国目前精神疾病患者约有 1600 万人，占我国疾病总负担首位（约占疾病总负担的 20%），已超过了心脑血管、呼吸系统及恶性肿瘤等疾病；我国受到情绪障碍和行为问题困扰的 17 岁以下儿童和青少年约 3000 万人，妇女、老年人、受灾群体等特殊群体的各类精神和行为问题也不容忽视。2006 年在第 15 个"世界心理健康日"（World Mental Health Day）之际，联合国时任秘书长安南在致辞中说："我们对战争、杀人、恐怖主义以及其他形式的暴力所造成的死亡都深为关切，也理应如此。但对自杀造成的死亡以及造成自杀的种种因素，却没有给予足够的关注。每年约有 100 万人自杀身亡。如果再加上数量众多的自杀未遂者，我们就可以看到这一公共健康问题和人类悲剧的真正规模——所受影响者达数千万。"[1] 世界卫生组织时任代理总干事努德斯特伦发出呼吁敦促各国关注心理疾病导致的自杀并加强预防。[2] 2020 年第 29 个世界心理卫生日，现任联合国秘书长古特雷斯致辞强调："我国应致力于改善心理健康，全世界有近 10 亿人患有精神障碍，每 40 秒就有一人死于自杀，抑郁症现在被视为儿童和青少年患病和致残的主要原因。"[3] 根据《全国精神卫生工作规划（2015—2020 年）》的披露，目前我国精神卫生服务资源严重短缺且分布不均，全国共有精神卫生专业机构 1650 家，精神科床位 22.8 万张，平均 1.71 张/万人口（全球平均 4.36 张/万人口），精神科医师 2 万多名，平均 1.49 名/10 万人口（全球中高收入水平国家平均 2.03 名/10 万人口），且主要分布在省级和地市级城市，精神障碍社区康复体系尚未建立；公众对焦虑症、抑郁症等常见精神障碍和心理行为问题的认知率较低，社会偏见和歧视广泛存在，讳疾忌医多，科学就诊少；现有精神卫生服务能力还不能满足人民群众的健康需求，与国家经济建设和社会管理的需要有较大差距。十八大以来，我国精神卫生事业已取得很大成就。全国有精神卫生医疗服务机构 5936 家，与 2010 年相比增加了 205%；全国精神科执业注

---

[1] "秘书长世界心理健康日致辞"，载 https://www.un.org/chinese/aboutun/sg/2006/mental-health.htm，最后访问时间：2022 年 7 月 18 日。

[2] "世界心理健康日联合国吁加强预防自杀"，载 https://news.un.org/zh/story/2006/10/63382，最后访问时间：2022 年 7 月 18 日。

[3] "世界精神卫生日 联合国秘书长古特雷斯发表致辞"，载 https://www.cn-healthcare.com/article/20201010/content-543801.html? appfrom=jkj&from=timeline&isappinstalled=0，最后访问时间：2022 年 7 月 12 日。

册医生有 5 万多人，与 10 年前相比增加了 144%。[1]但还没有达到更高水平的全民心理健康要求。国内外研究都提示，心理健康问题增长的趋势还将继续。世界卫生组织（WHO）专家曾断言，从现在起到 21 世纪中期，没有任何一种灾难能像心理危机那样给人们带来持续而深刻的痛苦，就疾病发展史而言，可以说人类已经进入了"心理疾病时代"。[2]

现代化的国际经验表明，当一个国家的现代化进程开始加速，或者说当一个社会正在急剧转型，这时不仅社会问题频繁发生，而且心理问题也大量凸显。[3]无论是西方国家，还是东方的新加坡或韩国，随着现代化进程的加快，心理健康问题都越来越突出。有的学者把这种病象称为"时代病"或"文明病"，因为它是这个时代造成的，是文明社会所带来的；有的学者把问题归咎于现代化的"两面性"——它的负面效应。[4]上述归因从微观层面看有点牵强，因为个人的心理健康是一个受生物、心理、社会等复杂因素影响的相对主观性的概念；但从宏观层面分析，伴随人类现代化进程中的不良因素及其认知正是催生大众心理健康问题的根源。社会急速前进，科技日新月异，竞争异常激烈，信息流汹涌澎湃，生活节奏越来越快等现代化现象导致了急剧的社会变迁，引起人们价值观念冲突，人格矛盾，社会支持系统缺失，心理负荷增量……超出了人们心理系统的适应性和承受能力的警戒线，从而表现出各种带有消极特征的心理感受和行为症状。第二次世界大战后，大众心理健康问题迅速激增，并演化成人类面临的共同问题。

日益严重的心理健康问题引起了社会的普遍关注。首先是世界各地迅速成立的心理卫生组织及其开展的运动。自 1908 年 5 月美国人比尔斯在其家乡成立世界上第一个心理卫生组织开始，世界各地的心理卫生组织如雨后春笋般涌现。它们以增进心理健康、防治心理疾病、提升精神病患者服务等为宗旨，通过著书立说、宣传教育、开展运动等方式，对人们的心理健康保护起到很大的促进作用。到 1930 年第一届国际心理卫生大会的召开，已经发展至

---

〔1〕　陈晶："这十年，群众精神健康获得感递增明显"，载《人民政协报》2022 年 6 月 29 日。

〔2〕　张乐、夏海微："人类进入'心理疾病'时代，国人心理危机受到重视"，载 https://news. sina. com. cn/o/2005-02-01/08445007047s. shtml，最后访问时间：2022 年 7 月 12 日。

〔3〕　沈杰："中国每年 25 万人自杀　须预防社会转型期心理震荡"，载 http://news. sohu. com/ 20070225/n248329729. shtml，最后访问时间：2022 年 7 月 12 日。

〔4〕　马建青：《心理卫生与心理咨询论丛》，浙江大学出版社 2004 年版，第 3~59 页。

50 多个国家，3000 多名代表，并成立了国际心理卫生委员会。1948 年，第三次国际心理卫生大会通过了题为《心理健康与世界公民》的纲领性文件，强调各国的心理卫生工作者必须十分重视社会因素对于心理健康的意义，并成立了世界心理健康联合会。1949 年，在世界卫生组织总部设立了心理卫生处，促使几乎所有国家先后都建立了心理卫生协会机构。1961 年，世界心理卫生联合在其出版的《国际心理健康展望》中对其纲领作了修改，提出今后心理卫生工作的任务是：在生物学、教育学和社会学等广泛的领域，使居民的心理健康水平得到全面提高。这一目标把心理卫生工作的重心从改善精神病人的待遇扩展到普通社会成员和各种社会群体的心理健康方面，与新形成的生物-心理-社会医学模式合拍并进。1964 年，在瑞士的伯尔尼举行了世界心理卫生联合会第十四次年会，该次年会以"工业化与心理健康"为中心议题，专门讨论了科学技术革命对心理健康的影响问题。[1]直到现在，各个心理卫生组织仍以保持和增进人的心理健康，促进全人类的幸福生活为目的活跃在世界各个角落。这里值得强调一下，根据我国学者马建青《心理卫生与心理咨询论丛》（浙江大学出版社 2004 年版）、王敬群、邵秀巧《心理卫生学》（南开大学出版社 2005 年版）的主张，心理卫生（mental hygiene，mental heath），又称精神卫生，是与生理卫生相对而言的，"心理卫生"的本意是维护心理健康，后来随着心理卫生运动的发展，"心理卫生"在实际运用中，常表示三方面含义：一是指一门学问，即心理卫生学；二是指一种专业或实践，即心理卫生工作；三是指心理健康状态。心理健康与心理卫生之间的关系是目的和手段之间的关系，即心理卫生的目的在于维护、增进人们的心理健康，而为了保护和增进人们的心理健康，必须讲求心理卫生，就如同保持、增进生理健康需要讲求生理卫生一样。因此，有学者称一部心理健康概念的演变史，实质是一部心理卫生概念的发展史。

从人权上保护心理健康的国际组织首先是世界卫生组织（WHO），其权威性法律文件《世界卫生组织组织法》（1946 年）第一次明确规定健康权是人的基本权利，并提出"健康乃是一种在体质上、心理上和社会适应方面的完好状态，而不仅仅是没有疾病或虚弱的状态"。换言之，心理健康是健康权

---

〔1〕 王敬群、邵秀巧：《心理卫生学》，南开大学出版社 2005 年版，第 12~16 页。

保护的重要内容。此后，一系列国际人权公约在规定健康权方面都强调了心理健康的保护：在国际层面，《世界人权宣言》（1948 年）第 25 条、《经济、社会及文化权利国际公约》（1966 年）第 12 条、《儿童权利公约》（1989 年）第 24 条、《消除对妇女一切形式歧视公约》（1979 年）第 12 条、《残疾人权利公约》（2006 年）第 25 条等；在区域层面，《欧洲社会宪章》（1996 年修订）第 11 条、《非洲人权和民族权宪章》（1981 年）第 16 条和《〈美洲人权公约〉关于经济、社会和文化权利的补充议定书》（1988 年）第 10 条等都有体质健康与心理健康共同保护的规定。[1]除国际人权公约外，国际上有关心理健康权保护的文件包括一些联合国人权委员会的解释性指南、主要的联合国人权标准和技术标准，联合国人权委员会的解释性指南如经济、社会、文化权利委员会第 22 届会议（2000 年）第 14 号一般性意见，联合国人权标准如《保护精神病患者和改善精神保健的原则》（1991 年），技术标准如《残疾人机会均等标准规则》（1993 年）等。

　　世界各国对公民心理健康的保护也逐渐加强，主要表现为有关精神卫生政策和法律的制定和实施。许多国家在宪法中明确规定健康权为基本人权，强调体质和心理健康共同保护，制定和实施了保护国民精神健康权的基本法律——《精神卫生法》。早在 1938 年，法国就颁布了世界上第一部正式命名的《精神卫生法》。据有关统计，接受世界卫生组织调查的 160 个成员中，已有 3/4 的国家和地区制定了精神卫生法。为敦促和规范各国的精神卫生立法工作，20 世纪 70 年代以来，联合国和许多国际性的精神卫生专业组织发表了一系列指导原则和宣言，有力地推动了各国的精神卫生立法工作。1990 年以来，精神卫生立法在全球形成了高潮。

　　近年来，我国加强了政府在公民心理健康权保护方面的责任。《宪法》[2]第 21 条、第 45 条规定了国家保障公民健康的举措和卫生保健方面的义务，不论是从解释学上看还是从国家保护公民健康的实践中，公民的心理健康保护都是我国宪法保护的应有之义。在专门法律保护层面，一是保护全体国民

---

　　〔1〕　国际人权法教程项目组编写：《国际人权法教程》（第 2 卷），中国政法大学出版社 2002 年版，第 110~131 页。

　　〔2〕《宪法》即《中华人民共和国宪法》。为表述方便，本书涉及的我国法律法规，均省去"中华人民共和国"字样，直接使用简称，全书统一，后不赘述。

的心理健康权的基本法律《精神卫生法》于2012年10月26日经第十一届全国人民代表大会常务委员会第二十九次会议通过，自2013年5月1日起施行，已实施近十年，是我国保护国民精神健康的一部重要的人权法，有力地促进了我国精神卫生事业的发展和国民心理健康素养的提升；[1]二是2019年12月28日第十三届全国人大常委会第十五次会议表决通过的《基本医疗卫生与健康促进法》，自2020年6月1日起施行，是为了发展医疗卫生与健康事业，保障公民享有基本医疗卫生服务，提高公民健康水平，推进健康中国建设，根据宪法制定的我国基本医疗卫生与健康促进方面的基本法。该法是我国卫生健康领域第一部基础性、综合性的法律，不仅规定了国家和社会尊重保护公民的健康权，而且对我国的精神卫生事业发展和全民心理健康服务等作出了顶层设计。在教育法方面，除了在《教育法》（2021年修正）第45条、第46条，《义务教育法》（2018年修正）第3条、第34条，《高等教育法》（2018年修正）第4条，《职业教育法》（2022年修订）第4条，《教师法》（2009年修正）第8条等法律方面有"身心"健康方面规定，政府还相继制定政策加强对学生群体心理健康权的保护，如《中小学心理健康教育指导纲要》（2012年修订）、《中等职业学校学生心理健康教育指导纲要》（2004年）、《关于进一步加强和改进大学生心理健康教育的意见》（2005年）和教育部办公厅《关于加强学生心理健康管理工作的通知》（2021年）等。在重点人群心理健康权保护方面，《老年人权益保障法》（2018年修正）、《妇女权益保障法》（2018年修正）、《残疾人保障法》（2018年修正）、《未成年人保护法》（2020年修订）和《职业病防治法》（2018年修正）分别对老年人、妇女、残疾人、未成年人和劳动者的心理健康权保护作了相关规定。值得强调的是，2001年我国第九届全国人民代表大会常务委员会第二十四次会议通过的《职业病防治法》就有关于产生职业病危害的用人单位的工作场所符合"心理健康"的职业卫生要求的规定，是我国法律上第一次明确出现的"心理健康"的术语；我国《未成年人保护法》（2020年修订）规定学校对未成年

---

〔1〕从1985年起，我国就开始起草《精神卫生法（草案）》，连续多年被确立为年度立法计划，草拟了不下20稿，历时近30年，最终于2012年10月通过，自2013年5月1日起施行，最新版本是根据2018年4月27日第十三届全国人民代表大会常务委员会第二次会议《关于修改〈中华人民共和国国境卫生检疫法〉等六部法律的决定》修正，自公布之日起施行。

人进行心理健康辅导，标志着"心理健康权"已真正进入法律保护框架。中共中央《关于构建社会主义和谐社会若干重大问题的决定》指出："注重促进人的心理和谐，加强人文关怀和心理疏导，引导人们正确对待自己、他人和社会，正确对待困难、挫折和荣誉。加强心理健康教育和保健，健全心理咨询网络，塑造自尊自信、理性平和、积极向上的社会心态。"毋庸置疑，心理健康保护已成为构建社会主义和谐社会的应有之义。党的十七大报告里第一次出现"人文关怀"和"心理疏导"的字眼，体现了执政党对人的关怀、社会对人的关爱。2002年《中国精神卫生工作规划（2002—2010年）》、2004年《关于进一步加强精神卫生工作的指导意见》和2008年《全国精神卫生工作体系发展指导纲要（2008年—2015年）》是我国精神卫生工作的三个纲领性政策（21世纪第一个十年），对公民心理健康的保护起到了巨大的作用。十八大以来，党和国家高度重视国民心理健康保护。党的十八大报告指出"健康是促进人的全面发展的必然要求"。2016年8月，习近平总书记在全国卫生与健康大会上强调把人民健康放在优先发展的战略地位，努力全方位、全周期保障人民健康。为推进健康中国建设，提高人民健康水平，根据党的十八届五中全会战略部署，2016年10月，中共中央、国务院印发了《"健康中国2030"规划纲要》，这是我国推进健康中国建设的宏伟蓝图和行动纲领。为深入贯彻落实党的十八届五中全会和习近平总书记在全国卫生与健康大会上关于加强心理健康服务的要求，根据《精神卫生法》《"健康中国2030"规划纲要》和相关政策，原国家卫生计生委等部门于2016年12月30日以国卫疾控发〔2016〕77号联合印发了《关于加强心理健康服务的指导意见》，这是我国心理健康领域首个宏观指导性的国家政策。党的十九大报告作出了实施健康中国战略的重大决策部署。为积极应对当前突出的健康问题，必须关口前移，采取有效干预措施，努力使群众不生病、少生病，提高生活质量，延长健康寿命，落实健康中国战略，特制定《健康中国行动（2019—2030年）》。在这些国家政策中，心理健康与体质健康一样被纳入了国家保护战略，成为我国公民健康保护的重要内容。

但是，目前法学界从基本人权视角对心理健康的研究还相当稀缺。笔者认为，心理健康权，即精神健康权，是人之所以为人的基本权利。《经济、社会及文化权利国际公约》（1966年）规定的该公约缔约方承认"人人享受可能达到之最高标准之身体与精神健康",表明了心理健康权是一种社会权,强调国家和社会在此方面承担一定的责任和义务。国家当然不能保证个体的心理健康,但它们最适合创造个人心理健康得到保护甚至可能得到改善的基本条件或服务。从国际上比较普遍的观点看,健康权主要保护体质健康和心理健康两方面,二者相互影响和相互作用并共同促进一个人的健康水平。[1]从二者关系看,体质健康是心理健康的基础,是首先要达到的健康目标,没有体质健康何谈心理健康;在体质健康的基础上,心理健康是健康的核心部分。但是,一个体质健康的人并不必然是心理健康的人,依附于人的生理基础的心理健康具有一定的独立性。不论在理论上还是实践中,对心理健康的保护逐渐呈现一定的独立性、专业性、系统性的特点。心理健康是健康权的重要内容,是人在体质健康基础上更高层次的基本权利需求。从基本人权角度出发,阐释心理健康权为人的基本权利之一是本书研究的初衷。具体来说,本书拟从国际人权法学和宪法学角度研究我国公民心理健康权的概念和性质,阐述国家和社会在公民心理健康权保护中尊重、保护和实现的义务和"个人第一责任人义务",剖析心理健康权实现的原则、途径、目标和措施,提出我国公民心理健康权坚持以人民为中心、为人民健康服务的集体人权保护属性。上述研究不仅对当前日益严重的心理健康问题保护具有重要的理论和实践意义,而且对唤醒人们对心理健康保护的基本权利的意识,提高公众心理健康素养和水平具有重要意义。

二、研究现状及其评价

随着作为基本人权之一的健康权在国际、区域和国家三个层面都有了明确的规定,有关健康权的研究在公法领域也渐次兴起。一般地认为,健康权具有基本权利或宪法权利的属性,强调国家和社会的尊重、保护和实现义务。但是目前学者们对健康权的研究,主要聚焦于体质健康权方面,心理健康权

---

〔1〕 此处用"体质健康"而没有用"生理健康"或"身体健康",主要参照国际人权法著作和相关资料对"Physical Health"的翻译,如《国际人权法教程》(第 2 卷·文件集)(中国政法大学出版社 2002 年版),《世界卫生组织精神卫生、人权与立法资源手册》(世界卫生组织 2006 年),《国际人权在国家精神卫生立法方面的作用》(世界卫生组织 2004 年)。当然,如果本书中出现"身体健康""生理健康""体质健康"等词语,将按照原作引用,本书不作严格区分,它们在本书中的主要意思基本相同。

常被忽略甚至避而不谈。这直接导致了心理健康权理论研究滞后于社会实际发展的需求。从国际上比较普遍的观点看，健康权主要包含体质健康权和心理健康权两个方面，且二者是相互影响和相互作用的。体质健康是心理健康的基础，是首先要达到的健康目标，没有体质健康何谈心理健康；在体质健康的基础上，心理健康是健康的核心部分。尽管人的体质健康和心理健康相互影响、密不可分，但是具有相对独立性的心理健康是健康权的重要内容，是人在体质健康基础上的更高层次的基本权利需求。实践中，各国政府在实现健康权方面常常减损甚至忽视心理健康权的保护的义务。2020 年联合国秘书长古特雷斯强调："我们应该致力于改善心理健康，因为能获得优质精神卫生服务的人少之又少。在中低收入国家，75%以上的精神疾病患者都没有得到治疗。总体而言，各国政府在精神卫生方面的支出平均不到本国卫生预算的 2%。这种情况不能再继续下去了。"[1]这与人人应享有的能够达到的最高的心理健康标准的基本人权观念要求甚远。因此，研究心理健康权的基本权利属性、厘清国家和社会在公民心理健康权尊重、保护和实现方面的义务、探索中国特色的公民心理健康权保护规律是笔者的最终关怀。

我国有些学者从民法视角研究健康权，并且否认心理健康是健康权调整的范围。他们把健康权定义为"独立的人格权，即公民以其机体生理机能正常运作和功能完善发挥，以其维持人体生命活动的利益为内容的人格权，它包括健康维护权、劳动能力保持权和健康利益支配权"。[2]而现在较多的观点认为心理健康包含在健康权之中，其理由如下：一是心理健康的状态明显地对生理健康存在影响，这已被科学所证明。二是精神损害赔偿的提出，看似不限于健康权的损害，但其实质就是心理健康被侵害的救济措施。侵害体质健康所造成的精神赔偿实质上就是由于体质权受到侵害而造成的心理创伤的赔偿问题。三是这也符合国际上健康的定义，健康乃是体质上、心理上和社会适应上的完好状态。但是，民法视角的心理健康权与本书所论述的心理健康权有很大的不同，二者的区别本书第一章作了具体的分析。

---

〔1〕 "世界精神卫生日　联合国秘书长古特雷斯发表致辞"，载 https://www.cn-healthcare.com/article/20201010/content-543801. html？ appfrom = jkj&from = timeline&isappinstalled = 0，最后访问时间：2022 年 7 月 12 日。

〔2〕 王利明等编著：《人格权法》，法律出版社 1997 年版，第 61 页。

特别应当强调的是，从心理学、教育学、医学、社会学等视角研究心理健康是当前的主流。健康心理学主要研究人的行为与健康的关系。心理健康教育主要研究不同年龄阶段学生不同的心理健康教育模式，促进学生心理健康水平。社会心理学主要研究个体、群体的社会心理现象。心理卫生学，主要研究如何维护和增进人们心理健康，其英文是"Mental Hygiene"或"Mental Health"，它既指一门科学，也是一种实践活动，又指一种心理健康状态。[1]心理卫生学与本书倡导的心理健康权保护的主要区别是视角不同：前者是一门渗透心理学、教育学、医学、社会学等多学科为基础的旨在从主观角度去维护和增进心理健康的新兴学科，后者主张心理健康权是人的基本权利之一，强调国家和社会对其的尊重、保护和实现的义务，突出中国特色的国民心理健康权保障特性。

综上所述，目前从法学角度研究心理健康权的相当少，确实有点孤掌难鸣的感觉。但是有以下原因坚定了笔者研究的信心。第一，伴随人类现代化进程中凸显的日益严重的心理健康问题，已成为全人类面临的共同问题。心理健康权是一种具有生存权性质的社会权，人人需要维护自己的心理健康的权利。第二，心理健康权是人类健康保护的重要内容已得到国际上的普遍认同，其保护逐渐呈现出一定的独立性、专业性和系统性。第三，许多国家先后制定并实施了保护个人心理健康权的政策和法律，初步形成了独具特色的心理健康服务体系和保障体系。第四，建国七十多年来，在中国共产党的领导下，我国已成功探索出一条顺应时代潮流、适合本国国情的人权发展道路，促进了我国人民在身体健康、心理健康、全面小康、环境保护等人权事业方面的全面发展，形成了中国特色的全面心理健康服务体系和法治保障体系。

三、研究思路和研究方法

一般地认为，影响人的心理健康的因素是非常复杂的，包括遗传、生理、年龄、职业、环境、社会、地理、文化等综合因素。通常情况下，研究心理健康的学者从中观或微观层面探索个体或群体的心理健康问题，力图从主观上化解问题。而本书试图从宏观层面阐释心理健康权是人人皆应享有的一种

---

〔1〕 樊富珉、王建中主编：《当代大学生心理健康教程》，武汉大学出版社 2006 年版，第 17 页。

基本权利，既强调国家、社会、单位、家庭在公民心理健康方面提供最基本的义务，又强调"每个人是自己心理健康的第一责任人"，从主客观结合上寻求解决问题之道。具体地说，本书的落脚点在于考察政府和社会在促进公民心理健康包括环境、设施和服务等方面是否尽到了基本的职责和义务。一方面，《经济、社会及文化权利国际公约》（1966 年）规定了"资源限制"（resource constrains）和"逐步实现"（progressive realization）原则，加上目前国际上对心理健康的概念及标准缺乏统一的认识，给心理健康权的充分实现带来了不小的困难。另一方面，体质健康是健康的基础，是首先要达到的健康目标，在此基础上，心理健康是健康的核心部分；人的心理健康和体质健康相互联系、相互影响，很难分清彼此。因此，国家和社会在保障心理健康权的义务方面可能出现"模糊"甚至"忽视"的情形。本书根据国际人权法上普遍承认的"健康权构成要素"的观点考察国家和社会实施心理健康权的义务状况：一类是国家和社会预防和治疗心理健康问题的"软硬件"，软件方面包括政策、法规、制度、治疗规程等方面，硬件方面包括卫生设施建设、财政支持、专业人才培养、心理健康服务等方面；另一类是国家和社会提供的促进人的心理健康方面的"基本前提条件"，包括"安全的饮用水、适当的卫生设备、适当的营养、有关健康的信息、环境卫生和职业卫生等"。实质上看，这些"基本前提条件"是人们健康的基础，不仅能促进人的心理健康，而且能促进人的体质健康，同时也与环境权、适当的生活水准权、受教育权等基本权利保护相交叉。

　　具体地说，本书拟从人权的角度阐述心理健康权是一项基本人权，人人皆应有权追求心理健康的基本权利，提出我国公民心理健康权坚持以人民为中心、为人民健康服务的集体人权保护特色和以中华优秀传统文化如自强不息厚德载物的坚强人格、天人合一的和谐理念、己所不欲勿施于人的做人原则等构成的文化特色。全书分为上、中、下三篇。上篇包括第一至二章，主要是基本人权视域下的公民心理健康保护理念研究，第一章从国际人权法学和宪法学角度运用规范分析的方法，在厘清健康、心理健康与健康权、心理健康权两组概念关系的基础上阐释心理健康权的概念，阐述心理健康权的主体和内容，阐明心理健康权与相关内容的界分，然后研究心理健康权的主要权利主体，既包括公民个人，也包括青少年、老年人、妇女、学生、精神障碍患者等特殊群体，义务主体主要是国家、社会及单位，也包括家庭和公民个人自己；接着将心理健康权的内容概括为心理健康预防保健权、心理疾病治疗康复权、心理健康教育权、心理健康环境权、心理健康侵害救济权等；最后阐明了心理健康权与环境权等相关权利及其在民法中的精神损害赔偿的区分。第二章主要采用了历史分析、规范分析方法、比较方法等阐述了心理健康权实现的原则和途径、国家义务和衡量基准，强调国家在实现心理健康权方面的"三重"义务。中篇包括第三章和第四章，主要是研究健康中国战略下公民心理健康权保障。第三章主要讲了健康中国战略下我国公民心理健康权的保护现状，从政策、立法、资源分配、制度实践等角度考察我国公民心理健康权的保护状况，分析了我国心理健康权保护存在的问题，并提出了具体的完善建议。第四章主要讲中国特色的公民心理健康保障法治体系，分别从政策保障、法治保障、心理健康服务三方面探索了中国特色的公民心理健康保障体系。下篇主要包括第五至十一章，主要研究了几个特殊的心理健康权保护制度及其实践，其中第五章主要研究了公民心理健康促进和精神障碍预防制度，第六章主要阐述了我国《精神卫生法》的自愿原则，第七章主要研究急诊、误诊与"被精神病"的性质及法律责任比较，第八章论述了非自愿留院观察诊断制度及其救济，第九章主要研究了精神障碍医疗诊断回避制度及其实践，第十章主要研究了精神障碍患者优先医疗救助制度及其实施，第十一章主要研究我国《精神卫生法》实施后已制定的精神卫生法规的合法性突变、修正与未来各地精神卫生法规的立法趋势。

上 篇

基本权利视域下公民心理健康保护理念

第一章

心理健康权的一般理论

一、心理健康权的概念分析

一般来说，认识事物先是从它的概念入手。独立而明确的概念，是一个人权形式在人权法律系统中获得特定地位的标志和基本要求。心理健康权是对现代化进程中人类的心理健康问题日益严重的一种回应，是健康权的重要内容。而目前学界对什么是心理健康权及与相关权利关系的阐释相当稀缺。这无疑给界定心理健康权的概念增添了难度。因此，"定名"应属于心理健康权研究的首要任务。本章拟从国际人权法学和宪法学的角度出发，在比较和分析健康与心理健康、健康权与心理健康权两组相关概念的基础上界定心理健康权的内涵与外延。

（一）健康与心理健康的概念

随着社会的进步，人类从单纯的体质健康追求演变为体质和心理健康的"一体化"保护。因此，追溯健康、心理健康概念演变史是界定心理健康权概念的前提。

1. 健康的概念

健康是人类文明发展的标志之一，是现代国家治理的基本目标之一，是人全面发展的核心素养。健康是一个动态的概念，人类追求健康是与生产、科技和社会进步相联系的。它的标准逐渐从生物医学模式过渡到生物-心理-社会医学模式。人们最初的健康概念指人的一切生理机能正常，没有疾病或缺陷。随着生产力水平的提高和科学技术、社会的不断进步，人们对健康的要求也越来越高了，有关健康的内涵也丰富了。《辞海》对健康概念的表述是："人体各器官系统发育良好、功能正常、体质健壮、精力充沛并具有良好劳动效能的状态。通常用人体测量、体格检查和各种生理指标来衡量。"〔1〕这种提法比"健康就是没有病"要完善些，因为它虽然提出了"劳动效能"这一概念，但仍然是把人作为生物有机体来对待的，并未把人当作社会人来对待。《简明不列颠百科全书》对健康作了如下定义："健康，使个体能长时期地适应环境的体质、情绪、精神及社交方面的能力。健康可用可测量的数值（如身高、体重、体温、脉搏、血压、视力等）来衡量，但其标准很难掌握。"〔2〕这一概念虽然在定义中提到了心理因素，但在测量方面没有具体内容，可以说是从生物医学模式向生物-心理-社会医学模式过渡过程中的产物。目前为止，最权威、最完善的健康概念是1946年世界卫生组织（WHO）成立时在其宪章中所提出的，即"健康不仅为疾病或羸弱之消除，而系体格、精神与社会之完全健康状态"。世界卫生组织对健康的重新定义，说明人是社会的人，医务人员在预防、诊断和治疗疾病的时候，不仅要考虑到人体体质的情况，还要考虑到社会、心理、精神、情绪等因素对人体健康的影响。这就是被人们称为科学整合的"三维"健康观，即生理、心理和社会功能三方面的良好和完满状态，而不仅仅是生理上没有病态。这个观点把生理学、社会学、心理学的内容都涵盖了，是目前国际上比较通行的观点。但是"三维"健康概念的不足之处在于人们对"社会的健全"理解的分歧。争论的焦点在于"社会的健全"是指社会层面的健康是否属于个体健康本身的一部分。有的人认为它不属于个体健康的一部分，而且社会层面的健康不应归咎于个人或不应完全归咎于个人；有的认为"社会的健全"是指个体适应社会的问题，社会健康在本质上也是心理健康。如果按照人的潜能的发挥和社会适应性理解，"社会健康"与"心理健康"属于同一范畴。〔3〕笔者比较赞同此观点。因此，心理健康和生理健康是衡量个体健康的两个重要维度。

在法理上对健康的概念界定主要有"生理健康说"和"生理、心理健康说"两种。前者认为健康系生理之机能，不包括心理之机能。如我国早期很

---

〔1〕《辞海》（缩印本），上海辞书出版社1979年版，第581页。

〔2〕 中国大百科全书出版社《简明不列颠百科全书》编辑部译编：《简明不列颠百科全书（1-10卷）4》，中国大百科全书出版社1985年版，第324页。

〔3〕 顾荣芳："健康思想渊源与关注健康的时代意义"，载《中国健康教育》2002年第3期，第192~194页。

多学者主张，民法学上所说的健康权，只保护生理健康，公民心理健康损害赔偿通过民法上的精神损害赔偿规定来保护。[1]后者主张健康包含生理健康和心理健康，即健康是指体质生理机能的正常运转以及心理状态的良好形态。[2]后一种学说与目前国际上通行的健康定义相一致，本书也采用该说。其是其他领域中健康概念对法学上健康概念影响的反映，也即科学技术对法律的影响。法学上的健康概念受其他学科健康概念的影响，但是其他学科健康概念的内涵远远超出法学上健康概念的内涵。一般来讲，其他领域中把健康概念扩展到很多方面，是为了适合社会发展更高的健康标准，从而为充分保护人权提供依据，而法学上的健康概念需要考虑得更保守些，主要从权利救济的可行性出发。因此，有必要区分两类概念的不同。

2. 心理健康的概念

首先了解一下其他学科对心理健康的定义。目前，心理健康定义主要来自心理学、教育学、医学等学科及心理健康问题研究的专业性机构。什么是心理健康？它的标准又是什么？不同群体不同行业心理健康的标准有什么不同？它受哪些因素影响……这些都是复杂而又缺乏统一认识的问题。实质上，对心理健康的认识是随着社会的发展和进步、人类认识的不断加深而变化的。不同的时代、不同的文化、不同的学者从不同的角度出发，对心理健康的概念进行了阐释。《易经》以"天行健，君子以自强不息"强调中国人的自强人格，以"地势坤，君子以厚德载物"强调中国人的包容美德。"中华五千年文化构建的自强不息、实事求是、辩证逻辑、以人为本、内在超越、有容乃大的中国哲学精神"[3]对当代自强人格的建构和应对现代社会的心理冲击具有重要的价值。中国古代的心理健康标准强调人体是一个复合的生态系统，具有生态系统的整体性、系统性、和谐性。[4]我国现代学者强调心理健康的社会性标准，不仅仅是没有心理疾病。李蔚教授认为，"心理健康不能只局限于治疗和预防心理疾病的发生，还应依赖于社会性质，有什么样的社会就有

---

〔1〕　江平主编：《民法学》，中国政法大学出版社2000年版，第283页。

〔2〕　王利明：《人格权法研究》，中国人民大学出版社2005年版，第369~372页。

〔3〕　宋志明：《薪尽火传：宋志明中国古代哲学讲稿》，北京师范大学出版社2010年版，第51~80页。

〔4〕　汪晓萍："生态思想影响下的中国古代心理健康观"，载《西南民族大学学报（人文社科版）》2008年第5期，第206~208页。

什么样的心理健康的定义，并因时间和空间的不同而不同"。[1]林崇德等教授认为，"心理健康是个人的主观体验，客观条件只作为影响体验的潜在因素。从表现形式来看，心理健康不仅表现为没有心理疾病，更表现为一种积极向上发展的心理状态"。[2]精神病学家门宁格（K. Menniger）认为："心理健康是指人们对于环境及相互之间具有最高效率及相互之间具有最大的效率以及快乐的适应情况……心理健康者应能保持平静的情绪，有敏锐的智能、适应于社会环境的行为和令人愉快的气质。"1946年第三届国际心理卫生大会对心理健康是这样定义的："所谓心理健康，是指在体质、智力以及情感上与他人的心理健康不相矛盾的范围内，将个人心境发展成最佳状态。"心理学家英格里斯（H. B. English）于1958年指出："心理健康是一种持续的心理状态，当事人在那种情况下，能做出良好的适应，具有生命的活力，而能充分发挥其身心潜能。这乃是一种积极的、丰富的情况，不仅仅是免于心理疾病而已。"[3]《简明不列颠百科全书》将心理健康定义为："个体心理在本身及环境条件许可范围内所能达到最佳功能状态，不是十全十美的绝对状态。"[4]另外，心理健康的标准不仅不同的学科有不同的见解，而且不同的群体、行业也有很大差异。世界心理卫生联合会还明确提出心理健康的标志：一是体质、智力、情绪十分调和；二是适应环境、人际关系中彼此能谦让；三是有幸福感；四是在工作和职业中，能充分发挥自己的能力，过高效率的生活。[5]2018年，国家卫健委疾控局结合中科院心理健康素养网络调查结果，针对社会对心理健康的主要关切，并经过多方专家论证，编制了"心理健康素养十条"在全国范围内推广。其内容主要包括：一是心理健康是健康的重要组成部分，身心健康密切关联、相互影响；二是适量运动有益于情绪健康，可预防、缓解焦虑抑郁；三是出现心理问题积极求助，是负责任、有智慧的表现；四是睡不好，别忽视，可能是心身健康问题；五是抑郁焦虑可有效防治，需及早评

〔1〕 李蔚："心理健康的定义和特点"，载《教育研究》2003年第10期，第69~75页。

〔2〕 林崇德等："科学地理解心理健康与心理健康教育"，载《陕西师范大学学报（哲学社会科学版）》2003年第5期，第110~116页。

〔3〕 樊富珉、费俊峰编著：《青年心理健康十五讲》，北京大学出版社2006年版，第23页。

〔4〕 中国大百科全书出版社《简明不列颠百科全书》编辑部译编：《简明不列颠百科全书（1-10卷）8》，中国大百科全书出版社1985年版，第613页。

〔5〕 王敬群、邵秀巧：《心理卫生学》，南开大学出版社2005年版，第9页。

估，积极治疗；六是服用精神类药物需遵医嘱，不滥用，不自行减停；七是
儿童心理发展有规律，要多了解，多尊重，科学引导；八是预防老年痴呆，
要多运动，多用脑，多接触社会；九是要理解和关怀精神心理疾病患者，不
歧视，不排斥；十是用科学的方法缓解压力，不逃避，不消极。总之，像健
康一样，心理健康也是一个模糊的概念，目前国内外没有统一的界说。但综
观各类定义或标准，它们所强调的最核心的是人的潜能的发挥和社会适应性。
社会适应性强调人的认识、情感、意志、行为、人格等能顺应社会，与社会
保持同步；人的潜能的发挥强调一种积极发展的心理状态，发挥人的最大潜
能。社会适应的最终目的是更好地发挥人的潜能，因此，人的潜能的发挥是
心理健康最本质的内涵。这与人性尊严的宪法理念相吻合。[1]因为宪法的逻
辑源于人权的保护，人权的根据是人的尊严性，即确保人自由、生存和发展。

从法学角度对心理健康直接下定义的相当少。据笔者目前收集的资料看，
主要有以下三类：一是从国际人权法角度。《世界卫生组织组织法》（1946 年）
总则、《世界人权宣言》（1948 年）第 25 条、《经济、社会及文化权利国际公
约》（1966 年）第 12 条、《儿童权利公约》（1989 年）第 24 条、《消除对妇
女一切形式歧视公约》（1979 年）第 12 条、《残疾人权利公约》（2006 年）
第 25 条、《欧洲社会宪章》（1996 年修订）第 11 条、《非洲人权和民族权宪
章》（1981 年）第 16 条和《〈美洲人权公约〉关于经济、社会和文化权利的
补充议定书》（1988 年）第 10 条等规定的健康权条款都包含心理健康方面内
容。不过，此类人权条款中只规定了心理健康是健康权的重要内容，并没有
具体指出它的具体含义。二是从宪法学角度。大多数国家宪法在规定健康权
时没有区分体质健康权和心理健康权，在健康权保护实践中主要强调国家在
医疗、生理卫生、保健等方面的义务，偏向于体质健康权保护。如《葡萄牙
共和国宪法》（1982 年修改）第 46 条第 1 款规定"所有人均有健康保护权，
并有义务保护与增进健康水平"；[2]《意大利共和国宪法》（1947 年）第 32 条
第 1 款规定"共和国把健康作为个人的基本权利和社会利益予以保护，保证

---

〔1〕　[日] 芦部信喜原著，高桥和之增订：《宪法》（第 3 版），林来梵等译，北京大学出版社
2006 年版，第 69~72 页。
〔2〕　姜士林等主编：《世界宪法全书》，青岛出版社 1997 年版，第 950 页。

贫穷者能得到免费医疗"。[1]实质上，体质健康与心理健康是人的健康保护不可分割的两个方面。尽管大多数宪法在有关健康权条款中并没有直接使用"心理健康"或"精神健康"的字眼，但在促进健康权的保障措施方面都涵盖了心理健康的内容。如《葡萄牙共和国宪法》（1982年修改）第46条第2、3款创设"普及的、综合的与免费的国民保健服务"[2]体系和国家在健康权保护方面的职责都内含心理健康权的保护。三是从法律角度。随着心理健康问题的严重，世界上一百多个国家都制定了《精神卫生法》，以保障国民享有基本的精神健康权利。如《南非共和国精神卫生法》（2002年）第17条规定该法的目的是"对精神卫生保护环境、主体的权利义务和特殊治疗的措施等加以规范"，[3]以确保国民基本的精神健康权利；我国《精神卫生法》不仅在总则中有规定，而且第二章专章12条的篇幅规定了心理健康促进和精神障碍预防的法律内容，这是"我国首次将心理健康促进和精神障碍预防提升至法律层面"；我国《基本医疗卫生与健康促进法》也明确规定了精神卫生与心理健康服务、促进及保障的内容。同时，各国对特殊群体如儿童、老年人、妇女等保护的法律中都有心理健康保护的规定。如我国教育法律中规定了保护学生"身心健康"的规定。特别值得强调的是，我国《未成年人保护法》（2020年修订）早在2006年就规定了学校对未成年人进行心理健康辅导，标志着"心理健康权保护"已进入法律保护框架。另外，王利明先生主张健康权应当包含心理健康，但应当在法律上对心理健康作出严格的限制。从法学角度来看，如果心理健康的范围过于宽泛，容易引起滥诉，使健康权被虚置而没有独立的内涵。也就是说，对心理健康的影响必须是严重的心理不健康状态，构成心理疾病时才发生法律救济的问题。如果只是轻微的心理健康损害，还无法达到法律所保护的程度。[4]

上述所知，法学上心理健康的概念与其他领域心理健康的概念有密切联系。但是这两类概念有明显的区别，因为他们定义的目的不同。其他领域中心理健康的定义具有开放性，即力求达到与社会和人的发展相一致的心理健

---

〔1〕 姜士林等主编：《世界宪法全书》，青岛出版社1997年版，第961页。
〔2〕 姜士林等主编：《世界宪法全书》，青岛出版社1997年版，第950页。
〔3〕 姜士林等主编：《世界宪法全书》，青岛出版社1997年版，第1020页。
〔4〕 王利明：《人格权法研究》，中国人民大学出版社2005年版，第371~372页。

康标准，为充分发挥人的潜能提供依据；而法学上心理健康的概念具有相对的保守性，与目前权利的法律救济保护程度相一致。本书从宪法学和国际人权法学角度研究心理健康，主张把它作为一种基本人权进行保护。因此，笔者赞同2016年原国家卫生计生委等部门联合印发的《关于加强心理健康服务的指导意见》对心理健康的定义，即心理健康是人在成长和发展过程中，认知合理、情绪稳定、行为适当、人际和谐、适应变化的一种完好状态。另外也比较赞同英国心理学家英格里士（H. B. English）于1958年提出的心理健康的概念，即一种持续的心理状态，当事人在那种情况下，能作出良好的适应，具有生命的活力，能充分发挥其身心潜能。因为这种心理健康概念与从基本人权视角对其保护具有相同的目的，即充分发挥潜能，追求更高层次幸福。

（二）健康权与心理健康权的概念

研究心理健康权的概念，必须了解目前学界通行的健康权的概念。一方面是为了弄清二者之间的界线，另一方面通过健康权概念的演化史寻求对心理健康权概念的"界定方式"，以增加学界的认同度。

1. 健康权的现有概念分析

目前学界对健康权的定义主要从规范角度出发，主要依据国际人权公约及其解释性指南和国内宪法规范两方面。在国际法层面，继《世界卫生组织章程》（1946年）宣告健康权是人类基本人权后，《世界人权宣言》（1948年）第25条第1款确认了健康权。这是国际法框架内对健康权保护的根基。从那以后，健康权被写入了许多国际人权条约。《经济、社会及文化权利国际公约》（1966年）第12条对健康权作出了最广泛的规定。该条约至今已有146个国家签署生效，是国际法上对健康权保护的奠基石。《儿童权利公约》（1989年）第24条作出了关于儿童健康权的最广泛的规定；《消除对妇女一切形式歧视公约》（1979年）第12条特别保护了孕妇和母亲的健康权；《残疾人权利公约》（2006年）第25条对残疾人的健康权作出了全面规定。在区域层面，《欧洲社会宪章》（1996年修订）第11条、《非洲人权和民族权宪章》（1981年）第16条和《〈美洲人权公约〉关于经济、社会和文化权利的补充议定书》（1988年）第10条均规定了健康权。上述国际层面、区域层面有关健康权规定的条款并没有列举，因为下面谈论心理健康权定义时要具体列举分析。在国内层面，许多国家承认公民的健康权，并将其明确规定于宪法中，如《阿塞拜疆共和国宪法》（1995 年）第 41 条规定"保护健康的权利"[1]，《土库曼斯坦共和国宪法》（1992 年）第 33 条规定"公民有健康保护权"，[2]《克罗地亚共和国宪法》（1990 年）第 58 条规定"保障每个公民的健康保护权"[3]等。根据世界卫生组织（WHO）的调查，世界上约 60 个国家的宪法规定健康权或保健权，约 40 个国家的宪法规定与健康相关的权利如生育保健权、残疾人获得物质帮助权和健康环境生活的权利，还有许多国家的宪法列出了与健康有关的国家义务如发展保健服务等，这也可引申出健康权。[4]

从学理上看，目前界定健康权的含义主要依据现有的人权规范，强调国家在公民健康权实现方面的具体义务。主要原因如下：一是健康概念的模糊性使得国际层面上对于什么是健康权争议不断，如对健康权的内容及其实现标准等方面；二是健康权名称本身就有争议，不仅主观性强，而且听起来像保障每个人获得健康的权利或获得维持、达到完全健康所需要的一切东西的权利；三是对健康权是否为一项法律权利，如何保障健康权以及可诉性方面还存在分歧。上述原因决定了目前法学理论上对健康权的"定义方式"主要是遵循国际、国内人权规范并结合人权解释性指南和标准的原则，力求概念更加明确、具体。一般认为，健康权是指一项公民享有实现能够达到的最高健康标准所必需的主要依国家和社会提供的各种医疗设施、卫生保健、健康环境、健康教育等方面的条件或者服务的权利。具体地说，构成健康权的要素分为两类：一类包括与"保健"有关的要素（包括治疗和预防保健）；另一类包括与许多"健康的基本前提条件"有关的要素（包括安全的饮用水、适当的卫生设备、适当的营养、有关健康的信息、环境卫生和职业卫生）。[5]为了避免《经济、社会及文化权利国际公约》（1966 年）第 2 条确立"逐步实现"（progressive realization）和"资源限制"（resource constrains）对健康权

---

〔1〕 姜士林等主编：《世界宪法全书》，青岛出版社 1997 年版，第 126~127 页。

〔2〕 姜士林等主编：《世界宪法全书》，青岛出版社 1997 年版，第 506~507 页。

〔3〕 姜士林等主编：《世界宪法全书》，青岛出版社 1997 年版，第 855 页。

〔4〕 Commission on Human Rights, "Preliminary report of the Special Rapporteur", 4 (2003) 58, 7.

〔5〕 [挪] A. 艾德、C. 克洛斯、A. 罗萨斯主编：《经济、社会和文化权利教程》（修订第 2 版），中国人权研究会组织翻译，四川人民出版社 2004 年版，第 144 页。

实现的影响，国际人权法委员会通过解释性指南使健康权内容更为具体。经济、社会、文化权利委员会第 14 号一般性意见用 60 多条内容对《经济、社会及文化权利国际公约》第 12 条进行了详细的解释，提出了下列四项实现原则：充足性（availability）、可及性（accessibility）、可接受性（acceptability）、高质量（quality）。质言之，健康权概念的模糊性、复杂性特点决定了人们在阐释时总是使其更具体、简易以致给它圈出清晰的边界。但是，这种思维逻辑必然伴随着对健康权内容的取舍过程，导致某些国家心理健康权的维护被遗忘或克减的现象。如世界卫生组织（WHO）2001 年报告显示，没有心理健康保护政策的国家，非洲占 52%，东南亚占 41%，欧洲占 37%；没有心理健康保护法律的国家，非洲占 41%，东南亚占 33%，欧洲占 4%。[1] 因此可以说，目前法学上对健康权的"定义方式"并非完美无缺。值得强调的是，2019 年 12 月 28 日，经第十三届全国人大常委会第十五次会议表决通过，于 2020 年 6 月 1 日实施的我国《基本医疗卫生与健康促进法》根据宪法明确规定了"国家和社会尊重、保护公民的健康权"。这是我国首次在法律上规定卫生健康领域中公民享有更为广泛的健康权，超越了我国民法中（《民法典》）关于公民不受侵犯自由权性质的健康权规定。

2. 心理健康权的概念

给心理健康权下一个明确的概念是件非常困难的事情。一方面，法学界普遍认为健康权主要指生理健康权，缺乏对心理健康权保护的观念，更不用说对其保护的实践；另一方面，据笔者目前收集的资料看，从基本人权角度研讨心理健康权及其保护的非常少，可参考的资料几乎没有。但有关心理健康权"定名"应属其研究的首要任务，也是其获得有效尊重、保障与实现的前提。本章拟从规范和理论上进行深入剖析，参考健康权的"定义方式"，探寻心理健康权的概念。

（1）心理健康权概念的学理分析。目前，对心理健康问题进行全面系统研究的是世界卫生组织（WHO）2001 年的报告。该报告以"心理健康——新的理解，新的希望"为主体，阐述了体质健康和心理健康是个人健康的两个关键方面，二者是相互影响、相互依赖、密不可分的。该报告强调政府要把

---

〔1〕 WHO, "Mental Health: New Understanding, New Hope", 2001, p. 79.

心理健康作为一个公共健康问题来对待，并多次重申心理健康对个人幸福、社会和国家而言与体质健康一样重要。神经科学和行为医学的最新研究表明，像体质疾病一样，心理疾病也是生物的、心理的和社会的因素相互作用的结果。人们产生心理健康问题像患感冒一样频繁，每4个人中就有1人在其一生中会患上心理疾病，并且仍处于上升趋势。[1]实质上，大多数心理疾病是可以预防和治愈的。但心理健康问题被多数国家"无情地"忽视：全球约4.5亿患心理疾病或心理健康问题的人中只有极少数能接受正常的治疗；心理和行为疾病占全球疾病总负担的15%，而大多数国家关于精神健康的年度预算不到整个国家健康支出额的1%；健康保险通常不包含心理健康医疗和服务；大约40%的国家没有心理健康政策，30%的国家没有心理健康工作计划，90%的国家没有关于儿童和青少年心理健康的政策。[2]因此，该报告的宗旨在于呼吁世界多数国家和政府改变以往只关怀"体质健康"的"偏向"，承担起大众心理健康问题的责任。笔者发现，该报告并没有把心理健康作为一种独立的人权来保护，但多次强调心理健康对个人幸福而言像体质健康一样重要，并提出了保护心理健康问题的许多原则和方法，如心理健康国家预算、政策、法律和许多有关心理疾病预防、治疗、康复的服务。这种专门讨论心理问题并提出相对独立的解决方案反映了心理健康保护正趋于独立性、专业性。

在英文资料中，据笔者收集，明确提出心理健康权（the Right to Mental Health）提法来自联合国人权委员会的一个关于"人人有权达到最高标准的体质和心理健康"的调查报告。[3]2002年，联合国人权委员会——一个具体处理联合国范围内人权问题的主要政治机构——任命一位特别报告员（a Special Rapporteur）在世界范围内对"人人有权达到最高标准的体质和心理健康"实施情况进行调查。该报告的第四部分把心理健康权（the Right to Mental Health）作为一个专题陈述，指出其取得成绩、存在的问题并提出建议。在我国人权研究的文献和资料中，汪习根教授认为健康权包括心理健康权、传染病控制和职业病防治等内容，并把心理健康权列为健康权内容的首位，同时强调尽快颁布心理卫生法、建立临床心理工作者的职业资格制度、增加现有

---

〔1〕 Commission on Human Rights, "Annual report of the Special Rapporteur", 2005.

〔2〕 WHO, "Mental Health: New Understanding, New Hope", 2001, p. 3.

〔3〕 Commission on Human Rights, "Preliminary report of the Special Rapporteur", 2003.

医学院精神医学和临床心理学课程设置、改革现行临床心理咨询与收费制度等。[1]汪习根教授明确提出心理健康权保护并把其置于健康权内容的首位，可谓我国第一人。值得强调的是，其他领域中也有类似的主张。心理学教授吴英璋于世界心理健康日之际呼吁"人人皆应享有追求心理健康的基本人权"，提出了心理健康权保护的三项主张。[2]北京安定医院的黄建军提出心理健康权是每个人不可剥夺的人权之一，人人要维护好自己的心理健康权。[3]尽管国内外提出过"心理健康权"名称并专门论述，但还存在以下不足：第一，没有对心理健康权概念进行探究。不论是人权报告还是理论研究，主要是呼吁要对心理健康权进行保护，提出一些实现权利的建议。第二，没有指出心理健康权与相关权利的区别和联系。心理健康权与体质健康权、健康权以及其他相关权利的界分是对心理健康权研究的重要内容，而这些在论者的内容中都没有涉及。第三，对心理健康权的性质阐述不明。心理学教授吴英璋指出其是一种积极的社会权具有重要意义，但对心理健康权的基本权利或宪法权利属性没有论及。

（2）心理健康权概念的规范分析。首先，从国际人权法规范分析有关心理健康权的规定。如前文所述，1946年，世界卫生组织章程首次确认"获得最高可能达到的健康标准的权利是一种基本的人权"，并将健康定义为"不止是疾病或羸弱之消除，而是体格、精神与社会之完全健康状态"。此章程表明心理健康权是健康权的重要内容。《世界人权宣言》（1948年）第25条第1款规定："人人有权享受为维持他本人和家属的健康和福利所需生活水准，包括食物、衣着、住房、医疗和必要的社会服务；在遭受到失业、疾病、残废、守寡、衰老或在其他不能控制的情况下丧失谋生能力时，有权享受保障。"这是以人权宣言的形式确认了健康权，对研究心理健康权具有非常重要的意义。我国于1997年10月签署了《经济、社会及文化权利国际公约》，2001年2月第九届全国人大常委会第二十次会议作出批准该公约的决定。《经济、社会及

---

〔1〕　汪习根："经济、社会、文化权利研究"，载朱景文主编：《全球化条件下的法治国家》，中国人民大学出版社2006年版，第575~581页。

〔2〕　吴英璋："人人皆应享有追求心理健康的基本人权"，载 http://www.psychcn.com/enpsy/200203/64942696.shtml，最后访问时间：2008年2月17日。

〔3〕　黄建军："心理健康权您维护了吗？"，载 https://www.youlai.cn/yyk/article/31693.html，最后访问时间：2022年7月12日。

文化权利国际公约》（1966 年）第 12 条第 1 款对心理健康权作出了明确的规定，"人人有权享受可能达到之最高标准之身体与精神健康（the right of every-one to the enjoyment of the highest attainable standard of physical and mental health）"的标准。该款直接把健康权规定为体质健康权（the right of physical health）和心理健康权（the right of mental health）两个方面，简化了健康权过于宽泛的内容。第 12 条第 2 款列举了健康权保障的四项具体措施，其中都包含体质和心理的保护，如"创造保证人人在患病时能得到医疗照顾的条件"（第 12 条第 2 款第 d 项），包括体质和精神两个方面平等和及时地提供基本预防、治疗、康复的卫生保健等。《儿童权利公约》（1989 年）规定了对儿童健康的保护包含体质和心理两个方面。该公约第 24 条第 1 款规定"儿童有权享有可达到的最高标准的健康，并享有医疗和康复设施，缔约国应努力确保没有任何儿童被剥夺获得这种保健服务的权利"；第 25 条规定"缔约国确认在有关当局为照料、保护或治疗儿童身心健康的目的下受到安置的儿童，有权获得对给予的治疗以及所受安置有关的所有其他情况进行定期审查"；第 27 条第 1 款规定："缔约国确认每个儿童均有权享有足以促进其生理、心理、精神、道德和社会发展的生活水平。"我国自始积极参与了《儿童权利公约》的起草、制定工作，在联合国大会通过这一公约时，我国是提出通过该公约的决议草案的共同提案国之一。1990 年 8 月 29 日，我国签署了《儿童权利公约》，1991 年 12 月 29 日，第七届全国人大常委会第二十三次会议审议批准了该公约。《残疾人权利公约》（2006 年）第 1 条规定："本公约的宗旨是促进、保护和确保所有残疾人充分和平等地享有一切人权和基本自由，并促进对残疾人固有尊严的尊重。残疾人包括肢体、精神、智力或感官有长期损伤的人，这些损伤与各种障碍相互作用，可能阻碍残疾人在与他人平等的基础上充分和切实地参与社会。"该条确定了残疾人不仅包括肢体、智力或感观有长期损伤的人，而且包括一些精神疾病患者。该公约第 25 条对残疾人健康权的规定包含许多有关预防、治疗、康复等心理健康权的保护措施，如"残疾人有权享有可达到的最高健康标准，不受基于残疾的歧视。缔约国应当采取一切适当措施，确保残疾人获得考虑到性别因素的医疗卫生服务，包括与健康有关的康复服务……"值得强调的是，经济、社会、文化权利委员会第 5 号一般性意见有关残疾人的权利中明确列出"身心健康的权利"（the right to physical and mental health)，并详细地解释了残疾人应与正常人一样享受最高标准的体质和心理健康的保护。经济、社会、文化权利委员会第 11 届会议（1994 年）第 5 号一般性意见——残疾人第 34 段也有解释。《消除对妇女一切形式歧视公约》（1979 年）第 12 条第 1 款规定"缔约各国应采取一切适当措施以消除在保健方面对妇女的歧视，保证她们在男女平等的基础上取得各种保健服务"等措施，这里"平等取得各种保健服务"理应包含心理卫生保健服务的内容。一些区域性人权公约中也包含心理健康权的保护。《欧洲社会宪章》（1996 年修订）第 11 条"卫生保护的权利"包括生理和心理卫生方面的内容；《非洲人权和民族权宪章》（1981 年）第 16 条规定"人人有权享有能够达到最佳的身心健康状况"；《〈美洲人权公约〉关于经济、社会和文化权利的补充议定书》（1988 年）第 11 条为"健康权利"，其第 1 项规定"人人皆知有健康权利，意即最大限度地享受身心健康和社会幸福"，第 2 项规定了具体的保障措施。除国际人权公约外，国际上有一些有关心理健康权保护的解释性指南、主要的联合国人权标准和技术标准。[1] 解释性指南主要是经济、社会、文化权利委员会通过的第 14 号一般性意见、第 5 号一般性意见、第 6 号一般性意见等，其中第 14 号一般性意见阐述了《经济、社会及文化权利国际公约》第 12 条第 1 款"人人有权享受可能达到之最高标准之身体与精神健康"的具体规定，第 5 号一般性意见第 34 段阐述了残疾人享有身心健康的权利，第 6 号一般性意见第 34 段阐述了老年人享有身心健康的权利。主要人权标准主要指《保护精神病患者和改善精神保健的原则》（原则 1，1991 年）和《残疾人机会均等规则》（标准规定，1993 年）。技术标准主要指由联合国机构、世界会议和联合国赞助的专业团体会议通过的大量技术准则和政策声明，包括《加拉加斯宣言》（1990 年）、《马德里宣言》（1996 年）和《精神卫生保健法：十项基本原则》（WHO，1996 年）等。这里值得强调的是，《精神卫生保健法：十项基本原则》（WHO，1996 年）是 MI 原则的进一步解释和对各国制定精神卫生法的指导。

其次，从宪法规范角度分析各个国家对心理健康权是如何规定的。最早把健康权纳入宪法权利保护的是 1919 年《魏玛宪法》，其规定了健康保险制

---

〔1〕《世界卫生组织精神卫生、人权与立法资源手册》（世界卫生组织 2006 年）。

度。[1]这里的健康保险制度是否包含心理健康权保护我们无法确证，但可以推测国家义务主要是生理健康权的保健和治疗，因为那时大多数人还生活在一个无法摆脱生理疾病的时代。[2]进入工业化时代，人类对心理健康问题从精神病患者转移到普通大众的关注是从第二次世界大战以后。从前文所知，到目前为止，世界上约 60 个国家的宪法规定了健康权或保健权，约 40 个国家的宪法规定了与健康相关的权利如生育保健权、健康环境生活的权利等。多数国家的宪法把健康权规定为个人的基本权利，并没有专门强调或细分体质健康权和心理健康权，如《俄罗斯联邦宪法》（1993 年）第 41 条规定"每个人都享有健康保护和医疗服务的权利"；[3]《意大利宪法》（1947 年）第 32 条第 1 款规定国家"把健康作为基本人权和社会主要利益予以保护，保证贫穷者能得到免费医疗"；[4]《大韩民国宪法》（1987 年）第 36 条第 3 款规定"国家应保护全体国民的健康"[5]等。这种规定符合宪法规范的抽象性原则，且许多促进公民体质健康的措施也是心理健康保护的一部分。具体地说，相对于个人而言，体质健康权和心理健康权保护通常交织在一起，不可能划出一条明显的界线；相对于国家而言，两类权利的国家义务有很大的区别，尽管两类义务经常需要"联合"实施。但是，由于传统健康观念和国家资源的限制，多数国家出现了保护公民的体质健康权"一边倒"的现象。值得强调的是，有些国家的宪法专门强调心理健康权的保护。《罗马尼亚宪法》（1991年）第 33 条保健权规定"①保健权得到保障；②国家必须采取措施保障公共卫生和健康；③依法建立医疗救助和疾病、事故、怀孕及康复的社会保障体系，对行医及医护工作实行检查，并采取其他措施，保护人们的身心健康"。[6]《摩尔多瓦共和国宪法》（1994 年）第 36 条健康保护权第 3 项规定"依照组织结构法规定国家保健系统的机构和被指定用于保护人的体质和精神健康的资金"。[7]《匈牙利共和国宪法》（1990 年）第 70 条 D 第 1 款规定"在匈牙利

〔1〕 姜士林等主编：《世界宪法全书》，青岛出版社 1997 年版，第 822 页。
〔2〕 王敬群、邵秀巧：《心理卫生学》，南开大学出版社 2005 年版，第 12~16 页。
〔3〕 姜士林等主编：《世界宪法全书》，青岛出版社 1997 年版，第 828 页。
〔4〕 姜士林等主编：《世界宪法全书》，青岛出版社 1997 年版，第 961 页。
〔5〕 姜士林等主编：《世界宪法全书》，青岛出版社 1997 年版，第 254 页。
〔6〕 姜士林等主编：《世界宪法全书》，青岛出版社 1997 年版，第 856 页。
〔7〕 姜士林等主编：《世界宪法全书》，青岛出版社 1997 年版，第 921 页。

共和国领土上生活的人对尽可能最高水平的体质和精神健康拥有权利"。[1]《巴拿马共和国宪法》（1983 年修订）第 104 条规定"关心共和国居民的健康是国家的根本职能。个人作为集体的一部分，有权使其健康得到改善、保护、保持、康复和复原，并有义务保持健康。健康应看作体质上、精神上和在社会方面完全舒适"。[2]上述四国在宪法规范中都明确规定了公民"心理健康权"或"精神健康权"，并强调与"体质健康权"平等的保护。

（3）本书关于心理健康权的概念。通过上述分析，笔者认为，所谓心理健康权，又称精神健康权，英文是 the right of mental health，是指人人享有实现能够达到的最高的心理健康标准所必需的主要是由国家和社会提供的各种设施、商品、条件和服务的权利。与健康权一样，"人人有权享有能达到的最高的心理健康标准"的概念，既考虑了个人的生理和社会经济发展的先决条件，也考虑了国家和社会对资源的掌控、整合、利用、服务等情况。实质上，国家和社会不能保证个体都享有心理健康，它也不能对所有可能造成人类心理健康疾病的原因进行完全屏蔽，但其应该为每个公民提供与国家经济社会发展水平相一致的能够达到的人人享有实现达到最高心理健康标准所必需的各种设施、商品、条件及其积极服务的权利。经济、社会、文化权利委员会第 22 届会议（2000 年）第 14 号一般性意见第 9 段对此有详细规定。从人人享有实现能够达到的最高的心理健康标准条件看，它主要包括两类国家义务：一类包括与心理健康卫生保健有关的义务（包括预防和治疗保健），我们把公民对此义务享有的权利称为专业性卫生保健服务的权利；另一类包括许多与"心理健康基本前提条件"有关的义务，包括安全的饮用水、适当的卫生设备、适当的营养、有关的心理健康信息、环境卫生和职业卫生、心理健康教育等，我们把公民对此义务享有的权利称为基础性保健服务的权利。两类保健服务的权利是相互联系、相互促进的。不难发现，实现心理健康权和体质健康权的国家和社会义务有很多重叠的部分。一般地讲，人的体质健康与心理健康是健康权保护的两个重要方面，二者相互影响、相互作用，共同作用于个人的健康水平；体质健康是健康的基础，是首先要达到的健康目标，在此基础上，心理健康是健康的核心部分。在心理健康权的概念中，国家和社

---

〔1〕　姜士林等主编：《世界宪法全书》，青岛出版社 1997 年版，第 959 页。
〔2〕　姜士林等主编：《世界宪法全书》，青岛出版社 1997 年版，第 976 页。

会承担基础性保健服务的义务与体质健康权的保护义务有重叠的部分。实质上，国家提供促进个人健康的各种义务很难分清属于哪一方面内容；即使是分清楚属于促进心理健康权或生理健康权方面的国家义务，这些义务也是相互促进甚至交织在一起的。为了回应现代化进程中人们心理健康问题的严重性，克服国家和社会经常模糊甚至遗忘此类义务的现象，加强国家对心理健康权的保障，应着重强调国家在心理健康预防和治疗保健方面的义务。当然，"基本前提方面的义务"并非忽略。此类义务也是体质健康权所包含的内容，常常与心理健康权的内容相互重叠。

上述定义反映出心理健康权是与政治权利相对应的经济、社会和文化权利的一部分，是一种强调积极的国家功能观的社会权。但是，与健康权类似，心理健康权既有经济、社会权利的一面，也有文化权利的一面，因其既要设法保护个人在心理健康方面免遭社会和经济上的不公，又要设法保障可获得的健康服务足以适合人们的文化背景；[1]心理健康权不仅包括权利，还包含自由方面的内容，因其既包括自身心理健康免受干涉的自由，也包括获得心理卫生保健以及心理健康所需要的安全的商品、清洁的水源和信息等权利。[2]

二、心理健康权的主体和内容

分清权利的主体是确认权利性质的重要标志，明确权利的内容是实现权利的第一步。本章拟从基本人权角度阐述心理健康权的权利主体和义务主体，明确界定心理健康权的内容，以达到对其深刻的认识。

(一) 心理健康权的主体

心理健康权的权利主体，一般指一切国民。因其作为现代社会生存的一种基本权利，主体应具有广泛性和平等性。具体地说，人人应享有心理健康的基本权利。但是，在平等的基础上，由于受不同年龄阶段、体质状况和职业特点等因素的影响，各不同群体的人的心理健康权存在一定的差别性。

---

〔1〕 ［挪］A. 艾德、C. 克洛斯、A. 罗萨斯主编：《经济、社会和文化权利教程》（修订第2版），中国人权研究会组织翻译，四川人民出版社2004年版，第141页。

〔2〕 国际人权法教程项目组编写：《国际人权法教程》（第1卷），中国政法大学出版社2002年版，第336页。

1. 权利主体

根据《经济、社会及文化权利国际公约》（1966 年）第 12 条第 1 款中的"人人"，心理健康权的一般权利主体为一切人。但这个概念是广义主体概念。也就是说，它包含着具有如此潜在的可能性主体，即根据条件的具备才能在现实上具有资格这样的主体在内。具体地说，从应然角度看，人人需要心理健康的保护；从实然角度看，只有那些产生心理健康问题而依靠自助又不能恢复的人才是该权利的主体。[1]

由于不同的群体具有不同的特征，心理健康权保护方面有个人人权与集体人权两种保护形式。有学者从基本权利主体所具有的法性质和所享有的基本权利范围将其分为一般主体、特殊主体和特定主体三大类，如我国《宪法》中，公民是一般主体，法人和外国人是特殊主体，前二者的转化形态像妇女、老年人、儿童等属于特定主体。[2]这种分类尽管在基本权利的法人主体中存在一定的争议，但特定主体的概念提出具有重要的意义。由于群体之间的共性和个性，国际人权法和各国宪法都对一些特定主体的基本权利保护作出了专门的规定。具体到心理健康权方面，特定主体包括易患群体和边缘群体，前者包括儿童、妇女、老年人、学生和灾民等，后者包括贫困人员、服刑人员、难民等弱势或边缘群体。由于特定主体的心理健康问题具有发病率高、自助能力偏低、危险性大等特点，必须建立完善的与各类群体相适应的心理危机干预机制和心理健康促进活动，通常采取集体人权的保护形式。一些国际人权公约对特殊群体心理健康权保护有专门规定。《儿童权利公约》（1989 年）、《消除对妇女一切形式歧视公约》（1979 年）、《残疾人权利公约》（2006 年）和《维也纳老龄问题国际行动计划》（1982 年）分别对儿童、妇女母亲、残疾人和老年人的心理健康保护作出了特别的规定。值得强调的是，《儿童权利公约》（1989 年）第 23 条规定了儿童享有促进融入社区服务的权利，确保残疾儿童能有效地获得和接受教育、培训、保健服务、康复服务、就业准备和娱乐机会，其方式应有助于该儿童尽可能充分地参与社会，实现个人发展，包括其文化和精神方面的发展；第 24 条广泛规定了儿童健康权；第 25 条规定了缔约方对有关当局为照料、保护或治疗儿童身心健康的目的下受到安置

---

〔1〕　［日］大须贺明：《生存权论》，林浩译，法律出版社 2001 年版，第 200 页。

〔2〕　吴家清、邓世豹、杜承铭：《宪法学新论》，吉林人民出版社 2001 年版，第 402 页。

的儿童的定期检查的监督措施。《残疾人权利公约》（2006 年）第 25 条规定缔约方应当采取一切适当措施，确保残疾人（包括对精神残疾者）获得考虑到性别因素的医疗卫生服务，包括与健康有关的康复服务；第 26 条规定了残疾人（包括对精神残疾者）适应训练和康复方面享受基本的保健与治疗。我国《精神卫生法》规定了心理健康权的四类主体，即公民、重点人群（青少年、老年人、妇女等）、特殊群体（流浪乞讨人员、服刑人员等）和精神障碍患者，采取了"个人人权与集体人权相统一的人权保护形式"，[1]坚持全民心理健康素养提升与个体心理疏导相结合的保护原则。

2. 义务主体

心理健康权的义务主体主要是国家及其具有基本医疗卫生与健康促进职能的社会组织，如各级职能政府、医疗机构、学校等，强调国家提供人人享有实现能够达到的最高心理健康标准所必需的各种设施、商品、服务和条件。因此，国家是最终的责任主体。由上文可知，在现代社会，心理健康权的相对独立性更为明显，是现代人生存的基本条件，人人需要心理健康权保护。具有基本权利属性的心理健康权是现代社会的一种生存权，强调国家对公民心理健康权的尊重、保护和实现义务。但是，在某种程度上，国际组织、跨国公司、医院甚至地方社区、学校、卫生专业人员都在实现心理健康权方面承担一定的义务。我国《精神卫生法》《基本医疗卫生与健康促进法》确立的心理健康权保护的义务主体主要有五类，即国家、社会组织（如学校、用人单位、医疗机构等）、专业人员（医务人员、心理咨询人员、教师等）、家庭和个人。因为一个人的心理健康不仅与社会客观条件有关，而且与一个人的工作、运动、饮食、睡眠、健康素养等个人生活方式和健康理念有关，因此强调"个人也是自己心理健康的第一责任人"理念。

（二）心理健康权的内容

如上所述，心理健康的内涵和标准具有很大的主观性和模糊性，且影响心理健康的因素非常复杂，心理健康权包括哪些内容也存在很大的争议。但是，既然属于基本权利，心理健康权就包括一系列具体的权利表现形式，根据不同的标准可以作出不同的划分。通常与界定健康权的国家义务一样，把心理

---

〔1〕 李步云："论个人人权与集体人权"，载《中国社会科学院研究生院学报》1994 年第 6 期，第 9~16 页。

健康权的国家义务分为两类：一类包括与"保健"有关的要素（包括治疗和预防保健），另一类包括与许多"健康的基本前提条件"有关的要素，包括安全的饮用水、适当的卫生设备、适当的营养、有关健康的信息、环境卫生和职业卫生、健康教育等。如果以此类方式来界定心理健康权的内容，既容易与健康权的内容混淆，又不利于对当前日益严重的心理健康问题的保护。为了让人们懂得维护心理健康是个人的一项基本权利，列举其主要的权利子项是目前比较好的方法，尽管会冒挂一漏万的危险。笔者认为，心理健康权至少包括如下内容：

1. 心理健康预防保健权

心理健康预防保健权是指公民享有国家和社会提供一定条件的预防、治疗和保健心理健康的条件或服务的权利。如前文所述，它包括专业性预防保健服务的权利和基础性预防保健服务的权利。专业性预防保健服务的权利主要指公民享有国家和社会提供的旨在预防公民心理健康问题的专业性的设施、物品或服务方面的权利。具体地说，这种专业性预防保健服务主要包括充足的心理咨询或辅导设施、专业的心理咨询或辅导人员、有效可及的心理咨询或辅导服务等。通过专业的预防保健服务可以消除轻微心理问题的人发展至心理障碍以预防精神疾病蔓延，是预防心理疾病的重要措施。根据中外心理健康专家的研究，大致可将人的心理健康水平分为三个等级：一般常态心理者，表现为心情经常愉快，适应能力强，善于与别人相处，能较好地完成同龄人发展水平应做的活动，具有调节情绪的能力；轻度失调心理者，表现出不具有同龄人所有的愉快，和他人相处略感困难，生活自理有些吃力，如果主动调节或通过专业人员帮助，可恢复常态；严重病态心理者，表现为严重的适应失调，不能维持正常的生活、工作，如不及时治疗可能恶化，成为精神病患者。[1]专业性预防保健主要针对上述不能主动调节的轻度心理失调者。而这类人群占总人口的 4/5 以上，如世界卫生组织的最新资料表明，全球完全有心理疾病的人只占 6%，完全无心理疾病的人只占 9.5%，有 84.5% 的人处于心理亚健康状态，不时会出一些心理上的小问题，心理咨询关注的正是这 84.5% 有"小"问题的正常人。也就是说，一般正常人，甚至心理正常的人都可以去咨询，从中获得指导和帮助以达到预防的目的。

---

[1] 樊富珉、费俊峰编著：《青年心理健康十五讲》，北京大学出版社 2006 年版，第 24 页。

基础性预防保健服务的权利是指公民享有国家和社会提供的旨在预防心理健康问题的基础性条件的权利，同样也是促进公民生理健康的基本前提条件。它包括安全的饮用水、适当的卫生设备、适当的营养、有关健康的信息、环境卫生和职业卫生等。经济、社会、文化权利委员会对《经济、社会及文化权利国际公约》（1966 年）第 12 条的解释及经济、社会、文化权利委员会第 22 届会议（2000 年）第 14 号一般性意见第 15 至 16 段规定，人人享有健康的自然和工作场所环境的权利，主要包括在职业事故和疾病方面采取预防措施；必须保证充分供应安全和洁净的饮水和基本卫生条件；防止和减少人民接触有害物质的危险，如放射性物质和有害化学物质，或其他直接或间接影响人类健康的有害环境条件；工业卫生指在合理可行的范围内，尽量减少在工作环境中危害健康的原因；适当的住房和安全、卫生和工作条件，充分供应食物和适当的营养，劝阻酗酒和吸烟、吸毒和使用其他有害药物；另外，缔约方要改善健康的社会要素，如安全的环境、教育、经济发展和性别平等。质言之，基础性预防保健服务主要强调与健康有关的基本前提条件，确保个人的健康方面的基本生存条件。但是，基础性预防保健服务也与其他基本权利保护相交叉，如人人享有健康的自然和工作场所环境的权利也是环境权保护的内容，适当的住房、充分供应食物和适当的营养也与适足的住房权、食物权相交叉。我国《"健康中国 2030"规划纲要》重点强调了健康生活、健康服务、健康保障、健康环境、健康产业五大方面的战略；《健康中国行动（2019—2030 年）》推出了包括心理健康促进在内的 15 项健康促进行动。

当然，两类预防保健权是相互联系、相互促进的。基础性预防保健服务是专业性预防保健服务的基础，专业性预防服务促进基础性预防服务的发展。

2. 心理疾病治疗、康复权

心理疾病治疗、康复权是指公民患心理疾病后有获得国家或社会提供充足的治疗、康复的权利。这里的心理疾病患者不仅仅是精神病患者，还包括大量产生心理问题需要心理干预的人。根据国际人权解释性指南，公民享受患病时得到治疗的权利和卫生设施、货物或服务的权利。经济、社会、文化权利委员会通过的第 14 号一般性意见第 12 条第 2 款第（卯）项规定"创造保证人人在患病时能得到医疗照顾的条件"，包括体质和精神两个方面，要求平等和及时地提供基本预防、治疗、康复的卫生保健服务，以及卫生教育；

定期检查计划；对流行病、一般疾病、外伤和残疾给予适当治疗，最好是在社区一级；提供必需药品和适当的精神保健治疗和护理。具体地说，心理疾患治疗、康复权是指对有心理疾病的人进行的以改正其行为、情感和想法为目的的心理治疗、康复过程。心理治疗与心理咨询的最大区别在于服务的对象和面对的问题不同。一般来说，心理咨询面对的是普通人群，即来访者不具有经临床诊断的心理疾病，心理治疗侧重为具有临床心理诊断的有心理疾病的人群服务。[1]

由于心理疾病患者除本身的明显痛苦外，还要面对病耻感和歧视所造成的隐蔽负担，国际人权组织通过一些解释性指南、主要的联合国人权标准和技术标准来保障心理疾病患者获得能够达到的最高的心理健康标准的权利。具体地说，心理疾病患者主要享有下列权利：①获得适当的专业服务的权利，包含个体化治疗的权利和康复、加强独立自主性治疗的权利；②独立自主和融入社会权，包含获得最少限制性服务的权利，获得以社区为基础服务的权利和儿童享有促进融入社区服务的权利；③知情同意和拒绝治疗的权利。[2]

3. 心理健康教育权

心理健康教育权，又称心理卫生教育权，是指公民享有国家和社会提供的心理卫生教育的权利。实质上，它既属于预防保健权，又属于受教育权。其主要通过社会宣传教育和学校教育两种途径促进和提高公民的心理健康水平。社会宣传心理卫生教育是指国际、国内各种组织、政府机构等通过现场咨询、论坛、媒体、培训等各种途径教育公民心理卫生知识，以促进人们的心理健康。近年来，国际组织和各国政府在心理疾病预防方面做了大量的工作，并取得了一定的成绩。1991 年，尼泊尔提交了第一份关于"世界心理健康日"活动的报告，这一报告受到了国际社会的重视。1992 年，由"世界心理卫生联合会"（World Federation for Mental Health）发起、由卫生组织确定，把每年的 10 月 10 日定为"世界心理健康日"，又称"世界精神卫生日"。随后的十多年里，许多国家参与进来，将每年的 10 月 10 日作为特殊的日子：提高公众对精神疾病的认识，分享科学有效的疾病知识，消除公众的偏见，

---

〔1〕 汤梅："论心理咨询与心理治疗和心理辅导的联系与区别"，载《中国心理卫生杂志》2006 年第 3 期，第 203~204 页。

〔2〕《国际人权在国家精神卫生立法方面的作用》（世界卫生组织 2004 年）。

并结合现实情况和精神卫生的需要，确定每年的活动主体。在每年的世界心理健康日，我国政府会开展促进国民心理健康的主题活动。2007 年世界精神卫生日的主题是"健康睡眠与和谐社会"；2008 年世界精神卫生日的主题是"同享奥运精神，共促身心健康"；2009 年世界精神卫生日的主题是"行动起来，促进精神健康"；2010 年世界精神卫生日的主题是"沟通理解关爱心理和谐健康"；2011 年世界精神卫生日的主题是"承担共同责任，促进精神健康"；2012 年世界精神卫生日的主题是"精神健康伴老龄，安乐幸福享晚年"；2017 年世界精神卫生日的主题是"心理健康，社会和谐"；2018 年世界精神卫生日的主题是"健康心理，快乐人生"；2019 年世界精神卫生日的主题是"心理健康社会和谐，我行动！"；2020 年世界精神卫生日的主题是"弘扬抗疫精神，护佑心理健康"；2021 年世界心理健康日的主题是"人人享有精神卫生保健，让我们把它变成现实"。"5·25"即"我爱我"的谐音，是由北京师范大学学生于 2000 年发起的属于大学生自己的"大学生心理健康日"。

学校心理卫生教育是指各级各类学校应当结合素质教育，将心理健康教育纳入学校工作计划，配备心理辅导人员，对学生开展心理健康教育，为学生提供心理辅导。有条件的大学还设立学校心理咨询或辅导中心，成立心理健康志愿者协会，使学生在学习过程中接受心理健康教育。学校心理健康教育主要以心理辅导为主，给学生集体上课也是一种心理辅导。心理辅导（Guidance or School Counseling）是针对学生群体进行的以促进其发展为目标的心理咨询过程。如前文所述，心理辅导与心理咨询最大的区别在于工作的对象和地点，心理咨询的对象主要是普通人群中没有临床诊断为心理疾病的人，地点不限于学校；而心理辅导的工作地点是学校，对象是在校学生，工作内容是预防为主，帮助学生解决成长过程中的各种问题。我国中小学心理健康教育起步于 20 世纪 80 年代初，从专题讲座、建立心理咨询室、集体心理辅导到开设专门心理健康教育课程，逐步纳入育人全过程。2002 年 教育部颁布的《中小学心理健康教育指导纲要》正式确定了心理健康教育在学校教育中的地位。经过十年的实践，2012 年教育部对原有《纲要》进行了修订，印发了《中小学心理健康教育指导纲要（2012 年修订）》，提出了"十六字工作方针"——全面推进、突出重点、分类指导、协调发展，以及"四个结合"基本原则——科学性与实效性相结合，发展、预防和危机干预相结合，面向全体学生和关注个别差异相结合，教师的主导性与学生的主体性相结合，要求各地加强人文关怀和心理疏导，全面普及、巩固和深化中小学心理健康教育，极大地推动中小学心理健康教育工作的持续、科学、健康发展，开拓了我国中小学心理健康教育的新局面。健康教育权是我国《"健康中国 2030"规划纲要》的五大重要内容之一。在我国学校心理健康教育权实施过程中，心理健康教育与德育双向结合，把心理健康教育作为学生大德育的一个重要组成部分。[1]因为心理健康教育与思想政治教育存在密切的关系，思想政治教育概念内在地包含了心理健康教育的成分，思想政治教育离不开心理健康教育的积极成果。[2]

　　4. 心理健康环境权

　　心理健康环境权是指公民享有国家提供的促进其心理健康的环境的权利，包括心理健康自然环境权和心理健康工作环境权。适合人类生存的健康环境既是健康权的内容（包含体质健康权和心理健康权），也是环境权保护的对象。但它们之间有很多不同。体质健康权中包含的健康环境主要是适合体质健康的标准，也就是不导致生理疾病的自然和工作环境；而心理健康权中健康环境要求层次较高，各种自然和工作环境与人的心理和谐一致，能减轻人的各种压力，促进个体潜能的发挥。环境权是指公民享有生活在健康的环境中的权利，其衡量标准也是健康。但环境权中"环境健康"标准范围很大，主要强调自然环境，以可持续发展为理念；而心理健康环境权中的"环境"不仅包括自然环境，而且包括工作环境等社会环境，以促进人的潜能发挥为目的。质言之，心理健康环境是心理健康权实现的基础性前提，心理健康环境权也属于基础性预防保健服务的内容。随着人类工业化的进程，自然环境（环境污染、自然资源破坏、噪音等）越来越不适应人类的生存，枯燥、机械的工作环境在利益驱动下扭曲了人性。在这种环境下，不仅产生人的生理疾病，而且导致众多的心理健康问题。因此，心理健康环境权是公民心理健康权实现的基础。根据经济、社会、文化权利委员会通过的第 14 号一般性意见对《经济、社会及文化权利国际公约》（1966 年）第 12 条第 2 款第（丑）项

---

　　〔1〕 叶一舵："论德育与心理健康教育的双向结合"，载《思想教育研究》2002 年第 6 期，第 14~16 页。

　　〔2〕 余双好："心理健康教育何以成为思想政治教育的研究领域"，载《马克思主义研究》2007年第 3 期，第 89~98 页。

"改良环境及工业卫生之所有方面"的解释，主要包括在职业事故和疾病方面采取预防措施；必须保证充分供应安全和洁净的饮水和基本卫生条件；防止和减少人类接触有害物质的危险，如放射性物质和有害化学物质，或其他直接或间接影响人类健康的有害环境条件；工业卫生指在合理可行的范围内，尽量减少在工作环境中危害健康的原因。上述人权委员会的解释主要偏向于体质健康权的保护，因为心理健康环境权在自然环境和工作环境方面都有更高的要求。健康环境权是我国《"健康中国2030"规划纲要》的五大重要内容之一。

5. 心理健康侵害救济权

由于心理健康权是健康权的重要内容，心理健康权的可裁判性问题应隶属于健康权可裁判性探讨之中。目前国际上主要有以下观点：一是有充分的理由认为尊重健康的义务是可裁判的。例如，国家不得从事诸如污染环境等有害心理健康的活动的义务是可裁判的。特别是在有明显的心理健康危险或已经对健康造成明显的负面效应影响的情况下，心理健康权是可裁判的。二是保护的义务在某些情况下是可裁判的。尤其是某些机构在未能履行适当职责的严重情况下，可以认为国家负有保护个人免遭这些机构的行为侵害的可裁判的义务。三是实现的义务最难确定，因此接受裁判的可能性很小。针对提供或促进有关健康服务的义务所提出的权利要求难以界定，常常被法院驳回，理由是法院处理这些问题会干涉决策者的独立处理权限。[1]同样，具体到心理健康权的可裁判性：尊重的义务一般是可裁判的，保护义务在某些情况是可裁判的，实现义务通常是不可裁判的。心理学教授吴英璋在解读"人人应该享有追求心理健康的基本人权"时专门强调了心理健康侵害救济权。他认为，"当民众之心理健康权遭受威胁或侵害时，政府与社会应予以关照并寻求补救。既然心理健康权为基本人权，政府应积极保障，而当人民的心理健康受到威胁和侵害时，政府则应主动予以维护"；因此，"我们呼吁在民众遭受威胁或伤害时，政府不仅应注重事后之补救，更应注重受害者的心理重建，使其有机会受到关切与支持，让他们有力量可以重新站起来"。[2]

---

〔1〕〔挪〕A. 艾德、C. 克洛斯、A. 罗萨斯主编：《经济、社会和文化权利教程》（修订第2版），中国人权研究会组织翻译，四川人民出版社2004年版，第150~152页。

〔2〕吴英璋："人人皆应享有追求心理健康的基本人权"，载 http://www.psychcn.com/enpsy/200203/64942696.shtml，最后访问时间：2002年3月6日。

值得强调的是，民法上关于精神损害赔偿的规定实质上就是一种心理健康损害的司法救济措施。民法学界坚持，精神损害是指加害人的侵权行为对民事主体精神活动的损害，这种损害包括生理上和心理上的损害，也包括精神利益的损害。心理上的损害主要是对权利人的情绪、感情、思维、意识等进行伤害造成受害人心理上产生恐惧、不安、愤怒、焦虑、悲伤、沮丧、抑郁、绝望等不良心态；精神利益的损害主要是指侵害了民事主体的精神利益，比如法律明确规定的姓名、肖像、名誉、荣誉、信用、贞操以及婚姻家庭等方面的人身利益从而造成精神利益的损失。精神损害赔偿是指加害人因其侵权行为侵害了他人的精神利益而应承担的赔偿责任。[1]尽管这里的精神损害赔偿只限于有限范围内的法律明示的精神利益的损害，但也反映了由于人身利益受到侵害而造成的心理创伤的赔偿问题。另外，我国民法学家王利明先生主张健康权应当包括心理健康，但应当在法律上对心理健康作出严格的限制。从法学角度来看，若心理健康的范围过于宽泛，容易引起滥诉，使健康权被虚置而没有独立的内涵。也就是说，对心理健康的影响必须是严重的心理不健康状态，构成心理疾病时才能发生法律救济。如果只是轻微的心理健康损害，还无法达到法律所保护的程度。[2]

三、心理健康权与相关内容的界分

心理健康权与其他相关权利的内容有交叉，如获得适当的生活水准权、工作权、环境权等。这印证了人权的相互依赖性和不可分割性。[3]但是这种交叉并不能否定心理健康权作为一项独立的人权。本章主要阐述心理健康权与相关权利的关系，更进一步证实其是一项独立、确定的人权。另外，还将对人们经常混淆的心理健康权与精神损害赔偿予以区分。

（一）心理健康权与相关权利的关系

心理健康权与相关权利的关系主要分为两种：一是与健康权、体质健康权的关系，二是与心理健康"基本前提"相关权利如适当的生活水准权、环

---

〔1〕　魏振瀛主编：《民法》，北京大学出版社、高等教育出版社2000年版，第728页。

〔2〕　王利明：《人格权法研究》，中国人民大学出版社2005年版，第371~372页。

〔3〕　See "United Nations World Conference on Human Rights", *Vienna Declaration and Programme of Action*, 12 July 1993, Part I, Para. 5.

境权等的关系。

1. 心理健康权与健康权

从发展阶段看，心理健康权是人们在体质健康基础上更高层次的权利需求。人类很早以前就有采取措施改善居民健康的记录。早在公元前 2000 年前，城市就有通过建设供水和排泄系统的措施来改善卫生状况的现象。19 世纪伴随欧洲工业化的开展，人类对健康的认识发生了重大变化：一方面，近代公共卫生运动和国际卫生大会的开展表明人类已认识到健康是一个威胁社会发展的公共问题；另一方面，由于社会意识的觉醒，有些国家早已把基本社会权利纳入国家宪法。健康权作为宪法权利受到保护首先出现在 1919 年《魏玛宪法》第 161 条规定的健康保险制度中，1925 年《智利宪法》则最早把卫生方面的国家义务纳入宪法并被其他国家效仿。早期的健康权保护主要是体质健康权保护，因为主要采取生物医学健康标准——人的生理机能正常，没有疾病或缺陷。随着经济社会的发展，1946 年，世界卫生组织（WHO）在其宪章中提出"健康不仅为疾病或羸弱之消除，而系体格、精神与社会之完全健康状态"。从此，人类对健康的衡量标准逐渐从生物医学模式过渡到生物-心理-社会医学模式，从单纯体质健康权保护过渡到体质和心理健康权"一体化"保护。随后，一些国际人权公约和国内宪法都有心理健康权保护的规定。如上文所述，国际层面包括《经济、社会及文化权利国际公约》（1966 年）第 12 条、《儿童权利公约》（1989 年）第 24 条和一些人权解释性指南都有心理健康权保护的规定。国内层面包括《罗马尼亚宪法》（1991 年）第 33 条、《摩尔多瓦共和国宪法》（1994 年）第 36 条、《匈牙利共和国宪法》（1990 年）第 70 条 D 第 1 款和《巴拿马共和国宪法》（1983 年修订）第 104 条等。值得强调的是，中国具有五千年的文明发展历史，就我国古代思想的发展而言，儒释道共同构建了中国传统哲学思想，形成了天人合一的中国传统哲学观念，并由此引发祖先关于心理健康思想方面人与自然的和谐、人与社会的和谐、人与自身的和谐以及人与终极价值的统一四大标准。[1]

从组成内容上，心理健康权和体质健康权一样，是健康权的重要内容。神经科学和行为医学最新研究表明，像体质疾病一样，心理疾病也是生物的、

---

[1] 董云波、陈中永："中国古代心理健康思想初探"，载《内蒙古师范大学学报（哲学社会科学版）》2010 年第 2 期，第 22~28 页。

心理的和社会的因素相互作用的结果。人的体质健康与心理健康是健康权保护的两个重要维度，二者相互影响、相互作用，共同作用于个人的健康水平；体质健康是健康的基础，是首先要达到的健康目标，在此基础上，心理健康是健康的核心部分。正是由于心理健康对于个人健康的"核心"地位才出现人人需要"心理健康权"保护的呼声。另外，心理健康权保护的独立性也是该权成为基本权利保护的重要原因。尽管心理健康与体质健康保护不可分割，但二者运用的理念和方法有很大的不同。比如，我国有一种比较流行的矫正心理疾病的方法——心理疏导疗法。该疗法最基本的工具是语言，理论是多学科交叉的一种创新模式。其以辨证施治为原则，以中国传统文化和古代心理疏导的思想和方法为主导，是在控制论、信息论、系统论等理论基础上形成的。[1]此外，心理健康保护的系统性也是该权利作为基本权利保护的重要特性。

2. 心理健康权与"基本前提要素"相关的权利

根据国际人权法上普遍承认的"健康权构成要素"的观点，心理健康权包括"保健要素"和"基本前提要素"两类。"基本前提要素"包括安全的饮用水、适当的卫生设备、适当的营养、有关健康的信息、环境卫生和职业卫生等，而这些要素涉及适当的生活水准权、适足的住房权利、环境权、受教育权、工作权和工作中的权利等。

根据《经济、社会及文化权利国际公约》（1966年）第11条，适当的生活水准权是指人人有权为他自己和家庭获得相当的生活水准，包括适当的饮食、照料、预防和疾病控制。食物、衣着和住房是基本必需品，但适当的生活水准要求更多，取决于有关社会的文化条件。最本质的一点是，人人应该能在不受羞辱和没有不合理的障碍的情况下，充分地与他人进行一般的日常交往。这里特别指他们应该能够有尊严地享有基本需求。任何人都不应该生活在只能通过乞讨、卖淫或债役劳动等有辱人格或丧失基本自由的方法来满足其需求的状况之中。[2]可见，这里的"适当的生活水准"是心理健康权实现的"基本前提要素"的内容。另外，《儿童权利公约》（1989年）第24条、

---

〔1〕 鲁龙光：《心理疏导疗法》，人民卫生出版社2006年版，第25~32页。

〔2〕 ［挪］A. 艾德："包括食物权在内的适当的生活水准权"，载［挪］A. 艾德、C. 克洛斯、A. 罗萨斯主编：《经济、社会和文化权利教程》（修订第2版），中国人权研究会组织翻译，四川人民出版社2004年版，第111~112页。

《消除对妇女一切形式歧视公约》（1979 年）第 12 条分别将食物权作为实现儿童和妇女健康权的一个部分。但是，"两类权利"应属交叉而不重叠。心理健康权的实现除包括适当的生活水准权这一基本前提要素外，包括其他基本前提要素和保健要素；适当的生活水准权也不是仅包含与健康方面的要素。

环境权是指人人享有在健康、舒适的环境中生活的权利。具体地说，环境权是指人类有权在一种能够过尊严和福利的生活环境中，享有自由、平等和充足的生活条件的基本权利，并且负有保证和改善这一代和世世代代的环境的庄严责任。环境权已被一系列国际条约和国内宪法确认。《阿塞拜疆共和国宪法》（1995 年）第 39 条规定"生活在健康环境中的权利"；[1]《荷兰王国宪法》（1983 年修改）第 69 条规定"每个人都有健康生活的权利。共和国保障公民们有健康环境的权利"；[2]《西班牙宪法》（1978 年）第 45 条规定"所有人都有权利享受适于人发展的环境，并有义务保护环境"。[3]另外，从我国《宪法》第 9 条、第 26 条的环境政策条款中可以推导出环境权。我国《"健康中国 2030"规划纲要》把健康环境作为健康中国建设的五大战略任务之一。但是，环境权与心理健康权也是交叉而不重叠。但交叉仅是促进心理健康权实现的条件之一的"环境"要素，心理健康权中其他前提要素和保健要素都是环境权不能包含的，同时环境权中也有一些内容如环境义务是心理健康权不能包含的。值得强调的是，《经济、社会及文化权利国际公约》（1966 年）第 12 条第 2 款具体规定环境作为国家实现健康权的重要内容之一。这款传统上仅被解释为与职业卫生有关的环境，但在各国对人权委员会的报告中，它逐渐被解释为影响人类健康的所有环境。[4]

同样，心理健康权与受教育权、知情权等也是交叉而不重叠的关系。当心理健康权的实现需要心理健康教育时与公民的受教育权有交叉，当心理健康权的实现需要有效及时的健康信息时涉及知情权。但它们都只是心理健康权实现"前提条件"的要素之一，交叉的部分少，不同的部分多。人人享有

---

〔1〕 姜士林等主编：《世界宪法全书》，青岛出版社 1997 年版，第 126~127 页。

〔2〕 姜士林等主编：《世界宪法全书》，青岛出版社 1997 年版，第 853 页。

〔3〕 姜士林等主编：《世界宪法全书》，青岛出版社 1997 年版，第 889 页。

〔4〕 University Of Minnesota Human Rights Resource Center, "Module 14: the right to health", in http://www1. umn. edu/humanrts/edumat/IHRIP/circle/modules/module14. htm, 最后访问时间：2022 年 7 月 12 日。

受教育权是实现健康权包括心理健康权的核心要素之一。《儿童权利公约》（1989年）第24条第（2）款第（e）项规定儿童健康权与受教育权具有密切联系，必须保证儿童接受基本的儿童健康知识教育。工作权是与适当的生活条件相关的权利。工作中的权利是健康的核心。《经济、社会及文化权利国际公约》（1966年）第12条第2款第（寅）项规定预防、治疗和控制职业病是健康权的内容之一，第12条第2款第（丑）项中的工业卫生规定，就是采取措施预防和控制工作环境中对个人健康的侵害。

（二）心理健康权与民法上精神利益的保护

我国民法对精神利益的保护主要涉及生命健康权保护和精神损害赔偿。实践中，生命健康权保护中的心理健康赔偿与精神损害赔偿常常被人们混为一谈，而且与本章论题心理健康权——一种积极人权相混淆。

1. 心理健康权与民法上的健康权

从规范上看，我国民法对健康权的规定已经很详细。已废止的《民法通则》第98条规定了"公民享有生命健康权"；第119条规定了侵犯他人生命健康权的民事责任，但没有区分体质健康和心理健康。《民法典》第1004条规定："自然人享有健康权。自然人的身心健康受法律保护。任何组织或者个人不得侵害他人的健康权。"可见，我国《民法典》对健康权的客体直接规定为生理健康和心理健康。现如今，心理健康已成为社会关注的问题，将心理健康作为健康权的客体，也符合人格权保护的趋势。最高人民法院《关于审理人身损害赔偿案件适用法律若干问题的解释》第1条第1款规定"因生命、身体、健康遭受侵害，赔偿权利人起诉请求赔偿义务人赔偿物质损害和精神损害的，人民法院应予受理"。从传统理论上看，我国民法对健康权的保护包括生理健康说和生理、心理健康说。前说处于主导地位，强调健康权只包括生理健康不包含心理健康，后说主张健康权既包括生理健康也包括心理健康。目前，一方面，医学上、国际人权法上都主张健康不仅仅包括生理健康还包括心理健康；另一方面，针对心理健康问题的严重性，我国一些民法学者主张对心理健康予以保护。如上文所述，民法学家王利明先生主张健康权应当包括心理健康，但应当在法律上对心理健康作出严格的限制。这样，民法理论上也出现"心理健康权"述语及其保护的主张。学者吴道霞提出了心理健康权保护的实践问题，并提出心理健康赔偿和精神损害赔偿的司法协调的解决方案。[1]还有学者针对人们对精神利益在生活体系中的日益重要的地位，而现有人格权体系不能有效地保护人们精神安宁利益的侵犯，主张在现有人格权体系内设立精神安宁权，以回应当前日益严重的心理健康问题。[2]值得强调的是，2021年1月1日实施的《民法典》明确规定了健康权包括体质健康与心理健康。这是我国私法上首次明确健康权包括体质健康和心理健康的规定，属于自由权层面的健康权保护，强调国家和社会的尊重义务，包括公民对健康利益的支配权和对健康利益支配权的适当限制，如当发生公民维护健康利益"有害"社会时需要进行限制以维护公共利益。我国《民法典》规定的健康权是指自然人以自己的机体生理机能正常运作和功能完善发挥，维持人体生命活动的利益为内容的具体人格权。虽然对规定身心健康是健康权的客体，学界有不同看法，如有的人认为心理健康并不是健康权的内容，但本条坚持认为心理健康也是健康权保护的内容，这说明公民心理健康的保护已明确进入了私法上健康权保护的内容，与公法权利层面的健康权、社会权利层面的健康权趋同保护。

但是，私法上的心理健康权与基本人权视角的心理健康权存在很大的不同。第一，二者的性质不同。生命健康权是我国《民法典》规定的具体人格权之一，与姓名权、肖像权、名誉权、荣誉权、婚姻自主权等具体人格权属同一系列。公民人格权的宪法依据主要体现在现行宪法对于公民人身自由、人格尊严、住宅、通行自由和通讯秘密等权益的保护上。因此，民法上的心理健康权保护渊源于宪法自由权的根基，是宪法自由权精神在私法领域中保护的展开。而本书从基本人权视角阐述的心理健康权是一种积极的人权，强调国家和社会应提供基本的尊重、保护和实现的义务，保障人人有权享有能够达到的最高的心理健康的标准。第二，二者的层次不同。性质不同决定了它们不是同一层面的权利。民法上的心理健康权是一种具体的人格权，主要通过司法途径寻求保护。国际人权法或宪法上的心理健康权是一种基本权利，具有基本权利属性，主要通过国家的立法、政策、财政等手段实施。第三，

---

〔1〕 吴道霞："心理健康赔偿和精神损害赔偿的司法协调"，载《延边大学学报（社会科学版）》2007年第3期，第74~76页。

〔2〕 方乐坤："精神安宁权的基础及理由分析"，载《西南政法大学学报》2007年第5期，第35~41页。

二者的主体不同。民法上的心理健康权调整的是平等主体之间的权利义务关系，旨在实现健康的安全和自由。而作为基本权利的心理健康权调整的是国家、社会和公民之间的权利义务关系，旨在实现基本的健康生存的目的。

2. 心理健康权与民法上的精神损害赔偿

首先，分清作为积极人权的心理健康权与民法上的精神损害赔偿的不同。作为积极人权的心理健康权是人的一种基本权利，强调国家的积极义务；而民法上的精神损害赔偿是对人权体系中几种具体人格权侵害而遭受精神上痛苦规定的补救措施。二者也是性质不同的两个内容。它们之间的"可比性"主要在于对"精神利益"的保护。而作为基本权利的心理健康权调整的是国家和公民之间的权利义务关系，是一种社会权，旨在实现基本健康生存的目的。精神损害赔偿制度源于宪法对于公民人身自由、人格尊严、住宅、通行自由和通讯秘密等自由权，是宪法自由权保护在普通法律中的具体运用，旨在实现安全和自由目的。从另一角度看，精神损害赔偿的规定也是心理健康权寻求法律保护的一个佐证，因为"侵害体质权所造成的精神损害赔偿实质上就是由于体质受到侵害而造成的心理创伤的赔偿问题"。[1]

其次，要区分民法实践中的心理健康赔偿与精神损害赔偿。二者都属于人格权保护体系中的补救措施，但心理健康赔偿法律没有明确的规定，范围较大，精神损害赔偿必须按照法律的严格规定，范围较窄。在民法司法实践中，经常会遇到将心理健康赔偿与精神损害赔偿问题相混淆的情况。在《民法典》之前，我国法律并未对健康权的内容进行明确规定，导致司法实践中经常出现把心理健康赔偿和精神健康损害赔偿混为一谈的情况。精神损害赔偿是指人身受到侵害或特定意义的纪念物品永久性灭失而精神上遭受痛苦进行的赔偿。精神损害赔偿必须具备两个条件：一是人身权受到侵害或者具有人格象征意义的特定纪念物品永久灭失或毁损；二是精神上遭受痛苦。只有上述两个条件同时具备才能请求精神损害赔偿。然而，因为精神损害赔偿中的第二个条件"精神上遭受痛苦"和我们所说的心理健康往往很容易混淆，以至于在司法实践中常常会认为精神遭受痛苦，就是心理健康受到损害，一切精神损害赔偿都是心理健康权受到侵害。于是，有学者提出将心理健康权

---

〔1〕　郑海涛："试论健康权及其法律保护"，山东大学 2006 年硕士学位论文。

排除在健康权之外而纳入精神损害赔偿的范畴，以更好地避免健康权和精神损害赔偿的重叠和混淆。具体地说，单纯的心理健康遭受侵害，只要能外化为生理健康遭受侵害的，认定健康权受到侵害，同时精神上有痛苦，也可以请求精神损害赔偿；单纯的心理健康遭受侵害而无法外化为生理健康遭受侵害的，无法认定健康权遭受侵害，可借助于一般人格权受到侵害，精神上有痛苦的，同样可以请求精神损害赔偿。[1]而这种司法协调机制既强调了把民法实践中的心理健康赔偿纳入精神损害赔偿之中，也说明了心理健康赔偿和精神损害赔偿本质上都属于人类对精神利益的追求。

最后，我国《民法典》对精神损害赔偿责任坚持了扩大适用范围的立场，明确规定了侵害物质性人格权，即生命权、体质权、健康权的，应当赔偿精神损害抚慰金。《民法典》第1183条规定："侵害自然人人身权益造成严重精神损害的，被侵权人有权请求精神损害赔偿。因故意或者重大过失侵害自然人具有人身意义的特定物造成严重精神损害的，被侵权人有权请求精神损害赔偿。"具体地说，下列侵权行为侵害了自然人的人身权益造成严重精神损害的，应当承担精神损害赔偿责任：一是侵害物质性人格权，即生命权、体质权、健康权的，应当赔偿精神损害抚慰金；二是侵害姓名权、肖像权、声音权、名誉权、隐私权、个人信息权造成精神损害的，应当赔偿精神损害赔偿金；三是侵害身份权、亲权、亲属权造成精神损害的，应当承担精神损害赔偿责任；四是侵害自然人的人身利益，包括一般人格利益、胎儿的人格利益、死者的人格利益以及亲属之间的身份利益，侵权人也应当承担精神损害赔偿责任，补偿其精神损害。也即是说，我国《民法典》对健康权的精神损害赔偿责任的规定是包括体质健康和心理健康两方面内容的，比如甲无故致乙轻微伤，甲应承担精神损害赔偿责任，如果甲无故在公共场合打乙，即使没有造成轻微伤，也应承担精神损害赔偿责任，因为其损害了乙的心理健康。另外，我国《民法典》第996条规定，因当事人一方的违约行为，损害对方人格权并造成严重精神损害，受损害方选择请求其承担违约责任的，不影响受损害方请求精神损害赔偿。也即是说，因违约造成对方当事人严重精神损害的，违约方也应当承担损害赔偿责任，可以在违约诉讼中直接请求精神损害赔偿。

---

〔1〕 吴道霞："心理健康赔偿和精神损害赔偿的司法协调"，载《延边大学学报（社会科学版）》2007年第3期，第74~76页。

第二章

心理健康权的实现

心理健康权在立法上的宣告和确立，并不能保障公民该权益的实现。由于人的健康权的实现受国家的政治、经济、制度、文化、环境等社会因素和个人的遗传素质、认知水平、生活方式等内在因素的影响，《经济、社会及文化权利国际公约》规定了缔约方"逐步实现"的义务。为明晰"逐步实现"义务以确保人人不能生活在健康基线以下的理念预设，经济、社会、文化权利委员会通过的第14号一般性意见对《经济、社会及文化权利国际公约》第12条第1款"人人享受可能达到之最高标准之身体与精神健康"的权利进行了详细的阐述。本章以该解释性指南为依据，结合目前国际上有关健康权保障的实践，阐述心理健康权实现的原则与途径、国家义务、衡量基准。

一、心理健康权实现的原则与途径

（一）心理健康权实现的原则

由于世界各国经济社会发展的差异性，很难为心理健康权实现制定一个统一的标准。于是，学者们提出采用"原则式"的相对性的标准。根据经济、社会、文化权利委员会通过的第14号一般性意见对健康权实现原则的阐述，结合国际上通行的观点，心理健康权的实现应遵循如下原则。

（1）健康服务的便利。根据经济、社会、文化权利委员会第22届会议（2000年）第14号一般性意见第12段（a），健康服务的便利，即健康服务的可用性（availability），指一国必须有足以供全体居民享用的一定量的健康服务。这里健康服务既包括享受健康保健服务，如疾病预防、治疗与康复，又包括为健康的根本前提所必需的服务，如获得安全用水、适当的卫生设备和营养。具体地说，指"缔约国境内必须有足够数量的、行之有效的公共卫生和卫生保健设施、商品和服务，以及卫生计划。这些设施、商品和服务的具体性质，会因各种因素而有所不同，包括各国的发展水平。但它们应包括一些基本的卫生要素，如安全和清洁的饮水、适当的卫生设施、医院、诊所和其他卫生方面的建筑、经过培训工资收入在国内具有竞争力的医务和专业人员，和世界卫生组织必需药品行动纲领规定的必需药品"。

（2）健康服务的获得条件。根据经济、社会、文化权利委员会第 22 届会议（2000 年）第 14 号一般性意见第 12 段（b），健康服务的获得条件，即健康服务的可及性（accessibility），指一国管辖范围内的卫生设施、商品和服务，必须面向所有人，不得歧视。获得条件有四个彼此之间相互重叠的方面：第一是不歧视，即人人不受任何歧视地享有卫生保健与服务；第二是生理可及，即保健设施与服务的布局安全便利，尤其对那些体质不便或容易受伤害的人来说也能够接近；第三是经济可及，即支付必须以公平原则为基础，保证人人能负担得起；卫生设施、商品和服务必须是所有人能够承担的。第四是信息可及，即包括查找、接受和传播有关卫生问题的信息和意见的权利，但获得信息的条件不应损害个人健康资料保密的权利。

（3）健康服务的接受条件。根据经济、社会、文化权利委员会第 22 届会议（2000 年）第 14 号一般性意见第 12 段（c），健康服务的接受条件，即健康服务的可接受性（acceptability），指保健服务和设施必须尊重医学伦理，符合当地的文化和传统。具体地说，所有卫生设施、商品和服务，必须遵守医务职业道德，在文化上是适当的，即尊重个人、少数群体、人民和社区的文化，对性别和生活周期需要敏感，遵守保密的规定，改善有关个人和群体的健康状况。

（4）健康服务的质量。根据经济、社会、文化权利委员会第 22 届会议（2000 年）第 14 号一般性意见第 12 段（d），健康服务的质量（quality），指保健设施和服务应当符合科学标准、具有高质量。具体地说，卫生设施、商品和服务不仅应在文化上是可以接受的，而且必须在科学和医学上是适当和高质量的。这要求除其他外应有熟练的医务人员、在科学上经过批准、没有过期的药品，医院设备，安全和洁净的饮水和适当的卫生条件。

上述四项原则既是健康权实现的原则，又是健康权实现的各种形式和层次的相互关联的基本要素。其也适用于心理健康权的保障和实现。另外，针对精神病患者的特殊群体，国际上还有一些具体的技术标准。1996年，世界卫生组织（WHO）制定了《精神卫生保健法：十项基本原则》，作为对《保护精神病患者和改善精神保健的原则》（原则1，1991年）的进一步解释和对各国制定精神卫生法的指导。同年，世界卫生组织（WHO）还制定了《促进精神障碍者人权的指南》，作为理解、解释原则1和对具体机构中人权状况进行评估的工具。值得强调的是，《精神卫生保健法：十项基本原则》（1996年）对精神疾病患者的预防、治疗和人权保护具有重要的意义。十项基本原则如下：一是促进精神健康与预防精神障碍；二是获得基本的精神保健服务；三是采用国际公认的原则进行精神健康评估；四是提供最少限制的精神卫生保健；五是自主决定；六是在行使自主决定时有权获得帮助；七是有效的复核程序；八是自动定期复核的机制；九是有资质的决策者；十是尊重法律规定。[1]

我国《"健康中国2030"规划纲要》主要遵循健康优先、改革创新、科学发展和公平公正[2]四项原则。健康优先原则是指把健康摆在国家优先发展的战略地位，立足国情，将健康促进理念融入公共政策制定实施的全过程，加快形成有利于健康的生活方式、生态环境和经济社会发展模式，实现健康与经济社会良性协调发展；改革创新原则是指坚持政府主导、发挥市场机制作用，加快关键环节改革步伐，冲破思想观念束缚，破除利益固化藩篱，清除体制机制障碍，形成具有中国特色、促进全民健康的制度体系；科学发展原则是指坚持预防为主、防治结合、中西医并重，转变服务模式，构建整合型医疗卫生服务体系，推动中医药和西医药相互补充、协调发展，提升健康服务水平；公平公正原则主要是指以农村和基层为重点，推动健康领域基本公共服务均等化，维护基本医疗卫生服务的公益性，逐步缩小城乡、地区、人群间基本健康服务和健康水平的差异，实现全民覆盖，促进社会公平。

（二）心理健康权实现的途径

与其他人权一样，心理健康权实现的途径包括国际实施机制、区域实施

---

〔1〕《世界卫生组织精神卫生、人权与立法资源手册》（世界卫生组织2006年），第29～30页。

〔2〕健康中国行动推进委员会办公室编：《健康中国行动文件汇编》，人民卫生出版社2019年版，第3页。

机制和国内实施机制。国际和区域实施机制主要指国际上的监督制度，一般包括报告制度、申诉制度以及其他特别救济程序。国际层面的报告制度，如《经济、社会及文化权利国际公约》（1966 年）第 16 条第 1 款规定"本盟约缔约国承允依照本盟约本编规定，各就其促进遵守本盟约所确认各种权利而采采取之措施及所获之进展，提具报告书"；区域层面的报告制度，如《〈美洲人权公约〉关于经济、社会和文化权利的补充议定书》第 21 条规定了缔约方向美洲间人权委员会定期报告制度。尽管国际和区域层面的申诉制度已有实践，但还不完善，有些借助于其他国际公约所规定实体权利的相关性而达成。[1]相对国内实施机制而言，国际和区域实施机制往往是辅助性的，因为心理健康权的实现主要依赖于国内实施机制。一般地，国内实施机制主要包括立法、政策、行政、预算、司法、健康促进、健康教育或其他措施等。立法措施主要指通过立法手段确保公民获得充足恰当的心理健康服务，宗旨是保护、促进和改善公民的生活和心理健康；它的优点是把维护增进心理健康的措施转化为经常性制度，是人权实现最基本的保障。心理健康权的政策措施主要是指通过国家总政策、国家规划政策、地方政策（包括省、市、县）开展维护和增进公民心理健康、预防和治疗精神障碍、促进精神障碍患者康复、健全社会心理健康服务体系等进行规划、实施及指导。行政措施是指各有关当局借助于行政的手段如制定政策、发布命令等方式来保护、促进和改善公民的心理健康，能克服立法手段的滞后性，且二者可以相互补充。预算是有关当局通过财政手段确保心理健康权保护、促进和改善，促使精神卫生保健的财政资源平等的提供，或可以要求"与躯体保健相等同"的精神卫生保健。[2]司法手段是指心理健康权受到侵犯的任何人或群体都应当有机会在国际或国内得到有效的司法或其他补救。经济、社会、文化权利委员会第 22 届会议（2000 年）第 14 号一般性意见第 59 段规定，所有这方面违反行为的受害人，均应有权得到适当的赔偿，赔偿可采取复原、赔偿、道歉或保证不再侵犯等形式。促进手段主要指相关部门和组织借助多种手段开展心理健康

---

〔1〕 World Health Organization, "Primary Health Care: Report of the International Conference on Primary Health Care", Alma-Ata, USSR, 6-12 September 1978, Health For All Series No. 1, 1978, Chapter 3, para. 50, 转引自［挪］A. 艾德、C. 克洛斯、A. 罗萨斯主编：《经济、社会和文化权利教程》（修订第 2 版），中国人权研究会组织翻译，四川人民出版社 2004 年版，第 146 页。

〔2〕《世界卫生组织精神卫生、人权与立法资源手册》（世界卫生组织 2006 年），第 34~44 页。

教育、宣传预防精神疾病的意义、普及精神卫生知识，保持和提高公民的心理健康水平。

二、心理健康权实现的国家义务

在国际人权法上，分析经济、社会和文化方面权利具体国家义务时通常采取"三重义务说"，即国家对保护经济、社会和文化方面的权利一般承担三类或三个层次的义务：尊重的义务、保护的义务和实现的义务。心理健康权也不例外。其中，尊重的义务主要体现在要求国家有法律规定不得侵犯公民心理健康和不得侵犯公民对心理健康权的享有，属于自由权层面的消极义务；保护义务主要体现在要求国家履行保护公民心理健康权的义务，比如国家通过立法规定开展精神障碍诊断治理的医疗机构和医务人员的准入标准，禁止心理咨询人员不得从事心理治疗或者精神障碍诊断、治疗等，保障公民心理健康权不受侵害。就实现义务而言，主要体现在国家履行的积极义务，为促进和增进公民心理健康提供基本保障，比如提供基本的心理健康服务，开展心理健康促进活动和教育活动，培养足够的心理健康服务人才等。这一学说不但已成功地应用于各项经济、社会和文化人权，而且已渗入国内法律和政策中。[1]

（一）尊重的义务

国家有义务尊重权利主体平等享受可获得的健康服务，不妨碍个人或团体享受可得到的服务，有义务不进行侵犯人们健康的行为，比如造成环境污染的活动。根据经济、社会、文化权利委员会第 22 届会议（2000 年）第 14 号一般性意见，尊重义务包含如下内容：一是各国有义务尊重健康权（包含心理健康权），特别是不能剥夺或限制所有人得到预防、治疗和减轻痛苦的卫生服务的平等机会，包括囚犯和被拘留者、少数群体、寻求庇护者和非法移民；二是不得作为一项国家政策采取歧视性做法；三是也不得对妇女的健康状况和需要推行歧视性做法；四是国家有义务不得禁止或阻挠传统的预防护理、治疗办法和医药，不得销售不安全的药品和采用带有威胁性的治疗办法，除非是在特殊情况下为治疗精神病或预防和控制传染病。这种特殊情况必须

---

〔1〕〔挪〕A. 艾德、C. 克洛斯、A. 罗萨斯主编：《经济、社会和文化权利教程》（修订第 2 版），中国人权研究会组织翻译，四川人民出版社 2004 年版，第 148 页。

符合具体而限制性的条件，考虑到最佳做法和适用国际标准，包括"保护精神病患者和改进精神保健的整套原则"；五是各国不应限制得到避孕和其他保持性健康和生育卫生手段的途径，不应审查、扣押或故意提供错误的健康信息，包括性教育及有关信息，也不得阻止人民参与健康方面的事务；六是各国也不得违法污染空气、水和土壤等，如因国有设施的工业废料，不得使用或试验核武器、生物武器或化学武器，如此类试验造成释放有害人类健康物质的话，不得作为惩罚性措施限制得到卫生服务，如在武装冲突期间违反国际人道主义法。

（二）保护的义务

国家有义务采取立法和其他措施确保人们有（平等）享受健康服务的机会，如果心理健康服务是第三方提供的，有义务采取立法和其他措施保护人们的心理健康服务不受第三方侵犯。根据经济、社会、文化权利委员会第22届会议（2000年）第14号一般性意见，保护义务包含如下内容：一是各国有责任通过法律或采取其他措施，保障有平等的机会，得到第三方提供的卫生保健和卫生方面的服务；二是保证卫生部门的私营化不会威胁到提供和得到卫生设施、商品和服务，以及这些设施、商品和服务的可接受程度和质量；三是控制第三方营销的医疗设备和药品；四是保证开业医生和其他卫生专业人员满足适当的教育、技能标准和职业道德准则；五是各国还必须保证，有害的社会或传统习俗不能干预获得产前和产后护理和计划生育；阻止第三方胁迫妇女接受传统习俗，如女性生殖器残割；采取措施，在性暴力表现上，保护社会中的各种脆弱和边缘群体，特别是妇女、儿童、青少年和老年人；六是各国还应保证，第三方不得限制人民得到卫生方面的信息和服务。

（三）实现的义务

实现的义务是指缔约方除在国家的政治和法律制度中充分承认心理健康权外，最好通过法律的实施，并通过国家的卫生政策，制定实现心理健康权的详细计划。根据经济、社会、文化权利委员会第22届会议（2000年）第14号一般性意见第36段，实现义务包括如下内容：一是要求各国必须保证提供卫生保健，包括对主要传染病的免疫计划，保证所有人都能平等地获得基本健康要素，如富有营养的安全食物和清洁饮水、基本的卫生条件和适当的住房和生活条件。公共卫生基础设施应提供性和生育卫生服务，包括母亲的安全知识，特别是在农村地区；二是各国必须保证医生和其他医务人员经过适当培训，提供足够数量的医院、诊所和其他卫生设施，促进和支持建立提供咨询和精神卫生服务的机构，并充分注意在全国的均衡分布；三是提供所有人都能支付得起的公共、私营或混合健康保险制度，促进医务研究和卫生教育，以及开展宣传运动，特别是在艾滋病/病毒、性和生育卫生、传统习俗、家庭暴力、酗酒和吸烟、使用毒品和其他有害药物等方面；四是各国还需采取措施，防止环境和职业健康危险，以及流行病资料显示的任何其他威胁。为此，它们应制定和执行减少或消除空气、水和土壤污染的国家政策，包括重金属的污染，如汽油中的铅。此外，缔约方还应制定、执行和定期检查协调的国家政策，尽量减少职业事故和疾病的危险，并在职业安全和卫生服务方面制定协调的国家政策。

实现的义务还包括促进的义务，指各国除其他外采取积极措施帮助个人和社区并使他们能够享有健康权外，必须在个人或群体由于他们无法控制的原因而不能依靠自身的力量实现这项权利的情况下，依靠国家掌握的手段，满足（提供）公约所载的一项具体权利。经济、社会、文化权利委员会第22届会议（2000年）第14号一般性意见第37段规定，实现（促进）健康权的义务包括：一是促进了解有利健康的因素，如研究和提供信息；二是确保卫生服务在文化上是适当的，培训卫生保健工作人员，使他们了解和能够对脆弱群体或边缘群体的具体需要作出反应；三是确保国家在有益健康的生活方式和营养、有害的传统习俗和提供的服务方面，满足它在传播适当信息方面的义务；四是支持人民对他们的健康作出了解情况的选择。

在确定违反心理健康权的国家义务的情形时，必须注意以下几点问题：首先，区分缔约方没有能力和不愿遵守《经济、社会及文化权利国际公约》（1966年）第12条义务的情形。根据该公约第12条第1款"可能达到之最高标准"和第2条第1款尽最大努力采取的必要步骤，不愿最大限度地利用其现有资源实现心理健康权的国家，即违反了该公约第12条规定的义务；如果由于"资源限制"（resource constrains）而无法完全履行该公约的义务的，必须证明自己"尽最大努力采取的必要步骤"。然而，在任何情况下缔约方均不能为没有遵守经济、社会、文化权利委员会第22届会议（2000年）第14号一般性意见第43段提出的核心义务辩解，这些核心义务是不得减损的。其次，违反义务的主体主要是国家，也可能是国家管理不严的其他实体。最后，违反义务的方式还可发生在国家不行为或没有采取法律义务要求的必要措施的情况下。

三、心理健康权实现的衡量标准

心理健康权实现的衡量标准是指根据一国的经济社会发展的实际情况确立的对该国心理健康权的实现状况的评价体系，通常借助于各项具体的目标或指标参数实现评价结果的客观化。由于各国"资源限制"（resource constrains），《经济、社会及文化权利国际公约》（1966 年）第 2 条确立了"逐步实现"（progressive realization）原则，心理健康权实现的衡量标准很难确定。"基线"过高或过低都不利于心理健康权的实现，"基线"长期不变也不符合"逐步实现"的原则。下面借鉴国际上对健康权实现衡量标准即"核心内容说""具体指标说"的介绍和评析，阐释心理健康权实现的衡量标准。

（一）关于核心内容说

"核心内容说"是指健康权是由一套要素组成的核心内容构成，在任何情况下国家必须保证这种要素，而不管其可获得的资源如何。该核心内容考虑到了健康权的某些方面可"逐步实现"。对核心内容说的承认突出说明了有些要素不是逐渐实现而应该立即实现这一事实，这是一个使健康权更为明确的概念。

健康权核心内容的思想源于世界卫生组织制定的"人人享有健康"战略和"初级保健"战略，也即是说，"人人享有健康"战略要求"任何国家的任何人都不能生活在健康基线之下"。[1]世界卫生组织的"初级保健"战略规定了许多必不可少的基本卫生服务。此战略所包含的要素虽然已历时 20 多年，但仍然可以很好地作为健康权的核心内容。关于保健，包括母婴保健和计划生育；对主要传染病的免疫；对普通伤病的适当治疗；基本药物的提供。关于健康的基本前提条件，包括普通健康问题及其预防和控制方法的教育；食物供应和适当营养的促进；安全用水和基本卫生设备的足够供应。[2]

---

〔1〕 World Health Organization, Global Strategy for Health for All by the Year 2000, 1981, Chapter 3, p. 31, para 1, 转引自 ［挪］A. 艾德、C. 克洛斯、A. 罗萨斯主编：《经济、社会和文化权利教程》（修订第 2 版），中国人权研究会组织翻译，四川人民出版社 2004 年版，第 146 页。

〔2〕 ［挪］A. 艾德、C. 克洛斯、A. 罗萨斯主编：《经济、社会和文化权利教程》（修订第 2 版），中国人权研究会组织翻译，四川人民出版社 2004 年版，第 145~146 页。

该说在经济、社会、文化权利委员会的解释中体现了出来。该委员会在第 3 号一般性意见中明确表示，缔约方有一项根本义务，即保证公约提出的每一项权利，至少要达到最低的基本水平，包括基本的初级卫生保健。经济、社会、文化权利委员会第 22 届会议（2000 年）第 14 号一般性意见第 43 至 44 段提出了至少包括六个方面的核心义务和五个方面比较优先的义务。另外，经济、社会、文化权利委员会第 22 届会议（2000 年）第 14 号一般性意见第 45 段特别强调，缔约方和一些国际机构有责任提供"国际援助和合作"，使发展中国家能够履行上述核心义务和比较优先义务。

我国现行的《基本医疗卫生与健康促进法》就是为了实现世界卫生组织（WHO）提出的"人人享有卫生保健"全球战略。其立法过程较为复杂，在第十届全国人民代表大会立法规划了《初级卫生保健法》，在第十一届全国人民代表大会立法规划中将《初级卫生保健法》修改为《基本医疗卫生保健法》，立法性质由行政法变为社会法，在第十二届全国人民代表大会立法规划中又更改为《基本医疗卫生法》。随着我国健康战略的实施，采取了"大卫生、大健康"理念，努力做到全方位、全周期保障人民健康，特别强调预防为主，公民是健康第一责任人，健康促进较之医疗保障为更重要的理念，最后《基本医疗卫生法》修改为《基本医疗卫生与健康促进法》，成为我国卫生健康领域第一部基础性、综合性的法律，有力地保障了《"健康中国2030"规划纲要》和《健康中国行动（2019—2030 年）》的实施。

（二）关于具体指标说

上述核心内容的概念在经济和社会权利的讨论中褒贬不一。是否应确立一个普遍的（最低）核心内容或以国别为基础的（最低）核心内容是很有争议的问题。由于各国经济发展不平衡和资源的多样性，确立经济、社会和文化权利的"统一的核心内容"不仅困难，而且不客观。因此，有人建议，除了上面所讨论的核心内容外，应制定具体国家的最低核心内容或经济和社会权利的"起点"。20 世纪 80 年代末，许多挪威学者已在其著作中阐述了这一观点。他们建议应通过衡量营养、婴儿死亡率、发病率、人均预期寿命、收入、失业和不充分就业的指标以及有关适当的食物消费指标来制定所谓的健康权的具体国家的起点。各国有立即确保这些最低起点的义务。在此概念的发展停滞一段时间后，保尔·亨特又发展了它。他提出了三步程序的建议，他用受教育权对此作了解释：第一步是国际社会就受教育权的许多重要指标达成一致意见，在此方面，亨特提出了一个十分重要的指标；第二步涉及为每个缔约方的每个指标确定适当的基准；第三步要求对各国的基准进行监督。《经济、社会和文化权利委员会关于报告的准则》列举了许多指标，为制定国家基准起到了重要的参照作用。[1]

（三）上述二说的评析

在对健康权核心内容提出建议之前，应注意到需要对此概念保持某种程度的谨慎。对核心内容进行界定会产生一种危险，即某种权利的其他方面的内容被视为不重要并因而被否认。可以鼓励各国将没有包含在核心内容之中的要素纳入"不确定的"部分。因此，"在确认核心内容时，应该永远铭记，实现核心内容是不够的，各国应努力实现权利的所有方面，各国的确有义务采取步骤以实现充分享有人权"。[2]因而，必须强调的是，除了应立即实现的核心内容，还有应该逐步实现的权利的其他内容。

具体指标说也有其不足之处。为一项国际人权制定此类具体国家的最低起点是一项艰巨的任务。国际组织需要大量资源以确定和评估此类基准。使问题变得复杂的一个因素是，如果基准要逐步实现的话，出于完善的要求，需要确定新的基准。这是"逐步实现"（progressive realization）的概念所固有的内涵。另一方面，各国不会轻易确定其基准，因为它们不想主动承担责任。而如果它们确定了自己的基准，就存在着一旦达到了所要求的水平就停止逐渐改善其社会经济状况的危险。尽管有这些障碍，国家基准的制定也是一个值得进一步考察的概念。它将使条约监督机构得以更精确地确定国家的不遵行，查明国家明显侵犯人权的行为。[3]

---

[1] "UN Committee on Economic, Social and Cultural Rights, Guidelines on Reporting, questions relating to Article 12 of the CESCR. Report of the Committee on Economic, Social and Cultural Rights", UN doc. E/1991/23, pp. 88~110; and Annex 1 to this volume, 转引自［挪］A. 艾德、C. 克洛斯、A. 罗萨斯主编：《经济、社会和文化权利教程》（修订第2版），中国人权研究会组织翻译，四川人民出版社2004年版，第152~153页。

[2] B. C. A. Toebes, op, cit.（note 7），p. 176，转引自［挪］A. 艾德、C. 克洛斯、A. 罗萨斯主编：《经济、社会和文化权利教程》（修订第2版），中国人权研究会组织翻译，四川人民出版社2004年版，第145~146页。

[3] ［挪］A. 艾德、C. 克洛斯、A. 罗萨斯主编：《经济、社会和文化权利教程》（修订第2版），中国人权研究会组织翻译，四川人民出版社2004年版，第153页。

　　笔者认为，应该在具体指导原则下确立核心内容说或具体指标说。上述关于可用性（availability）、可及性（accessibility）、可接受性（acceptability）和质量（quality）四项原则是心理健康权的实现的基本原则。在此原则的指导下，根据一国社会、经济、文化等因素发展情况制定核心内容或具体指标是当前国际上普遍采用的一种方式。我国有关精神卫生工作的主要政策都是按此模式设计的，即基本原则—总目标—具体目标或指标，比如《中国精神卫生工作规划（2002—2010 年）》《关于进一步加强精神卫生工作的指导意见》《全国精神卫生工作体系发展指导纲要（2008 年—2015 年）》《全国精神卫生工作规划（2015—2020 年）》《"健康中国 2030"规划纲要》《健康中国行动（2019—2030 年）》。不过，各国不要忽略《经济、社会及文化权利国际公约》中"逐步实现"和"最高健康标准"的规定。因此，"核心内容"也不能忽视非核心内容的实现，"具体指标"不要忘记按性别、区域、职业、群体、年龄等分门别类地制定不同经济发展区域的指标。

中　篇

健康中国战略下公民心理健康保障

第三章

健康中国战略下公民心理健康的保护现状

伴随现代化进程而凸显的心理健康问题已得到国际社会的普遍关注，许多国家把其列为政府及社会主要工作目标之一。中华人民共和国成立以来，我国十分重视精神卫生事业，把其列为党和国家的主要工作目标。特别是十八大以来，我国实施了促进全民健康的"健康中国"建设，确立了健康优先发展战略，把健康发展融入各项政策，实施预防为主的"大卫生、大健康"理念，目标是把我国建成主要健康指标居于高中收入国家行列，建立与社会经济发展水平相适应的公民心理健康权保护制度。本章主要是对健康中国战略下公民心理健康的保护现状进行考察，分析存在的问题，提出完善建议。

一、我国公民心理健康保护状况评析

公民心理健康的实现是受多方面因素影响的，国家和社会无法在直接的意义上确保公民享有的心理健康权的实现，而是积极提供一系列的外部条件和服务。除了公民的心理健康不被他人所损害之外，应保证其能够获得维持其心理健康所必需的基础前提条件和便捷、满意的心理健康服务需求。所以，笔者对于我国心理健康权保障状况的考察主要着眼于政府和社会是否在提供与心理健康有关的政策、立法、设施、服务等方面尽到了自己的职责。"个人是自己心理健康的第一责任人"的个人义务不是这里考察的重点，有的也反映在政府和社会在心理健康促进方面倡导人们的健康生活方式、合理的运动、充足的睡眠等活动中。由于基础性前提条件与生理健康保护相重叠，下文重点考察政府和社会在公民心理健康权保护方面的专业性预防、心理健康教育、精神障碍治疗保健康复、财政支持、制度保障等方面的积极义务。

（一）政策方面

中国共产党和中国政府不仅把尊重和保障人权作为治国理政的一项重要工作，而且开创了一条顺应时代潮流、适合本国国情的人权发展道路，推进了各类人权全面发展。在国民心理健康权保障方面，把其作为"健康中国"战略的重要内容，贯彻"大卫生、大健康"理念，开展全民的心理健康促进活动和社会心理服务体系建设，发展精神卫生事业，规范精神卫生服务，维护精神障碍患者的合法权益，不断提升国民心理健康素养。

党和政府历来十分重视国民心理健康保护。早在1958年，原卫生部召开的全国第一次精神病专业会议提出了"积极治疗、就地管理、重点收容、开放治疗"的工作方针。这一时期的工作重点是重性精神病患者的收治，由卫生部门协调相关部门和社会团体参与。1985年在国家改革办公室和国家科委的批准下中国心理卫生协会成立，标志着保障和促进普通公民心身健康成为一项社会的公共事业。随着经济和社会的持续快速发展，竞争压力逐渐增大，心理健康问题日益突出，由此而来的心理障碍、精神疾病人数攀升。为了提高人们的心理健康水平，政府制定了一系列有关精神卫生方面的政策。2001年3月8日，江泽民在致世界卫生组织总干事布伦特兰博士的信中提出要"动员全社会，努力为精神障碍患者重返社会创造适宜的环境"。《中国精神卫生工作规划（2002—2010年）》出台标志着精神卫生工作正式被列入各级政府施政的核心目标之一。该规划是在认真总结我国精神卫生工作的经验教训和世界精神卫生领域发展动态、全面分析和充分认识精神卫生工作面临的挑战和机遇的基础上制定的。它强调我国的精神卫生工作既包括防治各类精神疾病，也包括减少和预防各类不良心理及行为问题的发生。换言之，普通大众的心理健康保护成为政府精神卫生工作的重要内容。值得强调的是，该规划包含指导原则、总目标、具体目标与指标、保障措施和组织实施及考核评估五个方面内容，明确而详细地规定了各级政府在精神卫生方面的施政纲领，对我国公民心理健康权的实现具有重大的意义。2004年，国务院办公厅转发了由原卫生部等部门联合签署的《关于进一步加强精神卫生工作的指导意见》，这是我国精神卫生工作领域又一份重要的政策性文件。该意见由如此多的部委联手签署并经国务院办公厅转发，反映了中国政府对精神卫生工作的高度重视。实质上，该意见的主要目的是加强政府对精神卫生工作的高度执行力。具体来说，该意见是《中国精神卫生工作规划（2002—2010年）》原则和精神的进一步细化，并按照其指标确立了如下工作目标：普通人群心理健康知识和精神疾病预防知识知晓率2005年达到30%，2010年达到50%；儿童和青少年精神疾病和心理行为问题发生率2010年降到12%；精神分裂症治疗率2005年达到50%，2010年达到60%；精神疾病治疗与康复工作覆盖人口2005年达到4亿人，2010年达到8亿人。[1]2007年《卫生事业发展"十一五"规划纲要》把精神卫生列为重点工作之一。为了加强学校心理健康教育，教育部制定了《中小学心理健康教育指导纲要》（2002年，2012年修订）、《中等职业学校学生心理健康教育指导纲要》（2004年）、《关于进一步加强和改进大学生心理健康教育的意见》（2005年）等系列规范。

为顺利推进《中国精神卫生工作规划（2002—2010年）》的实施，协调部门间精神卫生工作的开展，进一步完善精神卫生工作体系，原卫生部等部门印发《全国精神卫生工作体系发展指导纲要（2008年—2015年）》，提出按照"预防为主、防治结合、重点干预、广泛覆盖、依法管理"的原则，建立与"政府领导、部门合作、社会参与"工作机制相适应的精神卫生工作体系。该指导纲要提出的工作体系建设目标包括：中小学建立心理健康辅导室、设置专职教师并配备合格人员的学校比例，2010年，城市达到40%、农村达到10%；2015年，城市达到60%、农村达到30%；开展心理行为问题预防工作的县（市、区）的比例，2010年达到50%，2015年达到80%；建立重性精神疾病管理治疗网络的县（市、区）的比例，2010年达到70%，2015年达到95%以上；开展精神疾病社区康复的县（市、区），2010年达到70%，2015年达到85%；建立健全精神卫生防治服务网络并在精神卫生工作中发挥主导作用；2010年，地市级及以上地区和80%的县（市、区）建立精神卫生防治服务网络，2015年所有的县（市、区）建立精神卫生防治服务网络。工作指标与目标包括：在学校开展心理健康教育的比例，2010年，城市达到80%、农村达到50%；2015年，城市达到85%、农村达到70%；在开展心理行为问题预防工作的县（市、区）中，居民能够方便获得心理健康指导的比例，2010年，城市达到80%、农村达到60%；2015年，城市达到90%、农村达到

---

[1]　参见国务院办公厅转发原卫生部等部门《关于进一步加强精神卫生工作指导意见的通知》。

80%；在建立重性精神疾病管理治疗网络的县（市、区）中，重性精神疾病患者获得有效管理治疗的比例，2010 年达到 60%，2015 年达到 80%；在开展精神疾病社区康复的县（市、区）中，精神疾病患者接受康复服务的比例，2010 年达到 60%，2015 年达到 80%；降低儿童和青少年精神疾病和心理行为问题发生率，2010 年降为 12%，2015 年降为 10%；提高普通人群心理健康知识和精神疾病预防知识知晓率，2010 年达到 50%，2015 年达到 80%；提高精神分裂症治疗率，2010 年达到 60%，2015 年达到 80%。[1]

2006 年 10 月开始，国民心理健康保护已出现在执政党的纲领性报告中，成为构建社会主义和谐社会的应有之义。党的十六届六中全会通过的《关于构建社会主义和谐社会若干重大问题的决定》指出："注重促进人的心理和谐，加强人文关怀和心理疏导，引导人们正确对待自己、他人和社会，正确对待困难、挫折和荣誉。加强心理健康教育和保健，健全心理咨询网络，塑造自尊自信、理性平和、积极向上的社会心态。"2007 年 10 月党的十七大报告里第一次出现"人文关怀"和"心理疏导"的字眼，体现了执政党对人的关怀、社会对人的关爱。温家宝也指出："我们讲和谐，不仅要人与人和谐、人与自然和谐，还要人内心和谐。"促进国民心理健康和防治精神疾病不仅成为国家政策的重要内容，每年还举行一些由政府主导的公开宣传性活动，旨在开展精神卫生知识的宣传和心理健康教育与咨询服务，提高人民群众的心理健康水平。如上文所述，1991 年，尼泊尔提交了第一份关于"世界心理健康日"活动的报告，这一报告受到了国际社会的重视。1992 年，由"世界心理卫生联合会"（World Federation for Mental Health）发起、卫生组织确定，把每年的 10 月 10 日定为"世界心理健康日"，又称"世界精神卫生日"。随后的十多年里，许多国家参与进来，将每年的 10 月 10 日作为特殊的日子：提高公众对精神疾病的认识，分享科学有效的疾病知识，消除公众的偏见；并结合现实情况和精神卫生的需要，确定每年的活动主体。我国原卫生部于 2000 年开始在精神卫生日组织开展大规模的活动，宣传精神卫生普及心理健康知识。同年，由北京师范大学学生发起的属于大学生自己的"大学生心理健康日"——"5·25"即"我爱我"的谐音。2000 年是第九个世界心理健

---

〔1〕 参见《全国精神卫生工作体系发展指导纲要（2008 年—2015 年）》。

康日，也是我国大规模开展宣传精神卫生活动的第一年。从此以后，由"政府领导、部门合作、社会参与"的宣传和普及心理健康知识的活动在我国不断展开。

2007 年 10 月 10 日是第 16 个世界精神卫生日，主题是"提倡心理咨询促进精神健康"。在此期间，我国由精神卫生工作部际联席会议办公室、原卫生部、中央文明办、全国爱卫办、中国科协、中国科学院、北京市海淀区政府联合在京举办 2007 年"心的和谐——世界精神卫生日宣传活动"，旨在以行动呼吁公众积极采取措施，维护和促进心理健康。原卫生部副部长王陇德出席活动并讲话，要求大力发展精神卫生事业，建设完善的全国精神卫生工作体系，推动改善公众心理健康的措施和积极防治精神疾病，促进心理和谐工作的落实。原卫生部还下发通知，要求各地有效利用"世界心理健康日"时机，围绕《精神卫生宣传教育核心信息和知识要点》，在社区、医院、学校、建筑工地等公共场所开展宣教活动，促进公众对精神健康的关注，提倡人人都要讲究心理卫生、人人都要维护精神健康。活动还包括 2006 年心理健康科普征文颁奖仪式，农民工心理科普读本《托起一样的天空》首发式，365心理健康网站开通仪式，绿丝带徽章、《精神卫生宣传教育核心信息和知识要点》手册和农民工心理健康读本《托起一样的天空》《2006 年心理健康科普征文汇编》赠送仪式及"飘扬的绿丝带风筝"放飞仪式暨"给健康许个愿望"活动启动等丰富多彩的活动；现场还展出了"心的和谐——世界精神卫生日"系列宣传展板，举行了精神卫生和心理健康知识有奖问答，并有心理专家现场咨询；原中央电视台《心理访谈》栏目在现场制作了一期题为"健康人生从心开始"的节目。

2015 年 6 月 4 日，国务院办公厅以国办发 ［2015］44 号转发了原国家卫生计生委等部门《全国精神卫生工作规划（2015—2020 年）》。该规划分规划背景、总体要求、策略与措施、保障措施、督导与评估五部分。其主要策略与措施是全面推进严重精神障碍救治救助；逐步开展常见精神障碍防治；积极开展心理健康促进工作；着力提高精神卫生服务能力；逐步完善精神卫生信息系统；大力开展精神卫生宣传教育。党的十七大报告指出："健康是人全面发展的基础，关系千家万户幸福。"党的十八大报告指出："健康是促进人的全面发展的必然要求。"在 2016 年 8 月召开的全国卫生与健康大会上，习近平总书记就明确提出要"把健康融入所有政策，人民共建共享"，强调"没有全民健康，就没有全面小康"，"要把人民健康放在优先发展的战略地位"。同年 10 月，中共中央、国务院印发《"健康中国 2030"规划纲要》，提出"普及健康生活、优化健康服务、完善健康保障、建设健康环境、发展健康产业"等方面的战略任务。2016 年 12 月 30 日，原国家卫生计生委等部门以国卫疾控发〔2016〕77 号联合印发《关于加强心理健康服务的指导意见》。该意见分充分认识加强心理健康服务的重要意义、总体要求、大力发展各类心理健康服务、加强重点人群心理健康服务、建立健全心理健康服务体系、加强心理健康人才队伍建设、加强组织领导和工作保障 7 部分 25 条。党的十九大报告将"实施健康中国战略纳入国家发展的基本方略，强调人民健康是民族昌盛和国家富强的重要标志，为人民群众提供全方位全生命周期健康服务"，"把人民幸福生活作为最大的人权"，在国民心理健康方面明确提出了"加强社会心理服务体系建设，培育自尊自信、理性和平、积极向上的社会心态"的要求。2019 年 7 月 9 日，国务院成立健康中国行动推进委员会，负责统筹推进《健康中国行动（2019—2030 年）》组织实施、监测和考核相关工作。《健康中国行动（2019—2030 年）》围绕疾病预防和健康促进两大核心，提出将开展包括心理健康促进等 15 个重大专项行动，促进以治病为中心向以人民健康为中心转变，努力使群众不生病、少生病。2021 年教育部办公厅发布的《关于加强学生心理健康管理工作的通知》强调了加强学生心理健康课程建设、做好心理健康测评工作、配齐建强骨干队伍等专项内容。值得强调的是，2020 年 10 月 16 日，党的二十大报告把"推进健康中国建设"作为报告第九部分"增进民生福祉，提高人民生活品质"的四个基本内容之一，并强调"把保障人民健康放在优先发展的战略位置，完善人民健康促进政策""重视心理健康和精神卫生""深入开展健康中国行动和爱国卫生运动，倡导文明健康生活方式"。

综上所述，党和政府把精神卫生问题看作重要的公共卫生问题和较为突出的社会问题，把精神卫生工作列入国民经济和社会发展计划，纳入党和政府重大的议事日程。在此背景下，各级政府制定了一系列有关国民精神健康的法规和政策，形成了一些制度，取得了很大的成就。从中央政府的施政纲领到下级政府的红头文件，从执政党的总报告到主要领导人的讲话内容，从政府的长期规划到年度计划，从单一部门的规定到多部门联合发文，都有关于精神卫生工作的政策。这就是我国精神卫生政策范围广、力度强的特点。一般地说，任何一项人权的实现都离不开国家政策的促进，但离开法律保障的政策目标很难最终实现。政策和立法是用来促进精神卫生保健与服务的两个互补的手段：精神卫生法会影响到政策的制定和实施，精神卫生政策需要依靠法律框架来实现其目标。[1]我国《精神卫生法》《基本医疗卫生与健康促进法》的出台和实施，对我国心理健康政策的实施起到了重要的推动作用。

（二）立法方面

中国已经加入了多个涉及心理健康权的国际公约，并且颁布了一些相关的国内法律法规。有关国际条约上文已列举，在此不再赘述。这里主要对国内法律法规对心理健康权的保护情况作简单的评析。

（1）我国宪法中有关维护和增进公民心理健康的精神，主要表现在两个方面：一是现行宪法规范中的直接规定。《宪法》第 21 条第 1 款规定"国家发展医疗卫生事业，发展现代医药和我国传统医药，鼓励和支持农村集体经济组织、国家企业事业组织和街道组织举办各种医疗卫生设施，开展群众性的卫生活动，保护人民健康"。这里的"开展群众性的卫生活动，保护人民健康"当然包括保护人民群众的心理健康，"开展群众性卫生活动"当然包括国民心理健康促进活动，"国家发展医疗卫生事业"当然包括发展精神卫生事业，"举办各种医疗卫生设施"当然包括精神障碍预防、治疗、康复的专科医疗设施和综合性医院中精神卫生科室的建设。随着我国社会经济的发展，国家确立了"以治病为中心转变为以人民健康为中心"的大卫生、大健康理念，健康关口前移，重拾我国中医文化中"上医治未病"理念，维护和增进公民的心理健康是我国《宪法》第 21 条的应有之义。二是现行宪法规范中的间接规定。《宪法》第 45 条第 1 款规定"中华人民共和国公民在年老、疾病或者丧失劳动能力的情况下，有从国家和社会获得物质帮助的权利。国家发展为公民享受这些权利所需要的社会保险、社会救济和医疗卫生事业"。这里的国家为了实现公民获得物质帮助权，发展这些权利所需要的"社会保险、社会

---

[1]　《世界卫生组织精神卫生、人权与立法资源手册》（世界卫生组织 2006 年），第 17 页。

救济和医疗卫生事业"，当然包括公民的心理健康救济和精神卫生事业。例如，我国精神卫生法和地方性法规规定的心理援助服务属于紧急心理健康问题的社会救济服务。另外，我国《宪法》第14条第4款规定"国家建立健全同经济发展水平相适应的社会保障制度"。这里的社会保障制度包括基本医疗保障，有的地方把心理健康保障纳入其中。2019年12月1日实施的《浙江省精神卫生条例》将心理健康体检纳入体检常规项目。[1]这说明心理健康服务正纳入基本社会保障制度的项目，目的是提高全民心理健康素养，推进健康中国建设。

（2）我国卫生健康基本法律中有关心理健康保障的规定。其一是2012年10月26日第十一届全国人民代表大会常务委员会第二十九次会议通过的《精神卫生法》，这是我国精神卫生领域的第一部法律，也是关涉全体国民精神健康的一部人权保障法，历经近三十年的立法历程，引起了社会高度关注。该法共7章85条，对精神卫生工作的方针原则和管理机制、心理健康促进和精神障碍预防、精神障碍诊断和治疗、精神障碍的康复、精神卫生工作的保障措施、维护精神障碍患者合法权益等作了规定。其中对心理健康促进和精神障碍预防、提高人民群众心理健康水平等进行了详细的规定，为维护和增进公民心理健康、预防和治疗心理障碍指明了方向。我国《精神卫生法》实施近十年来对提高公民心理健康水平、维护精神障碍者合法权益、促进精神卫生事业发展、构建社会主义和谐社会产生了重大意义，是我国社会领域的一部重要人权保障法，开辟了发展中国特色社会主义精神卫生事业和保护人民群众精神健康的新道路。其二是2019年12月28日第十三届全国人民代表大会常务委员会第十五次会议通过的《基本医疗卫生与健康促进法》，这是我国卫生健康立法领域一部基础性、综合性的法律，历经15年的立法过程，对我国医疗卫生与健康法治建设、提高公民健康水平，推进"健康中国"建设将产生重大而深远的意义。该法共10章110条，规定了我国医疗卫生和健康促进工作的基本原则、基本医疗卫生服务制度、医疗卫生机构的职责、医疗卫生人员的权利与义务、健康促进措施、医疗卫生资金保障等内容，是落实党中央、国务院在基本医疗卫生与健康促进方面的战略部署作出的一项顶层的

---

〔1〕"《浙江省精神卫生条例》今起实施　浙江率先将心理健康体检纳入体检常规项目"，载ht-tps：//baijiahao.baidu.com/s？id＝1651697644795132525&wfr＝spider&for＝pc，最后访问时间：2022年7月18日。

制度性安排。其第 28 条规定，国家发展精神卫生事业，建设完善精神卫生服务体系，维护和增进公民心理健康，预防、治疗精神障碍。国家采取措施，加强心理健康服务体系和人才队伍建设，促进心理健康教育、心理评估、心理咨询与心理治疗服务的有效衔接。该法还特别强调了加强未成年人、残疾人和老年人等重点人群心理健康服务。此次立法旨在打造"健康—亚健康—疾病"的多阶段、全过程的心理健康服务体系，符合我国心理健康服务现状和发展趋势，起到了上位法的原则指导作用，是立法上的一个巨大进步。

（3）其他法律中对重点人群心理健康保护的规定。我国法律中有对未成年人、残疾人、老年人等各类重点人群进行心理健康保护的专门规定。我国《教育法》（2021 年修正）第 45 条规定，"教育、体育、卫生行政部门和学校及其他教育机构应当完善体育、卫生保健设施，保护学生的身心健康"；第 46 条规定，"国家机关、军队、企业事业组织、社会团体及其他社会组织和个人，应当依法为儿童、少年、青年学生的身心健康成长创造良好的社会环境"。这里要求教育机构对"教育对象"（包括儿童、少年、青年学生）必须保护其身心健康，包括创造良好的社会环境适合其健康成长。我国《义务教育法》（2018 年修正）第 3 条规定，"义务教育必须贯彻国家的教育方针，实施素质教育，提高教育质量，使适龄儿童、少年在品德、智力、体质等方面全面发展，为培养有理想、有道德、有文化、有纪律的社会主义建设者和接班人奠定基础"；第 34 条规定，"教育教学工作应当符合教育规律和学生身心发展特点，面向全体学生，教书育人，将德育、智育、体育、美育等有机统一在教育教学活动中，注重培养学生独立思考能力、创新能力和实践能力，促进学生全面发展"；第 35 条第 1 款规定，"国务院教育行政部门根据适龄儿童、少年身心发展的状况和实际情况，确定教学制度、教育教学内容和课程设置，改革考试制度，并改进高级中等学校招生办法，推进实施素质教育"。这里要求对义务教育对象的教育目标设置、教育教学工作、教育管理理念都要符合青少年学生的身心发展特点，例如，大部分省份把心理健康教育作为义务教育的一门课程。我国《高等教育法》（2018 年修正）第 4 条规定，"高等教育必须贯彻国家的教育方针，为社会主义现代化建设服务、为人民服务，与生产劳动和社会实践相结合，使受教育者成为德、智、体、美等方面全面发展的社会主义建设者和接班人"。我国《职业教育法》（2022 年修订）

第 4 条第 2 款规定，"实施职业教育应当弘扬社会主义核心价值观，对受教育者进行思想政治教育和职业道德教育，培育劳模精神、劳动精神、工匠精神，传授科学文化与专业知识，培养技术技能，进行职业指导，全面提高受教育者的素质"。这里表明心理健康素质是高等教育和职业教育培养的重要素质之一，教育部已规定教育机构实施心理健康课程教育，并作为教育对象的必修课程之一。我国《教师法》（2009 年修正）第 8 条第 4、5 项规定，"关心、爱护全体学生，尊重学生人格，促进学生在品德、智力、体质等方面全面发展；制止有害于学生的行为或者其他侵犯学生合法权益的行为，批评和抵制有害于学生健康成长的现象"。这里教师促进学生心理健康是学生全面发展的应有之义，也是教师的职责。我国《未成年人保护法》（2020 年修订）第 1 条规定，"为了保护未成年人身心健康，保障未成年人合法权益，促进未成年人德智体美劳全面发展，培养有理想、有道德、有文化、有纪律的社会主义建设者和接班人，培养担当民族复兴大任的时代新人，根据宪法，制定本法"；第 29 条第 1 款规定，"学校应当关心、爱护未成年学生，不得因家庭、身体、心理、学习能力等情况歧视学生。对家庭困难、身心有障碍的学生，应当提供关爱；对行为异常、学习有困难的学生，应当耐心帮助"；第 30 条规定，"学校应当根据未成年学生身心发展特点，进行社会生活指导、心理健康辅导、青春期教育和生命教育"；第 66 条规定，"网信部门及其他有关部门应当加强对未成年人网络保护工作的监督检查，依法惩处利用网络从事危害未成年人身心健康的活动，为未成年人提供安全、健康的网络环境"；第 90 条第 1 款规定，"各级人民政府及其有关部门应当对未成年人进行卫生保健和营养指导，提供卫生保健服务"。我国《妇女权益保障法》（2022 年修订）第 24 条规定，"学校应当根据女学生的年龄阶段，进行生理卫生、心理健康和自我保护教育，在教育、管理、设施等方面采取措施，提高其防范性侵害、性骚扰的自我保护意识和能力，保障女学生的人身安全和身心健康发展"，强调学校在女学生的心理健康保护、教育和发展方面具有法定职责。我国《妇女权益保障法》（2018 年修正）第 17 条规定，"学校应当根据女性青少年的特点，在教育、管理、设施等方面采取措施，保障女性青少年身心健康发展"，强调学校应保障女性青少年心理健康的发展。我国《老年人权益保障法》（2018 年修正）第 37 条第 1 款规定，"地方各级人民政府和有关部门应当采取措施，发展城乡社区养老服务，鼓励、扶持专业服务机构及其他组织和个人，为居家的老年人提供生活照料、紧急救援、医疗护理、精神慰藉、心理咨询等多种形式的服务"，强调老年人群体是各级人民政府和有关部门应当提供精神慰藉、心理咨询服务的对象。我国《残疾人保障法》（2018 年修正）第 2 条规定："残疾人是指在心理、生理、人体结构上，某种组织、功能丧失或者不正常，全部或者部分丧失以正常方式从事某种活动能力的人。残疾人包括视力残疾、听力残疾、言语残疾、肢体残疾、智力残疾、精神残疾、多重残疾和其他残疾的人。残疾标准由国务院规定。"这里把心理问题及精神残疾作为判断残疾人定义标准之一，并从残疾人康复、教育、劳动就业、文化生活、社会保障、无障碍环境等方面规定了对残疾人的全面保护。我国《职业病防治法》（2018 年修正）第 15 条规定，"产生职业病危害的用人单位的设立除应当符合法律、行政法规规定的设立条件外，其工作场所还应当符合下列职业卫生要求：……（五）设备、工具、用具等设施符合保护劳动者生理、心理健康的要求……"；第 39 条规定，"劳动者享有下列职业卫生保护权利：（一）获得职业卫生教育、培训；（二）获得职业健康检查、职业病诊疗、康复等职业病防治服务……"这里是法律对设备、工具、用具等设施符合保护劳动者生理、心理健康的要求，也是劳动者享有的职业卫生保护的权利。职业群体享有符合保护其生理、心理健康的要求的权利说明了心理健康保护的权利属性。我国《反家庭暴力法》（2015 年）第 2 条把对被害人的精神施加暴力而使被害人的身心造成伤害的行为称为"精神暴力"，第 22 条规定"工会、共产主义青年团、妇女联合会、残疾人联合会、居民委员会、村民委员会等应当对实施家庭暴力的加害人进行法治教育，必要时可以对加害人、受害人进行心理辅导"。我国《监狱法》（2012 年修正）第 62 条规定，"监狱应当对罪犯进行法制、道德、形势、政策、前途等内容的思想教育"；我国《社区矫正法》（2019 年）第 40 条第 1 款规定，"社区矫正机构可以通过公开择优购买社区矫正社会工作服务或者其他社会服务，为社区矫正对象在教育、心理辅导、职业技能培训、社会关系改善等方面提供必要的帮扶"。这里司法行政、公安、监狱等部门对被依法拘留、逮捕、强制隔离戒毒的人员等有开展精神卫生知识宣传、关注其心理健康状况，必要时提供心理咨询和心理辅导的责任。

（4）我国《民法典》中有关公民心理健康权保护的规定。我国《民法典》明确规定了由体质健康与心理健康构成的健康权。《民法典》第 1004 条规定："自然人享有健康权。自然人的身心健康受法律保护。任何组织或者个人不得侵害他人的健康权。"这是我国私法上首次明确健康权包括体质健康和心理健康的规定，属于自由权层面的健康权保护，强调国家的尊重义务，包括尊重公民对健康利益的支配权和对健康利益支配权的适当限制，例如当发生公民维护健康利益"有害"社会时需要进行限制以维护公共利益。实质上，我国《民法典》规定的健康权是指自然人以自己的机体生理机能正常运作和功能完善发挥，维持人体生命活动的利益为内容的具体人格权。对于规定身心健康是健康权的客体，学界有不同看法，有的观点认为心理健康并不是健康权的内容，而《民法典》最终规定心理健康也是健康权保护的内容，说明了社会大众对心理健康重要性的认识提升到需要立法保护的程度了，形成了与公法权利层面的健康权、社会权利层面的健康权的趋同保护。但私法上的心理健康权与基本人权视角的心理健康权存在很大的不同。一是，二者的性质不同。生命健康权是我国《民法典》规定的具体人格权之一，与姓名权、肖像权、名誉权、荣誉权、婚姻自主权等具体人格权属同一系列。公民人格权的宪法依据主要体现在现行宪法对于公民人身自由、人格尊严、住宅、通行自由和通讯秘密等权益的保护上面。因此，《民法典》中的心理健康权保护渊源于宪法自由权的根基，是宪法自由权精神在私法领域中保护的展开。而本书从基本人权视角阐述的心理健康权是一种积极的人权，强调国家和社会应提供基本的心理健康保健服务体系，保障人人有权享有能够达到的最高的心理健康的标准。二是，二者的层次不同。性质不同决定了它们不是同一层面的权利。《民法典》中的心理健康权是一种具体的人格权，主要通过司法途径寻求保护。国际人权法或宪法上的心理健康权是一种基本权利，具有基本权利属性，主要通过国家的立法、政策、财政等手段实施。三是，二者的主体不同。《民法典》中的心理健康权调整的是平等主体之间的权利义务关系，旨在实现健康的自由权目的；而作为基本权利的心理健康权调整的是国家和公民之间的权利义务关系，旨在实现健康的生存目的。

（5）地方性精神卫生法规有关公民心理健康权保护的规定。《上海市精神卫生条例》2001 年 12 月 28 日经上海市第十一届人大常委会第三十五次会议通过，2014 年 11 月 20 日上海市第十四届人大常委会第十六次会议进行了全面修订，自 2015 年 3 月 1 日起施行。该条例分为总则、精神卫生服务体系、心理健康促进和精神障碍预防、心理咨询机构、精神障碍患者的看护、诊断与治疗、精神障碍的康复、保障措施、法律责任和附则共 9 章 73 条。2001 年《上海市精神卫生条例》是中国首部规范精神卫生的地方性法规，终结了我国心理卫生工作无法律保护的真空时代，把对全体市民的心理健康权纳入法律保护，对我国精神卫生地方立法产生了很大的"示范"效应。2014 年《上海市精神卫生条例》是我国《精神卫生法》上位法律颁布实施后进行全面修订的地方性法规，是满足新时代上海市人民群众对精神健康需要的一次全面修订。

《宁波市精神卫生条例》2005 年 12 月 23 日经浙江省第十届人民代表大会常务委员会第二十二次会议批准，自 2006 年 4 月 1 日起施行。《宁波市精神卫生条例》是浙江首部、全国第二部地方性精神健康法规。该条例称精神卫生工作是指对市民精神健康的促进和精神障碍的预防、诊断、治疗、康复等精神卫生服务以及与其有关的管理活动，要求各级人民政府将精神卫生工作作为公共卫生的重要组成部分，纳入本地区国民经济和社会发展计划，将精神卫生工作经费纳入年度财政预算并完善和落实对精神卫生医疗机构的补助政策，其第三章专门就精神健康促进作了规定。

《北京市精神卫生条例》2006 年 12 月 8 日由北京市第十二届人民代表大会常务委员会第三十三次会议通过，自 2007 年 3 月 1 日施行。该条例共 7 章 55 条，对立法目的、精神卫生促进与精神疾病预防、精神疾病的诊断、治疗和康复、精神疾病患者权益保障等作出了详细的规定。该条例 16 年来对北京市精神卫生事业发展和北京市民的精神健康预防、促进与治疗等起到了重大作用。

《杭州市精神卫生条例》2006 年 8 月 24 日由杭州市第十届人民代表大会常务委员会第三十三次会议通过，2006 年 12 月 27 日浙江省第十届人民代表大会常务委员会第二十九次会议批准，自 2007 年 3 月 1 日起施行。该条例之后进行了全面修订，2016 年 6 月 24 日杭州市第十二届人民代表大会常务委员会第三十八次会议通过，2016 年 9 月 29 日浙江省第十二届人民代表大会常务委员会第三十三次会议批准，自 2016 年 12 月 1 日起实施。该条例共 8 章 47 条，是满足杭州市人民群众对健康的精神生活提出的更高要求，是对保持心理健康、预防精神障碍已成为全面建成小康社会的助力的回应，进一步健全了杭州市的精神卫生工作体制机制，遏制了精神障碍发病趋势恶化的需要。2006 年杭州市是在缺乏上位法支撑下国内第四个制定并实施地方性精神卫生法规的城市。经过十年的实施，杭州市精神卫生事业发展取得了长足进步，在提高公民心理健康水平，保护精神障碍患者的合法权益，促进社会和谐等方面起到了积极的作用，也积累了宝贵的工作经验。但是，随着杭州市正处于经济社会的高速发展期和转型期，经济高速发展使人们的生活节奏明显加快，加大了人们的精神压力，更加容易诱发精神障碍，精神病流行病学调查显示，20 世纪 50 年代我市精神障碍患病率为 1.15‰，70 年代中期为 9.12‰，80 年代后期为 14.25‰，90 年代后期则上升为 20.14‰。[1]加之 2012 作为上位法的我国首部《精神卫生法》通过，修订地方性精神卫生条例非常必要。2016 年的新条例一是突出了人性关怀和人文关怀，强调精神障碍的诊断应当以精神健康状况为依据，除法律另有规定外，不得违背本人意志进行确定其是否患有精神障碍的医学检查；二是支持精神障碍患者获得优质精神卫生保健和帮助他们融入社区，规定了心理危机干预、心理健康促进不再只是政府及相关部门的责任，明确规定了工会、共产主义青年团、妇女联合会、红十字会等群众团体在此方面需要担负的社会责任，以及各相关群众团体及慈善组织、志愿者组织等社会组织参与突发事件的心理危机干预的责任。

《无锡市精神卫生条例》由无锡市第十三届人民代表大会常务委员会第三十一次会议于 2007 年 6 月 29 日制定，经江苏省第十届人民代表大会常务委员会第三十一次会议于 2007 年 7 月 26 日批准，自 2007 年 11 月 1 日起施行。该条例是江苏省内首部精神卫生条例，分为总则、预防与健康促进、诊断与治疗、康复、法律责任和附则，共 6 章 50 条，对加强该市的精神卫生工作，提高公民的精神健康水平，维护精神疾病患者的合法权益具有重要意义。

《武汉市精神卫生条例》经 2008 年 11 月 20 日武汉市第十二届人民代表大会常务委员会第十二次会议通过，2010 年 5 月 27 日湖北省第十一届人民代表大会常务委员会第十六次会议批准，自 2010 年 9 月 1 日实施，后经 2015 年 5 月 20 日武汉市第十三届人民代表大会常务委员会第二十九次会议修订并通过，2015 年 7 月 30 日湖北省第十二届人民代表大会常务委员会第十六次会议

---

〔1〕 "新《杭州市精神卫生条例》更能体现人文关怀"，载《杭州日报》2016 年 11 月 3 日。

批准修正。《武汉市精神卫生条例》几经审议修改，历时八年，终于落地，是继北京、上海、宁波、杭州、无锡等五市之后的我国第六部地方性精神卫生法规。该条例共 8 章 51 条，对该市行政区域内的精神卫生事业促进和精神障碍的预防控制、诊断治疗、康复服务以及相关行政管理活动进行了规范。

《长春市精神卫生条例》由长春市第十四届人大常委会第十四次会议通过，经吉林省第十二届人民代表大会常务委员会第十五次会议于 2015 年 3 月 27 日批准，于 2015 年 5 月 1 日起施行。该条例是吉林省首部地方性精神卫生法规，共 42 条，重点规范了精神卫生工作信息共享、心理健康检查、咨询、热线服务以及精神障碍患者的救助等内容，是国内最早规定公务员应定期进行心理检查的地方性法规。

《深圳经济特区心理卫生条例》经深圳市第五届人民代表大会常务委员会第十次会议于 2011 年 8 月 30 日通过，自 2012 年 1 月 1 日起施行。该条例共 8 章 67 条，最大的特点是将立法目的规定为提高市民的心理健康水平，保障心理咨询来访者、精神障碍患者的合法权益，规范心理咨询和医疗服务，有效预防和治疗精神障碍。此外，其特色还在于确立了心理卫生工作经费保障制度，规定将心理卫生的工作纳入国民经济和社会发展规划。该条例由深圳市第六届人民代表大会常务委员会第四十一次会议于 2020 年 4 月 29 日废止。同时，《深圳经济特区健康条例》由深圳市第六届人民代表大会常务委员会第四十五次会议于 2020 年 10 月 29 日通过，自 2021 年 1 月 1 日起施行。该条例共 7 章 133 条，是为了贯彻实施健康中国战略，推进健康深圳建设，提高居民健康水平，根据有关法律、行政法规的基本原则，结合深圳经济特区实际制定的。这是我国首部称为"健康条例"的地方性法规，其一大特色把"健康"定义为人的生理健康、心理健康和良好的社会适应能力。

《苏州市精神卫生条例》2019 年 12 月 31 日由苏州市第十六届人民代表大会常务委员会第二十三次会议通过，2020 年 1 月 9 日由江苏省第十三届人民代表大会常务委员会第十三次会议批准，自 2020 年 5 月 1 日期实施。该条例共 7 章 47 条，对精神卫生服务体系、心理健康促进和精神障碍预防、精神障碍的诊断和治疗、精神障碍的康复等进行了法治规范，强化了心理健康促进，紧扣党中央"健康中国"发展战略。

《甘肃省精神卫生条例》由甘肃省第十二届人民代表大会常务委员会第二

十六次会议于 2016 年 9 月 29 日通过，自 2016 年 11 月 1 日起施行。该条例共 30 条，适用该省行政区域内开展维护和增进公民心理健康、预防和治疗精神障碍、促进精神障碍患者康复的活动。其在精神卫生服务体系、心理咨询机构、心理危机干预等方面作出了符合甘肃实际的规定，在精神障碍患者的诊断、治疗、康复等方面细化了《精神卫生法》的规定，是我国第一部省级（除直辖市外）地方性精神卫生法规。

《江苏省精神卫生条例》2022 年 5 月 31 日由江苏省第十三届人民代表大会常务委员会第三十次会议通过，自 2022 年 9 月 1 日起实施。该条例是由 8 章 61 条构成的省级精神卫生法规，主要适用本省行政区域内维护和增进公民心理健康、预防和治疗精神障碍、促进精神障碍患者康复等服务与管理活动，围绕江苏省实际情况从提升精神卫生公共服务供给能力、预防和减少精神障碍发生、健全精神障碍患者的主动发现机制、强化严重精神障碍患者的服务与管理等方面以立法促进高水平精神卫生服务体系建设，一大特色是用财政补贴方式帮助精神障碍患者回归社会。

《辽宁省精神卫生条例》由辽宁省第十三届人民代表大会常务委员会第三十四次会议于 2022 年 5 月 31 日通过，自 2022 年 10 月 1 日起施行。该条例坚持凡是上位法已明确的内容不再重复表述，只有"小篇幅"的 20 条组成，对提升精神卫生服务能力、减轻精神障碍患者医疗费用负担、强化精神卫生医疗服务监管等方面进行了明确规定。设立精神卫生专项资金培养精神专科人才是其主要特色。

《山东省精神卫生条例》2019 年 3 月 29 日由山东省第十三届人民代表大会常务委员会第十一次会议通过，自 2019 年 6 月 1 日起实施，共 8 章 61 条。该条例适用该省行政区域内公民心理健康维护和增进、精神障碍预防和治疗、精神障碍患者康复、严重精神障碍服务管理等活动。规定用人单位应加强对职工的心理健康教育是其主要特色之一。

《浙江省精神卫生条例》2019 年 9 月 27 日由浙江省第十三届人民代表大会常务委员会第十四次会议通过，自 2019 年 12 月 1 日起实施。该条例共 30 条，包括政府责任落实、服务体系建设、心理健康促进、预防治疗康复、保障措施等。该条例不仅率先将心理健康体检纳入体检常规项目，还要求用人单位创造有益于职工身心健康的工作环境，加强心理健康教育和服务，并对处于职业发展特定时期、在特殊岗位工作或者经历突发事件的职工，有针对性地开展心理援助。

值得注意的是，吉林、湖南、广东、广西壮族自治区等省、自治区和广州、大连、青岛、成都等市都在着手制定精神卫生条例，有的把制定该条例列入当年卫生工作立法计划，有的正在制定过程中。

（6）精神卫生立法的现状评析。总体来看，这些法律法规已经较为完整地覆盖了心理健康权保障涉及的各个方面，并且正在不断完善当中。从我国社会主义宪法确立的基本原则看，坚持党的领导原则（《宪法》第1条）、人民当家做主原则（《宪法》第2条）、尊重和保障人权原则（《宪法》第33条）都富含人民群众追求美好生活权利、把人民幸福生活作为最大的人权的治国理念。随着我国社会经济的发展，追求人人享有与国家发展水平相一致的体质健康、心理健康是人民群众追求美好生活权利的应有之义。从宪法规范方面看，其第21条和第45条中的"医疗卫生事业"应包括精神卫生事业方面的内容。我国政府把精神卫生问题定性为重要的公共卫生问题和较为突出的社会问题，精神卫生事业是保护国民心理健康权益的重要措施。

从精神卫生与健康基本法律方面看，我国已制定并实施了《精神卫生法》和《基本医疗卫生与健康促进法》，共同构建了我国卫生健康法治的基本框架，开创了中国特色的心理健康服务体系。我国《精神卫生法》实施近十年来对提高公民心理健康水平、维护精神障碍者合法权益、促进精神卫生事业发展、构建社会主义和谐社会、推进健康中国建设产生了重大意义，是我国社会领域的一部重要人权保障法，开辟了中国特色社会主义精神卫生事业和人民群众精神健康保护的新道路。除此之外，健全的政策和法律是解决全民精神健康问题的重要手段；精神卫生立法针对的不仅仅是1亿精神病患者，还涵盖了所有14亿人。[1]《基本医疗卫生与健康促进法》是我国卫生健康立法领域第一部基础性、综合性的法律，对我国医疗卫生与健康法治建设、提高公民健康水平，推进"健康中国"建设将产生重大而深远的意义。该法是落实党中央、国务院在基本医疗卫生与健康促进方面的战略部署作出的一项顶层的制度性安排。其中涉及有关国家发展精神卫生事业、建设完善精神卫

---

〔1〕　蔡如鹏："一部法与13亿人的精神健康"，载《政府法制》2007年第15期，第28~29页。

生服务体系、维护和增进公民心理健康、预防、治疗精神障碍的顶层设计。此次立法旨在打造"健康—亚健康—疾病"的多阶段、全过程的心理健康服务体系，符合我国心理健康服务现状和发展趋势，起到了上位法具有的原则指导作用，是精神卫生健康立法上的一个巨大进步。

从教育法律方面看，维护和促进学生的心理健康成为教育部门及其工作者的核心教育目标和工作职责。其规范表述方式主要有两种方式。一是以"身心健康"形式，即促进学生不仅体质健康，而且心理也要健康。另一种是促进学生全面发展方面以"等"形式的未完全列举方式，"学生在品德、智力、体质等方面全面发展"也应包含心理健康方面。为了弥补上述教育法律规范在促进学生心理健康方面的不足，教育部制定了《中小学心理健康教育指导纲要》（2002年，2012年修订）、《中等职业学校学生心理健康教育指导纲要》（2004年）、《关于进一步加强和改进大学生心理健康教育的意见》（2005年）、《关于加强学生心理健康工作的通知》（2021年）等系列规范。这些政策对保护学生的心理健康发挥了很大的作用，但从长期来看，这种"以策代法"只有转变为"以法规策"才能彻底地实现对学生心理健康权的保护。从2006年12月修订的《未成年人保护法》要求学校根据未成年人身心发展特点对他们进行"心理健康辅导"的规定说明了心理健康权益的保护正逐渐被写入法律之中。

从特殊群体保护的法律看，妇女、老年人、残疾人、未成年人等都有关于心理健康保护方面的规定。一般规定，针对不同的群体采取不同的保障措施，维护其身心健康发展。值得强调的是，2001年10月27日第九届全国人民代表大会常务委员会第二十四次会议通过的《职业病防治法》（此法后经过2011年、2016年、2017年、2018年四次修正）中有关产生职业病危害的用人单位的工作场所符合"心理健康"的职业卫生要求的规定是我国法律上第一次明确使用"心理健康"这一术语，主要从职业卫生方面保护人们的心理健康；2006年12月29日第十届全国人民代表大会常务委员会第二十五次会议第一次修订《未成年人保护法》（此法自1991年制定，后经2006年、2012年、2020年三次修改）中学校对未成年人进行心理健康辅导的规定，标志着"心理健康保护"已进入法律框架。

从地方性法规看，精神卫生立法出现了可喜的局面，已有上海、北京、宁波、杭州、无锡、武汉、长春、苏州、深圳 9 个市制定并实施了精神卫生法规和甘肃、山东、江苏、浙江、辽宁 5 个省制定并实施了省级精神卫生法规，各地居民心理健康权的保护有了切实可行的法治保障。2002 年 4 月 7 日《上海市精神卫生条例》正式实施，标志着中国历史上第一部专门规定精神卫生的法规诞生。其效力虽局限于上海市，但因其务实而又创新的理念，确立了中国精神卫生立法史上的界碑地位。该条例第 1 条确立"保护精神疾病患者的合法权益"和"提高市民的心理健康水平"的双重目标原则，第 2 条厘定了本条例适用于辖区内"心理健康咨询和精神疾病的预防、治疗、康复等精神卫生服务及其相关管理活动"。因此，该法规终结了我国心理健康问题缺乏法律保护的真空时代，是将普通民众心理健康纳入法律保护的开端。另外，"上海模式"的成功运用推动了我国精神立法的进程，许多地方纷纷予以效仿。继上海之后，宁波、北京、杭州、无锡制定了保护其辖区的精神卫生法规。次随者更是惊人。据笔者粗略统计，吉林、湖南、广西壮族自治区等省、自治区和广州、大连、青岛、成都等市都在着手制定精神卫生条例，有的把制定该条例列入当年卫生工作立法计划，有的正在制定过程中。值得强调的是，2009 年全国人大精神卫生立法调研组早已驻扎上海、宁波以为全国精神卫生立法寻觅食粮。[1]

（三）精神卫生资源方面

这里从资源供给的角度对中国的心理健康权保障状况进行考察，其宗旨是中国的精神卫生资源数量和质量能够在多大程度上满足人民的心理健康需求以及这些资源配置的合理性。根据医学专家的观点，精神卫生资源现状的调查主要包括物质资源、人力资源和经费投入三个方面；精神卫生资源利用度的调查除了门诊人次、床位使用率，还包括危机干预、非医院门诊的心理治疗、综合医院的精神科会诊、网上资源利用等多个方面。[2]

1. 精神卫生资源的分布

我国国民的心理健康意识相比十多年前有进一步提升，精神卫生资源逐步完善，心理健康需求进一步增加。中华人民共和国成立之初，我国的精神

---

〔1〕 "全国人大精神卫生立法调研组抵甬调研"，载 http://news. cnnb. com. cn/system/2009/06/12/006133475. shtml，最后访问时间：2022 年 7 月 18 日。

〔2〕 谭忠林："精神卫生资源的利用和需求评定"，载《中国临床康复》2006 年第 6 期，第 110、120 页。

卫生资源极为匮乏，精神卫生专科医生仅五六十人，床位百张；1958 年，我国卫生系统仅有精神科机构 49 所，病床 11 159 张，相对于当时的 6 亿人口，供需差距甚大；1986 年，全国已有精神科机构发展至 348 所，病床 60 000 余张。[1]上海市精神卫生中心研究人员根据《第三次全国精神卫生工作会议资料汇编》（2001 年）和相关资料的调查分析，得出 2001 年至 2002 年间我国精神卫生资源的下列特点：全国 31 个省市共有 969 家精神卫生机构，约 13.42 万张精神病床（平均 1.03 张/万人，140 张/万平方千米）的配置现状，床位平均使用率为 75.2%；13 个省市有 3 万多名精神卫生服务人员，8584 名专业医生，1.6 万多名护士的配置现状。最终结论：精神卫生资源总体不足，地区间分布和发展不平衡，床位使用率低，人力资源内部结构有待优化改善。[2]精神卫生资源分布的不平衡缘于地区经济社会发展的程度。一般来说，经济发展水平较好的城市政府财政投资多些，而且随着社会经济的发展呈上升趋势，如截至 2002 年上海市共有精神卫生机构 42 所，核定床位 8090 张，实际床位 10 781 张，床位使用率约为 133%，每万人口核定床位数 6.21 张，每万人口实际床位数 8.37 张，全市精神卫生专业人员与精神科床位之比约为 1∶1.86，精神疾病的住院服务与美国等发达国家基本持平；[3]到 2020 年，上海市共有精神卫生医疗机构 96 家，精神科实际开放床位 15 060 张，精神科执业（助理）医师 1257 人，注册护士 2887 人，医护比为 1∶2.30。每万人和每平方千米拥有的精神科实际开放床位、执业（助理）医师和注册护士均为中心城区最多。[4]相比较而言，经济落后地方的财政投入较为欠缺，截至 2005 年底，青海、宁夏的精神科医生还不足 30 人，西藏甚至没有一张精神科病床。[5]当然，在同一地方的不同区域精神卫生资源的分布和使用也有很大不同。

经过半个多世纪的努力，我国精神卫生事业得到了很大的发展，精神卫

---

[1] 张明园："我国精神卫生工作的政策性文件——解读《关于进一步加强精神卫生工作的指导意见》"，载《上海精神医学》2005 年第 S1 期，第 17 页。

[2] 朱紫青、何燕玲、张明园的"中国精神科床位设置和使用现状""中国精神卫生服务人员的现状""中国精神卫生专业机构设置的分布现状"，均于《上海精神医学》2002 年第 S1 期，第 14 页。

[3] 刘立滢等："上海市精神卫生机构住院服务及床位现状的分析"，载《上海精神医学》2002 年第 S1 期，第 53~55 页。

[4] 范鑫等："上海市精神卫生资源配置现状及公平性分析"，载《预防医学》2022 年第 4 期，第 429~432 页。

[5] 蔡如鹏："一部法与 13 亿人的精神健康"，载《政府法制》2007 年第 15 期，第 28~29 页。

生服务规模逐步扩大，专业人才队伍不断壮大。截至 2006 年底，我国共有各级各类精神卫生专业机构 1124 个，精神科病床 14.6 万张，精神科执业医师和助理执业医师共计 1.9 万名，精神卫生服务架构已初步形成，但资源的分布还存在着很大的地区差异。同时，多数地区还存在基层精神卫生防治网络缺乏、群众精神卫生知识水平不高、重性精神疾病防治工作没有得到全面开展等问题。2005 年部分地区调查显示，普通人群心理健康知识和精神疾病预防知识知晓率为 30% 至 40%，精神分裂症治疗率只有 10% 至 30%。[1]

十八大以来，我国精神卫生事业取得了重大成就。截至 2022 年 6 月，全国共有精神卫生医疗服务机构 5936 家，与 2010 年相比，增加了 205%。还有全国精神科医生，执业注册医生有 5 万多人，与十年前相比增加了 144%，县级以上很多医院都能提供精神卫生服务，一是建立精神专科医院，二是综合医院建立精神科。[2]但我国还存在总资源严重不足、专业人才缺乏、使用率低、偏向重性精神疾病防治等问题。我国目前精神科床位数 1.06 张/万人口，精神科医师数 1.29 人/10 万人口，与全球平均数（精神科病床数 4.36 张/万人口，精神科医师数 4.15/10 万人口）相比，仍处于落后的形势。[3]同时，我国财政投资主要倾向于精神分裂症等重性精神疾病的防治和管理能力，降低精神疾病患者肇事肇祸的社会和经济影响，提高医务人员对重性精神疾病规范化治疗的能力，原卫生部和财政部于 2004 年将重性精神疾病监管治疗项目列入中央补助地方卫生经费项目，成为该年度中央财政专项资金中唯一的非传染病项目。[4]这从一个侧面也充分说明了政府对精神卫生工作的高度重视，反映了政府对精神工作的"偏向"——比较重视重性精神疾病。

2. 心理健康服务体系

在大众心理健康预防方面，我国呈如下特点。目前我国心理健康服务模

---

〔1〕　张莹："'心的和谐——世界精神卫生日宣传活动'举行"，载 https://www.gmw.cn/01 gmrb/2007-10/10/content_ 680753. htm，最后访问时间：2022 年 7 月 18 日。

〔2〕　陆林："全国目前有精神卫生医疗服务机构 5936 家，精神科医生已超 5 万人"，载 http:// k.sina.com.cn/article_ 1971823690_ v7587a44a019018pgv.html，最后访问时间：2022 年 7 月 18 日。

〔3〕　接雅丽、汤先忻："谈我国精神卫生工作中亟待解决的几个问题"，载《江苏卫生事业管理》2006 年第 1 期，第 64~66 页。

〔4〕　"卫生部新闻发布会就精神卫生和饮用水监督等答问"，载 http://www.gov.cn/xwfb/2006- 10/10/content_ 409103. htm，最后访问时间：2022 年 7 月 18 日。

式主要有三类：医学模式起步于 20 世纪 80 年代初期，是中国起步最早、最先得到认可的心理健康服务形式，主要由各种精神卫生中心、综合性医院提供心理康复服务，服务的对象主要是各种精神疾病患者，从业人员大多为医学专业出身，多有处方权，常常使用药物，咨询形式带有浓厚的临床色彩。教育模式起步于 20 世纪 80 年代中期，最初是在高校，后推广至中小学，其服务于学生的发展，以心理咨询为主，从事咨询或辅导的老师多是教师身份，但多数人员缺乏系统专业培训和相应的医学知识，面对大多数心理障碍患者，缺乏深入治疗能力。社会模式起步相对较晚，起步于改革开放之后，且地区差异很大，但近年来有迅速发展之势。目前社会上开办的各种心理咨询机构，虽然从业人员大多经过一定的培训，但其运行机制实行工商认证，以致从业者水平良莠不齐，人员构成鱼龙混杂，运作方式随意性大，专业化程度较低。上述三类现行的心理健康服务模式各自独立，尚未整合为一个有机的整体。近二三十年来，我国心理健康服务体系从无到有，发展迅速，但也存在若干亟待解决的问题：服务的技术体系不完善，心理服务的从业机构和个人良莠不齐、总体水平偏低，从业人员的教育培训、从业人员和机构的资质认证缺乏有效的监督管理机制等。[1]有人大代表针对我国心理治疗和心理咨询行业从业人员缺乏统一的准入标准、专业机构缺乏统一的认证、缺乏有效的行会管理和缺乏相关的法律和职业道德规范等弊病提案呼吁制定《心理咨询师与心理治疗师法》，以加快我国心理咨询与治疗业的职业化进程，更好地维护国民的心理健康。[2]

我国心理健康服务从业人员不仅总体水平偏低，而且专业人员非常缺乏。心理咨询在我国起步较晚，人们认为它有一种神秘感。在许多人眼里，寻求心理治疗的人很可能有什么不正常或有精神病，要不就是有见不得人的隐私。因此，很多人宁愿饱受精神上的痛苦折磨，也不愿或不敢寻求心理咨询师的帮助。有关资料显示，目前我国 14 亿人口中有各种精神和心理障碍的患者多达 1600 多万人，1.5 亿青少年中受情绪和压力困扰的就有 3000 万人，但很少能够得到有效的治疗。据美国的统计资料，每 4 个人中就有 1 人在其一生中

---

〔1〕 黄希庭等："关于中国心理健康服务体系建设的若干问题"，载《心理科学》2007 年第 1 期，第 2~5 页。

〔2〕 朱永新："关于促进《中华人民共和国心理咨询师与心理治疗师法》的立法及规范我国心理咨询与心理治疗行业的建议"，载 http://www.stumental.com/Blog/blog.asp？ID＝491，最后访问时间：2008 年 2 月 23 日。

将因心理方面的原因而引起生理方面的疾病，每 12 个人中就有 1 人将因心理方面的疾病而住院，而且在美国全国的医院病床中，几乎有一半是被心理疾病患者所占据。[1]国际卫生组织资料显示，在发达国家，每 1000 人中就有 1 个心理咨询师。我国有关部门也把每 1000 人中有 1 个心理咨询师作为小康社会十大标准中的一项重要指标。但目前全国从事心理咨询工作的人员还不足 3000 人，以发达国家的平均水平来看，我国至少需要 100 多万名心理咨询师。人力资源和社会保障部于 2017 年 9 月取消了心理咨询师国家职业资格全国统一鉴定后，也不再组织心理咨询师国家统考。从国家逐步取消就业门槛的发展趋势看，未来心理咨询师将会由行业协会、职业院校、社会组织甚至企业来实施培养人才和认证工作，通过市场竞争手段选拔出优秀的人才培养机构和专业人才。中国心理卫生协会根据社会发展趋势和市场需求，充分发挥行业协会的职责和使命，结合曾担任心理咨询师国家职业资格鉴定技术支持单位的工作经验，参照《国家职业教育改革实施方案》的指导意见，自 2021 年 8 月起把《心理咨询职业技能培训》项目更名为《心理咨询师专业技能培训》，并向社会开展心理咨询师培训。[2]

（四）行政管理体制方面

笔者根据《中国精神卫生工作规划（2002—2010 年）》、2004 年《关于进一步加强精神卫生工作的指导意见》《全国精神卫生工作体系发展指导纲要（2008 年—2015 年）》《全国精神卫生工作规划（2015—2020 年）》、2016 年《关于加强心理健康服务的指导意见》和我国《精神卫生法》《基本医疗卫生与健康促进法》的精神，谈谈我国精神卫生事业和公民心理健康促进的行政管理体制。

1. 指导思想方面

《全国精神卫生工作体系发展指导纲要（2008 年—2015 年）》确立的指导思想是：根据中共中央《关于构建社会主义和谐社会若干重大问题的决定》和《关于进一步加强精神卫生工作的指导意见》的精神，按照"预防为主、防治结合、重点干预、广泛覆盖、依法管理"的原则，建立与"政府领导、部门合作、社会参与"工作机制相适应的精神卫生工作体系。随着经济社会

---

〔1〕　樊富珉、费俊峰编著：《青年心理健康十五讲》，北京大学出版社 2006 年版，第 18 页。

〔2〕　参见"关于开展 2022 年《心理咨询师专业技能培训》的通知"，载 https://new. qq. com/omn/20211028/20211028A05C3O00. html，最后访问时间：2022 年 7 月 18 日。

的发展，这一指导思想不能适应人民群众对心理健康服务的需求。特别是健康中国战略的实施，确立了立足全人群和全生命周期提供公平可及、系统连续的健康服务的要求，2016 年《关于加强心理健康服务的指导意见》确立了新的指导思想，即"全面贯彻党的十八大和十八届三中、四中、五中、六中全会精神，深入学习贯彻习近平总书记系列重要讲话精神和治国理政新理念、新思想、新战略，按照《精神卫生法》《国民经济和社会发展第十三个五年规划纲要》等法律政策要求，落实健康中国建设战略部署，强化政府领导，明确部门职责，完善心理健康服务网络，加强心理健康人才队伍建设。加强重点人群心理健康服务，培育心理健康意识，最大限度满足人民群众心理健康服务需求，形成自尊自信、理性平和、积极向上的社会心态"。此指导思想具有巨大的责任感和使命感，号召全国上下一起推进健康中国建设，为实现中华民族伟大复兴和推动人类文明进步作出更大贡献。

2. 基本原则方面

《全国精神卫生工作体系发展指导纲要（2008 年—2015 年）》确立了四项原则：以预防为主，部门分工负责，依托现有力量，建立和健全心理健康促进工作的人员队伍；开展防治结合，增强精神卫生专业机构的预防和社区康复功能，实行区域卫生规划，整合调整现有精神卫生资源并逐步实现功能分化，通过改扩建和新建，基本建成覆盖城乡、功能完善的精神卫生防治服务网络；实施重点干预，完善精神卫生专业机构与基层医疗卫生机构的工作衔接机制，建立健全重性精神疾病管理治疗网络；加强领导协调和指导，因地制宜，逐步推进。但这四项原则比较模糊，不够精练，也不便于实施。2016 年《关于加强心理健康服务的指导意见》确立的基本原则是：预防为主，以人为本。全面普及和传播心理健康知识，强化心理健康自我管理意识，加强人文关怀和生命教育，消除对心理问题的偏见与歧视，预防和减少个人极端案（事）件发生。党政领导，共同参与。进一步强化党委政府加强心理健康服务、健全社会心理服务体系的领导责任，加强部门协调配合，促进全社会广泛参与，单位、家庭、个人尽力尽责。立足国情，循序渐进。从我国基本国情和各地实际出发，将满足群众需求与长远制度建设相结合，逐步建立健全心理健康和社会心理服务体系。分类指导，规范发展。坚持全民心理健康素养提高和个体心理疏导相结合，满足不同群体心理健康服务需求，促进心理健康服务科学、规范、有序发展。这四项基本原则清晰明确，原则性与灵活性相结合。首先，预防为主，以人为本，与我国《精神卫生法》《基本医疗卫生与健康促进法》确立的基本原则相一致；其次，党政领导，共同参与，既符合我国坚持党的领导原则，也强调了心理健康服务已成为执政党的重要工作，而且国家、社会、单位、家庭和个人都有心理健康促进的相应责任；再次，立足国情，循序渐进，符合我国解决问题贯穿的实事求是、辩证发展的原则应用；最后，分类指导，规范发展，提出坚持全民心理健康素养提升与个体心理疏导相结合，促进心理健康服务科学、规范、有序发展。

3. 管理机制方面

《全国精神卫生工作体系发展指导纲要（2008 年—2015 年）》确立了各有关部门要切实履行职责，共同推进精神卫生工作发展，具体列出了卫生部门、宣传部门、发展改革部门、教育部门、公安部门、民政部门、司法行政部门、财政部门、人事部门、劳动保障部门、文化部门、食品药监管理部门、政府法制机构、各级工会、各级共青团组织、各级妇联、各级老龄组织的工作职责。我国《精神卫生法》确立的行政管理体制是精神卫生工作实行政府组织领导、部门各负其责、家庭和单位尽力尽责、全社会共同参与的综合管理机制。2016 年《关于加强心理健康服务的指导意见》确立的总管理机制是党政领导、共同参与，具体包括两大方面：一是各级党委、政府要将加强心理健康服务、健全社会心理服务体系作为健康中国建设重要内容，纳入当地经济和社会发展规划，并作为政府目标管理和绩效考核的重要内容；要建立健全党政领导、卫生计生牵头、综治协调、部门各负其责、各方积极配合的心理健康服务和社会心理服务体系建设工作机制和目标责任制，推动形成部门齐抓共管、社会力量积极参与、单位家庭个人尽力尽责的工作格局；要把心理健康教育作为各级各类领导干部教育培训的重要内容，把良好的心理素质作为衡量干部综合能力的重要方面，全面提升党员领导干部的心理素质。二是各部门各行业要做好本部门本行业内人员的心理健康教育和心理疏导等工作：卫生计生部门牵头心理健康服务相关工作，制定行业发展相关政策和服务规范，指导行业组织开展工作，并会同有关部门研究心理健康服务相关法律及制度建设问题；综治机构做好社会心理服务疏导和危机干预，并将其纳入综治（平安建设）考评内容；宣传、文化、新闻出版广播电视部门负责协调新闻媒体、各类文化组织开展心理健康宣传教育；发展改革部门负责将心理健康服务、社会心理服务体系建设纳入国民经济和社会发展规划，完善心理健康服务项目价格政策；教育部门负责完善心理健康相关学科建设，加强专业人才培养，健全各级教育机构心理健康服务体系，组织各级各类学校开展学生心理健康服务工作；科技部门加大对心理健康服务相关科学技术研究的支持力度，并加强科技成果转化；公安、司法行政部门负责完善系统内心理健康服务体系建设，建立重大警务任务前后心理危机干预机制，组织开展被监管人员和强制隔离戒毒人员的心理健康相关工作；民政部门负责引导与管理城乡社区组织、社会组织、社会工作者参与心理健康服务，推动心理健康领域社会工作专业人才队伍建设。财政部门加大心理健康服务投入并监督使用；人力资源社会保障部门负责心理咨询师职业资格鉴定工作的规范管理。工商部门对未经许可擅自从事心理咨询和心理治疗的机构，依有关主管部门提请，依法予以吊销营业执照；中医药管理部门负责指导中医医疗机构做好心理健康服务相关工作；工会、共青团、妇联、残联、老龄办等组织负责职业人群和儿童青少年、妇女、残疾人、老年人等特定工作对象的心理健康服务工作。可见，2016 年《关于加强心理健康服务的指导意见》确立的行政管理机制既强调集中统一领导又强调职责分工，而且分工具体明确，各相关部门要根据本指导意见制定实施方案。

4. 现有管理体制的评析

从《全国精神卫生工作体系发展指导纲要（2008 年—2015 年）》到我国《精神卫生法》再到《关于加强心理健康服务的指导意见》（2016 年），我国精神卫生事业行政管理体制越来越完善，从理念确立，到各级党委集中统一领导，再到各职能部门明确分工并制定实施方案，都有利于促进我国精神卫生事业的发展和国民心理健康素养的提升。根据"预防为主、以人为本，党政领导、共同参与，立足国情、循序渐进，分类指导、规范发展"的原则，我国精神卫生工作建立了党政组织领导、部门各负其责、家庭和单位尽力尽责、全社会共同参与的综合管理机制，这一机制比较适应我国"人多、范围广、心理健康服务需求大"的国情，对我国的心理卫生工作的有效开展，提高大众心理健康水平发挥了巨大作用。各部门之间既有分工又有合作，职责不但具体而且符合目前国际上心理健康保护的发展趋势。从覆盖的人群看，不仅仅是普通大众，而且包含许多重点人群和弱势群体。从重点干预看，涉及学生、严重危害公共安全或他人人身安全的精神病患者、贫困精神病患者、在押服刑人员、劳教人员、青少年、职工、农民工、妇女、老年人、残疾人等群体。从管理手段上看，涉及政策、立法、财政、人员培养、文化宣传、食品药品、科学研究等多种手段，实现了真正的"部门合作"。同时，共青团、妇联、残联、老龄组等群众组织通过多种手段实现"社会参与"。

二、我国公民心理健康权保障的完善建议

从上文所知，我国心理健康权保护主要体现在精神卫生工作方面的一系列政策、法律及制度实践中。改革开放以来，我国精神卫生工作有了很大的发展，精神卫生工作体系初步形成，领导协调机制正在各地逐步建立，管理规范和制度陆续出台，专业人才队伍不断发展，能力水平得到提高，服务规模和内容逐步扩大与完善。但是，我国精神卫生工作中还存在预防和识别处理精神疾病与心理行为问题的力度不够、总体服务资源不足且管理分散、地区差异明显、防治机构和人员队伍缺乏、尚未建立有效的机构间工作衔接机制、精神疾病社区管理和康复薄弱等问题。为实现人人享有最高标准的心理健康权，参照国际上成功的经验和措施，结合我国心理健康权保护的状况，笔者提出如下完善建议。

（一）完善以心理健康权保护为目的的政策措施

我国精神卫生政策已相当的健全。上文所知，从执政党的《关于构建社会主义和谐社会若干重大问题的决定》、十七大报告、十八大报告、十九大报告、二十大报告到政府的"五个纲领性政策"（2002 年《中国精神卫生工作规划（2002—2010 年）》、2004 年《关于进一步加强精神卫生工作的指导意见》、2008 年《全国精神卫生工作体系发展指导纲要（2008 年—2015 年）》《全国精神卫生工作规划（2015—2020 年）》、2016 年《关于加强心理健康服务的指导意见》），各级政府已充分认识到精神卫生工作对促进人的心理和谐、维护社会安定团结、提高全民心理健康水平的重要意义，把精神卫生工作体系发展实施计划纳入当地国民经济和社会发展规划以及区域卫生规划，纳入政府工作计划和考核目标。但是，这些政策措施的"定性"为"履行社会管理和公共卫生职能"，"重心"为重性精神病患者，公民心理健康服务仍

存在一定的问题。有关人民群众的心理健康教育、心理健康指导、心理行为问题的预防和心理危机干预的能力还很低下。根据世界卫生组织 2001 年报告的意见，"各国应开展关于心理健康的公众教育和保护意识，其主要目的是通过增强有关心理疾病的频繁性、可治愈性、恢复过程和患者的人权保护的意识来减少治疗和康复的障碍。心理健康促进可以减少病耻感和歧视，增强心理健康服务的效用，实现心理与体质健康保护的相互结合"。[1]欧洲卫生组织关于心理健康的部长级会议确立的《欧洲心理健康行动计划》把"促进所有人的心理健康"作为首条，并提出了具体的行动方案。[2]可见，世界各地卫生组织心理健康促进活动主要唤醒人们长期忽视的心理健康保护，强调体质健康与心理健康保护的和谐统一；其保护的基础是心理健康对个人健康以及家庭和社会的发展与体质健康一样重要，即心理健康不仅是公共健康的一部分，而且是个人生活质量的根本所在。实质上，"人人享有心理健康权"就是对心理健康作为个人体质健康基础上"核心内容"的一种回应；另一方面，保护心理健康的公共政策旨在实现心理健康权的保护，因为"人权既是健康分析的重要因素，也可以成为公共健康的实用分析工具，为确认和回应健康的社会因素提供了一个社会的框架"。[3]2006 年 3 月，联合国人权理事会第 60/251 号决议的执行情况，即特别报告员保罗·亨特作的关于瑞典"人人有权享有达到最高标准的体质和心理健康"报告，重点强调了"政府要采取措施把健康权和相关人权融入国内与健康相关的政策过程中"。[4]从立法角度看，政策对法律的约束必须通过宪法制度来实现；进而言之，"尊重和保障每个社会成员的基本权利是公共政策理念的基石"。[5]具体到心理健康政策而言，必须以宪法规范中有关保护心理健康或者精神卫生宪法规范为根本依据。我国有关精神卫生政策开展得有声有色，并取得了一定的成效，但其主要定位仍

---

〔1〕 WHO, "Mental Health: New Understanding, New Hope", 2001, p. 111.

〔2〕 Mental Health Action Plan for Europe: Facing the Challenges, Building Solutions, 2005, p. 1.

〔3〕 ［美］斯科特·伯里斯、申卫星主编：《中国卫生法前沿问题研究》，北京大学出版社 2005 年版，第 384~387 页。

〔4〕 Paul Hunt, "Report of the Special Rapporteur on the Right of Everyone to the Enjoyment of the Highest Attainable Standard of Physical and Mental Health, on his Mission to SWEDEN", 2006, p. 10.

〔5〕 李楯："艾滋病与法律和公共政策"，载曹保印主编：《法的精神：世界顶尖学者中国演讲录》，中国广播电视出版社 2007 年版，第 58~61 页。

在于公共卫生或公共健康，并没有强调心理健康权保护。因此，开展以心理健康权保护为基础的大众心理健康促进活动是我国促进活动的一个重要转向。因为从基本人权视角建立健全心理健康权保护的相关政策，既能提高人们的心理健康权保护意识，又是"宪法至上原则"的体现。

（二）建立健全心理健康权保障的法律机制

1. 完善宪法层面的保障机制

首先，在宪法中明文宣誓健康权为人的基本权利，并明确人人享有达到最高标准的体质健康和心理健康的权利。我国宪法并没有把健康权确认为公民的基本权利，只规定了相关的保障措施。从健康权条款的实际效力来看，相关措施应属于"方针条款"或"宪法委托"，不利于基本权利的最终实现。宪法是保障公民基本权利的根本法，宪法对公民基本权利确认内容的多少彰显国家对公民基本权利的重视程度。在宪法中载有健康权，是健康权内涵的本质要求，是健康权得到有效尊重、保障与实现的选择，是人权保障的宪法原则的体现，是公民与国家关系和谐的反映，是道德权利到宪法权利再到实定权利的逐步实现的保障。[1] 上文所知，心理健康权具有宪法权利属性，是一种更高层次的健康要求，其保护逐渐呈现专业性、独立性、系统性的特征，在健康权条款的具体内容中应包含心理健康权，这不仅与国际人权规范一致，也是对现实需要的回应。其次，健全心理健康权的司法救济机制。心理健康权属于积极人权，对积极人权的可裁判性还存在争议（主要是指实现的义务）。"否定说"所持的主要理由是社会权的内容不具体和有违分权原则；"肯定说"认为司法机关对法律没有充分保障的社会权的直接救济，实际上司法机关对法律进行的"漏洞补充"或"法的续造"，并不会违司法原则，而且社会权的内容不具体并不妨碍司法机关在较低程度上保障社会权。[2]

2. 继续制定各省市的精神卫生法规

目前我国医疗卫生与健康促进领域的基本法律已制定，立法顶层设计已完成。其中《基本医疗卫生与健康促进法》是卫生健康领域的基础性、综合

---

〔1〕 杜承铭、谢敏贤："论健康权的宪法权利属性及实现"，载《河北法学》2007年第1期，第64~67页。

〔2〕 张翔："基本权利的受益权功能与国家的给付义务——从基本权利分析框架的革新开始"，载《中国法学》2006年第1期，第21~36页。

性法律，把建设完善精神卫生服务体系、维护和增进公民心理健康、预防和治疗精神障碍作为我国公民基本的精神卫生服务与健康促进要求，强调构建基本的、覆盖全体的、可及的、公平的精神卫生服务体系和心理健康服务体系。尽管该法在《精神卫生法》之后实施，但从其立法理念上看应该是我国《精神卫生法》的上位法。实施十多年的《精神卫生法》是维护和增进公民心理健康、预防和治疗精神障碍、促进精神障碍者康复等活动的基本法律，是关涉 14 亿人精神健康的一部人权法。而我国的精神卫生事业和心理健康促进要与各地的经济社会发展保持一致，实行属地保护原则。目前我国只有北京、上海 2 个直辖市和甘肃、山东、江苏、浙江、辽宁 5 个省制定并实施了省级精神卫生法规和宁波、杭州、无锡、武汉、长春、苏州、深圳 7 个市制定并实施了市级精神卫生法规，只占全国 34 个省、293 个地级市较小的比例。

3. 出台全国统一的心理职业资格标准

2017 年国家已经取消了心理咨询师资格考试，随着 2018 年 5 月最后一次心理咨询师资格的补考，最后一批心理咨询师二级三级证书也停止了颁发。国家取消的是人力资源和社会保障部的职业资格鉴定，取消的是强制的就业门槛。而不是取消了心理咨询这个职业，这恰恰是国家为支持这个职业所做的第一步工作。但在目前缺乏统一标准的环境下，有关心理职业的培训鱼目混珠，杂乱无章。在百度输入"心理咨询师考证"搜索，找到相关结果约16 900 000 个，什么"全国统一考试中心心理咨询师考证"、什么"心理咨询师考证全国统一网络报名入口"、什么"心理咨询师轻松考证月入过万"等，在国家职业资格已无此证的情况下仍然有许多铺天盖地的广告，这不利于心理健康服务行业的发展。2020 年两会期间，全国政协委员、民建广东省委会副主委、广东技术师范大学副校长许玲带来了《关于关爱青少年心理健康问题的提案》，提出对学校的心理健康建设建立督察制度，加强心理治疗资源供给，同时规范社会机构资质和运营，加快落实心理咨询师资格鉴定的规范管理，加大财政投入力度并设立专项经费。[1]2021 年 11 月，人力资源和社会保障部公布了《国家职业资格目录（2021 年版）》，总量比 2017 年减少 68项，压减比例 49%，其中不包含心理咨询师职业资格证书。有关负责人解读：

---

〔1〕"两会提案建议核发心理咨询师职业资格证书可行吗？"，载 http://news.sohu.com/a/5292 95701_ 263928，最后访问时间：2022 年 7 月 18 日。

"水平评价类技能人员职业资格退出国家职业资格目录，不是取消职业和职业标准，更不是取消技能人才评价，而是由职业资格评价改为职业技能等级认定，改变了评价发证主体和管理服务方式。"值得强调的是，2022 年 7 月 14日，人力资源和社会保障部向社会公示了新修订的《中华人民共和国职业分类大典》（以下简称《大典》），并在官网发布了关于对《大典》进行公示的公告，新版《大典》包括大类 8 个、中类 79 个、小类 449 个、细类（职业）1636 个，粗略统计，含心理咨询师在内有 7 个与心理直接相关的职业也列在《大典》内，包括：心理学研究人员、精神科医师、心理治疗技师、社会工作者、心理咨询师、婚姻家庭咨询师、家庭教育指导师。[1]据笔者估计，《大典》正式颁布后，心理行业会出台更统一、正式的职业标准并对行业的乱象进行规整，心理行业人才的培养将采取政府规划指导、行业评定、社会监督的原则，即将由经人力资源和社会保障部门备案的用人单位和社会培训评价组织开展评价活动，对评价认定合格的人员，由评价机构按照有关规定颁发证书，获证人员信息纳入人才统计范围，获证人员按规定享受职业培训补贴、职业技能鉴定补贴等政策。

4. 构建法律框架下的制度机制

目前，我国形成的心理健康权保护制度主要有心理健康促进制度、心理健康咨询或辅导制度、灾后心理危机干预制度、心理援助制度、社区康复制度等。这些制度主要是在国家精神卫生政策中确立的，并依靠行政力而不是法律机制督导实施，其效果很难保障。笔者建议，在法律的框架内确立对重点人群心理健康问题的制度机制，并在实践中完善这些制度。

心理健康促进制度是指各级政府或组织开展的以倡导健康文明的生活方式，提高公民心理健康知识水平，预防和控制精神疾病发生的一种教育促进活动。从促进对象上看，它分为社会人群心理健康促进和学生心理健康促进。社会人群心理健康促进是指包括多个主体从不同的方面利用不同的途径对市民进行以提高心理健康知识水平和预防精神疾病为目的宣传普及教育。值得强调的是，《全国精神卫生工作体系发展指导纲要（2008 年—2015 年）》对心理健康教育促进提出了具体的工作指标和目标：在学校开展心理健康教育

---

[1] "重磅！2022 国家职业分类大典公示，心理咨询师位列其中"，载 https://new.qq.com/omn/20220715/20220715A0493I00.html，最后访问时间：2022 年 7 月 18 日。

的比例，2010 年城市达到 80%、农村达到 50%；2015 年城市达到 85%、农村达到 70%；提高普通人群心理健康知识和精神疾病预防知识知晓率，2010 年达到 50%，2015 年达到 80%。

心理健康咨询或辅导制度，心理咨询（psychological counseling）也称心理辅导、心理协谈，是指来访者与心理咨询师就来访者提出的问题和要求进行共同分析、研究和讨论，找出问题的所在，经过咨询师的启发和指导，找出解决问题的方法，以克服情绪障碍，恢复与社会环境的协调适应能力，维护身心健康。如上文所述，由于我国心理健康服务有三类行业并齐运行，缺乏统一管理，存在人员鱼龙混杂、运作方式随意性大、专业化程度低等弊病。社会各界呼吁立法治理心理健康服务业的混乱，促进其职业化进程。《全国精神卫生工作体系发展指导纲要（2008 年—2015 年）》对心理健康指导提出了具体的工作体系建设目标：中小学建立心理健康辅导室、设置专职教师并配备合格人员的学校比例，2010 年，城市达到 40%、农村达到 10%；2015 年，城市达到 60%、农村达到 30%；工作指标和目标：在开展心理行为问题预防工作的县（市、区）中，居民能够方便获得心理健康指导的比例，2010 年，城市达到 80%、农村达到 60%；2015 年，城市达到 90%、农村达到 80%。另外，我国《精神卫生法》及其地方性精神卫生法规对心理健康咨询进行了规范。

灾后心理危机干预制度，就是心理专业人员通过交谈、疏导、抚慰等方式，帮助心灵遭遇短期失衡的群体（包括灾民和援救人员）进行调整，帮助当事人从危机状态中走出，尽快恢复正常心理状态的一种治疗方式。心理学研究表明，重大的灾害性事件由于其突发性和紧急性，会使人出现心理失衡，从而产生心理危机。心理疾病一旦得不到及时的疏导，轻者将导致神经衰弱，重者将可能导致抑郁症或精神分裂等精神疾病。而目睹灾难的人们，也极易产生"创伤后遗障碍"。因此，及时的心理疏导非常重要，可以帮助灾民走出绝望、无助心态，最大限度降低灾害的社会负面影响。按照传统做法，自然灾难发生之后，人们重视的往往是重建家园，把大部分精力和财力放在"物质救灾"上，而"心理救灾"往往被忽略。当一个人，特别是一个孩子，面对失去亲人的悲痛，此时捐款捐物并不能化解他（她）的心理障碍。因此，从某种程度上说，缺少心理援助的救灾，其实是不完整的救灾。[1]杭州、北京、宁波三市的精神卫生条例中都规定了灾后或突发性事件心理危机干预制度。2002年《中国精神卫生工作规划（2002—2010年）》《关于进一步加强精神卫生工作的指导意见》和2008年《全国精神卫生工作体系发展指导纲要（2008年—2015年）》都对心理危机干预作出了规定，并要求加快制定灾后精神卫生救援预案。实践中，中国政府创办的第一个心理危机干预中心于2004年5月在杭州市成立。事实上，中国人的心理危机治疗在十多年前就已开始。有据可查的我国第一例心理危机干预发生在1994年新疆克拉玛依火灾。近年来，我国已成功实施了多起心理危机干预，如2002年大连"5·7"空难、2003年"非典"事件、2006年广东乐昌受灾事件、2008年"4·28"胶济铁路重特大事故和"5·12"汶川大地震等。

值得强调的是，"5·12"汶川大地震是目前国内最大规模的心理危机干预，也是一堂面对全国人民普及心理危机干预教育的大课。汶川大地震不仅夺去了数万人的生命、摧毁了许多房屋，对于生者的心灵也是一次重创。灾难性事件的突发性、震撼性及强烈恐惧体验可引起当事人明显的心理痛苦，无论是心理素质多么好的人，都会悲痛、恐惧和绝望。全国各地心理咨询专家和志愿者组成多个"心理救灾队"，走进受灾群众安置点一个帐篷一个帐篷地展开访谈。[2]为了积极预防、及时控制和减缓灾难的心理社会影响，减小灾后心理社会影响，维护社会稳定，促进公众的心理健康，原卫生部先后发布《自救互救宣传手册，开展心理危机干预》和《紧急心理危机干预指导原则》对干预基本原则、制定干预方案、组建队伍、出发前准备、现场工作流程、常用干预技术以及心理健康自评问卷等作出了详细的规定。2008年6月8日，国务院颁布《汶川地震灾后恢复重建条例》，明确规定地震灾区的各级人民政府，应当组织受灾群众和企业开展生产自救，积极恢复生产，并做好受灾群众的心理援助工作。这是我国首次把"心理援助"纳入灾后重建的法治化轨道。随后，大批来自全国各地从事心理危机干预的志愿者和专家已抵达四川，针对灾后心理重建的援助计划在地震灾区展开。

---

[1] 王小玲："不应缺席的心理危机干预机制"，载 http://www.93jx.org/list.asp? tid＝31&id＝105，最后访问日期：2008年2月25日。

[2] 徐益平："国内最大规模的心理干预走进临时帐篷"，载《东方早报》2008年5月21日。

心理救助制度，是心理危机干预的一种，指由政府或社会组织设立心理危机援助中心，使普通民众在出现心理危机时能得到及时援助的一种制度。与法律援助、经济援助类似，政府或社会组织建立心理危机干预中心，开通心理热线电话或其他途径，使公民出现心理危机使能够寻求帮助。与其他援助不同的是，一般情况下，心理咨询师或心理医生通过电话就可以解决危机。我国在杭州等经济发达的地区早已成立了心理热线援助制度，但并未被老百姓熟知，这在一定程度上折射出我国社会长期对心理健康问题认识的偏见和忽视。

北京、上海、重庆、深圳、杭州、合肥、广州、昆明等大中城市也成立了心理危机研究与干预机构。在心理危机研究与干预中心开通针对普通市民的心理危机干预，主要是由政府组织的精神卫生专业人员，向广大市民开通免费心理热线，是缓解普通市民心理危机的重要渠道。[1]总之，心理危机干预机制的建立是一个国家和地区精神文明和社会发展的标志，它不仅体现在灾后对社会心理的救助，还体现在日常生活中对每一个个体心理健康的关注。更重要的是，它不能依赖于某一个机构的建立，而需要建立起全社会关注心理健康的网络，才能达到实效。

（三）建立覆盖心理健康的基本医疗保障体系

建立覆盖心理健康的基本医疗保障体系的目的是确保人人更好地享受心理健康服务。这既是对我国基本医疗保障体系偏向体质健康的一种回应，也是心理健康权实现的关键。其一，确保各类心理疾病患者能够享受基本的治疗和康复的权利，提供基本的药物和心理理疗干预措施，对一些慢性精神疾病患者在社区中提供服务。其二，提供适合需求的心理疾病医生和服务工作者。这是享受基本心理健康保障体系的前提条件。其三，制定和实施基本心理健康保障体系，建立基本的制度，明确各项职责。其四，建立覆盖各地的包括人员、技术和设施心理健康服务网络，提供以社区和一般医院为基础的心理健康服务。2016年12月30日，原国家卫生计生委等部门以国卫疾控发〔2016〕77号联合印发的《关于加强心理健康服务的指导意见》提出的第一目标就是"到2020年心理健康服务纳入城乡基本公共服务体系，重点人群心

---

〔1〕 "广州心理求助热线开通首日情况火爆"，载《广州日报》2007年10月31日。

理健康问题得到关注和及时疏导，社会心理服务体系初步建成"。2021 年 3月，广东省医保局联合省人力资源和社保厅印发《广东省基本医疗保险、工伤保险和生育保险诊疗项目目录（2021 年）》，把"心理治疗"诊疗项目纳入广州市社会医疗保险基金支付的范围；北京市海淀区也有 34 个社区心理咨询室被纳入医保。[1] 心理咨询、心理辅导、心理治疗等服务被纳入医保不仅说明社会上存在心理问题的人较多，而且社会心理健康服务需求已成为现代社会的基本需求，把其纳入基本医疗保障体系符合实际。

（四）培养适合需求的心理卫生专业人员

发展充足而合格的心理健康服务人员是心理健康保障体系建立的关键因素。我国和大多数发展中国家一样，需要培养大量的心理健康医务人员，以提供专业化的治疗，保证基本医疗保障体系的实施。心理健康基本保障体系的人员应该包括精神医生、临床心理学家、精神科护士、心理健康社会工作者和职业理疗人员等。如上文所述，我国心理咨询与治疗行业从业人员不仅人员总量不足，而且缺乏统一的准入标准、资格认证、行会管理和相关的法律和职业道德规范等，通过立法进行规范是其行业职业化进程的必然趋势。汶川"5·12"大地震透露出我国精神卫生专业人员的严重不足，以至于出现"网络在线培训""一天培训""金字塔式的分层培训"等充斥灾区的心理救援队伍，这很难避免灾民的二次受伤。[2] 因此，我国必须培养出充足而合格的心理卫生专业人员，包括心理咨询师、临床心理医生、社会工作者和精神护理人员等。

（五）提供以社区为基础的心理健康服务体系

根据世界卫生组织报告推荐，社区康复模式比专门精神病机构治疗效果更好，主要在于社区康复模式既富有实效又尊重患者的人权。以社区为基础的心理健康服务体系不仅包括心理疾病的治疗、康复，也包括心理健康问题的预防、咨询工作。许多国家关闭精神病院以转向以社区为基础的心理健康服务。而我国目前的模式是精神卫生专业机构为主体，综合医院为辅助，基

---

〔1〕　"重磅利好！心理治疗纳入医保，心理咨询师报名激增！"，载 https://xw.qq.com/cmsid/20220329A00VQA00，最后访问时间：2022 年 7 月 18 日。

〔2〕　方新、杨龙："心理学家灾区纪事：别让孩子二次受伤"，载《中国新闻周刊》2008 年 5 月28 日。

层医疗卫生机构和精神疾病社区康复机构为依托的精神卫生防治服务网络。由于专业性人员、资金和科研等问题，前述模式是适合我国目前的国情的。但是这种"社区依托"模式随着经济社会的发展必然要转变为"社区基础"模式，因为此模式下患者受到的限制最少，又能尊重个人的意愿和需求——考虑到他们的文化背景、信仰、性别和愿望。具体地说，充分利用社区内资源，做好精神疾病社区管理与服务工作；在精神卫生专业机构的指导下，由社区卫生服务机构、农村医疗卫生机构等基层医疗卫生机构为精神疾病患者提供医疗康复服务；各类精神疾病社区康复机构为精神疾病患者提供生活照料、功能训练、技能培训等康复服务。

（六）实施及时而有效的评价体系

由于"资源限制"（resource constrains），《经济、社会及文化权利国际公约》（1966 年）第 2 条规定心理健康权等社会权利实行"逐步实现"（progressive realization）原则。正是由于这种原因，心理健康权的实现要采取及时而有效的评价体系，才能确保人人有权享有达到最高标准的心理健康。这种评价体系包括对有关心理健康的法律法规、政策、各类政策的影响、促进项目、预防措施和服务模式等方面的评估。在评估的基础上，结合国家经济的发展，重新确立新的心理健康服务体系。评估的"时间性"和"有效性"是评估系统确信度的标志。一般来说，国际上通常对健康权采取"核心内容"或"具体指标"评价标准。值得强调的是，我国"三大"精神卫生工作纲领性文件都采取了两极标准，即工作体系建设目标和工作指标与目标。这对实施及时而有效的心理健康权评估体系具有重要的意义。

（七）加强重点群体心理健康问题的防治

在我国，重点群体包括易患群体和边缘群体，前者包括青少年、妇女、老年人和学生、职工和严重危害公共安全或他人人身安全的精神病患者等不同类别的群体，后者包括农民工、留守儿童、三无人员、在押服刑人员、劳教人员、残疾人和贫困性精神病患者等弱势群体或边缘群体。重点群体心理健康权保护应是政府责任的重心之一，是维护社会安定的重要内容。我国在《全国精神卫生工作体系发展指导纲要（2008 年—2015 年）》中对重点群体的心理健康保护有明确的分工：教育部门结合实施素质教育，将学生的心理健康教育、预防学生心理行为和行为问题纳入学校日常工作计划；公安部门做好严重危害公共安全或者他人人身安全的精神病患者的强制收治工作；民政部门负责城市、农村贫困精神病患者、无生活来源的三无人员、城乡低保对象、城市生活无着落的流浪乞讨人员的医疗救助和生活救助有关工作；司法行政部门负责复刑人员、劳教人员精神疾病预防、治疗与康复工作；各级工会负责职工、农民工的心理健康教育、预防和疏导工作；各级共青团组织为青少年心理健康提供有效的服务；各级妇联负责妇女心理健康教育、预防等工作；各级残联负责残疾人心理健康问题预防、治疗和康复工作；各级老龄组织负责中老年人心理健康问题预防和疏导工作。

（八）完善精神卫生工作管理体制

目前，我国建立的是"政府领导、多部门合作和社会参与"的精神卫生工作体制和组织管理、协调机制，并且不断地予以完善。2016年我国颁布的第一个关于心理健康的宏观政策文件——《关于加强心理健康服务的指导意见》（国卫疾控发〔2016〕77号），对我国精神卫生事业管理体制进行了完善。一是将心理健康服务纳入各级党政工作重要内容，纳入经济社会发展规划，并作为考核目标。要求各级党委、政府要将加强心理健康服务、健全社会心理服务体系作为健康中国建设重要内容，纳入当地经济和社会发展规划，并作为政府目标管理和绩效考核的重要内容。二是要构建党政领导、卫生计生牵头、综治协调、部门各负其责、各方积极配合的心理健康服务和社会心理服务体系建设工作机制和目标责任制，推动形成部门齐抓共管、社会力量积极参与、单位家庭个人尽力尽责的工作格局。三是明确部门职责，要求各部门各行业要做好本部门本行业内人员的心理健康教育和心理疏导等工作。四是完善法规政策，要求不断完善心理健康服务的规范管理，研究心理健康服务相关法律问题，探索将心理健康专业人员和机构纳入法治化管理轨道，加快心理健康服务法治化建设。五是加强行业监管，要求以规范心理健康服务行为、提高服务质量和提升服务水平为核心，完善心理健康服务监督机制，创新监管方式，推行属地化管理，规范心理健康服务机构从业行为，强化服务质量监管和日常监管。但是，作为健康中国建设的重要内容，我国的精神卫生事业和心理健康服务也应该纳入《健康中国行动组织实施和考核方案》之中，加强监测评估和考核工作。

第四章

中国特色的公民心理健康法治保障体系

十八大以来，我国心理健康工作在党和政府的领导下蓬勃发展，是我国开展精神卫生事业以来发展最快的十年，也是精神卫生工作纳入法治化轨道的十年。这里所谈法治保障体系是从法治保障整个运行过程而言的，从纵向看包括立法保障、执法保障、司法保障、守法保障，从横向看包括政治保障、政策保障、制度保障、思想保障、组织保障、人才保障等。本章中国特色的公民心理健康法治保障体系主要是结合我国的实际谈谈我国心理健康政策、法律法规、制度机制等方面的问题。我国精神卫生事业和心理健康促进工作经历了政策保障先行、法治保障跟进、制度保障落实的发展路径。

一、健康中国战略下的公民心理健康政策保障体系

党和国家不仅历来高度重视人民群众的体质健康，而且高度重视人民群众的心理健康和精神卫生事业。特别是十八大以来，国家把心理健康作为"健康中国"战略的重要内容，贯彻"大卫生、大健康"理念，开展全国社会心理服务体系建设，发展精神卫生事业，规范精神卫生服务，维护精神障碍患者的合法权益，不断提升国民心理健康素养，构建了以健康中国为目标的公民心理健康权政策保障体系。

（一）我国公民心理健康政策保障体系的发展脉络

1. 我国公民心理健康政策保障体系的开始阶段

我国精神卫生事业和公民心理健康保障是从党和国家的政策开始的。起步开始阶段有几个我国精神卫生事业发展的里程碑事件，分别是于1958年、1986年和2001年召开的三次全国精神卫生工作会议，并三次调整工作指导原

则和精神卫生工作规划。1958 年，在南京召开了全国第一次精神卫生工作会议，制定了 1958 年至 1962 年精神卫生工作的五年计划，提出了"积极防治，就地管理，重点收容，开放治疗"的精神卫生工作指导原则，标志着我国精神卫生事业的正式开启。第二次全国精神卫生工作会议是 1986 年 10 月在上海召开的，成果是会后国务院批转了原卫生部、公安部、民政部共同签发的《关于加强精神卫生工作的意见》，制定了《精神卫生工作"七五"计划》，标志着我国精神卫生事业正式进入国家发展的五年计划之中。2001 年，原卫生部、公安部、民政部、中国残疾人联合会等部门联合召开了第三次全国精神卫生工作会议，提出了"预防为主，防治结合，重点干预，广泛覆盖，依法管理"的新时期我国精神卫生工作指导原则，随后在 2002 年下发了《中国精神卫生工作规划（2002—2010 年）》。此阶段的规划近十年，计划跨越国家发展的"十五计划"和"十一五规划"。值得强调的是，此阶段由于我国的《精神卫生法》未出台，只有北京、上海、杭州、武汉、无锡、宁波六个市实施了地方性精神卫生法规，依法管理也只停留在严重精神障碍患者危害社会时依据《刑法》《治安管理处罚法》的规定管理，缺乏促进国民心理健康的积极保障义务。在此规划期间，2004 年，国务院办公厅转发了原卫生部等部门联合制定的《关于进一步加强精神卫生工作的指导意见》，就"重点人群心理行为干预，加强精神疾病的治疗与康复工作，加快精神卫生工作队伍建设，加强精神卫生科研和疾病监测工作，依法保护精神疾病患者的合法权益"等提出了具体指导意见，并由此形成了我国政府当前精神卫生政策的框架。

2. 我国公民心理健康政策保障体系的发展阶段

2012 年 10 月 26 日第十一届全国人民代表大会常务委员会第二十九次会议通过、2013 年 5 月 1 日实施的《精神卫生法》是我国公民心理健康保障政策体系发展的界碑，标志着精神卫生政策的制定进入了法治化轨道。2015 年 6 月，国务院转发了原国家卫生计生委等部门制定的《全国精神卫生工作规划（2015—2020 年）》。这是我国依据《精神卫生法》制定后的第一个"全国精神卫生工作规划"，也是我国的第二个"全国精神卫生工作规划"。此规划由规划背景、总体要求、策略与措施三部分组成，总体要求分为指导思想、总体目标和具体目标。总体目标是到 2020 年，普遍形成政府组织领导、各部门齐抓共管、社会组织广泛参与、家庭和单位尽力尽责的精神卫生综合服务管理机制。健全完善与经济社会发展水平相适应的精神卫生预防、治疗、康复服务体系，基本满足人民群众的精神卫生服务需求。健全精神障碍患者救治救助保障制度，显著减少患者重大肇事肇祸案（事）件发生。积极营造理解、接纳、关爱精神障碍患者的社会氛围，提高全社会对精神卫生重要性的认识，促进公众心理健康，推动社会和谐发展。总体目标是到 2020 年从七个方面设置分目标。在此规划期间，2008 年 17 个部门联合印发《全国精神卫生工作体系发展指导纲要（2008 年—2015 年）》，就我国精神卫生工作中还存在预防、识别和处理精神疾病与心理行为问题的力度不够、总体服务资源不足且管理分散、地区差异明显、防治机构和人员队伍缺乏、尚未建立有效的机构间工作衔接机制、精神疾病社区管理和康复薄弱等问题，强调了要推进精神卫生工作体系建设，并提出了具体目标。

3. 我国公民心理健康政策保障体系的成熟阶段

2016 年 8 月召开的全国卫生与健康大会和 2017 年 10 月党的十九大报告提出"实施健康中国战略"标志着我国公民心理健康政策保障体系进入成熟阶段。在全国卫生与健康大会上，习近平总书记明确提出："没有全民健康，就没有全面小康。要把人民健康放在优先发展的战略地位，以普及健康生活、优化健康服务、完善健康保障、建设健康环境、发展健康产业为重点，加快推进健康中国建设，努力全方位、全周期保障人民健康，⋯⋯"[1]2016 年 10 月，中共中央、国务院印发了《"健康中国 2030"规划纲要》，从总体战略、普及健康生活、优化健康服务、完善健康保障、建设健康环境、发展健康产业、健全支撑和保障等八个方面规定了健康中国建设的宏伟蓝图和行动纲领。2016 年 12 月 30 日，原国家卫生计生委等部门以国卫疾控发〔2016〕77 号联合印发《关于加强心理健康服务的指导意见》，内容涉及充分认识加强心理健康服务的重要意义、总体要求、大力发展各类心理健康服务、加强重点人群心理健康服务、建立健全心理健康服务体系、加强心理健康人才队伍建设、加强组织领导和工作保障 7 部分 25 条，是我国制定的第一个心理健康方面的宏观政策。2017 年 10 月党的十九大报告明确提出"实施健康中国战略。强调

---

[1]《习近平谈治国理政》（第 2 卷），外文出版社 2017 年版，第 370 页。

人民健康是民族昌盛和国家富强的重要标志。要完善国民健康政策，为人民群众提供全方位全生命周期健康服务"，同时在国民心理健康方面明确提出"加强社会心理服务体系建设，培育自尊自信、理性和平、积极向上的社会心态"。[1]实施包括心理健康在内的健康中国战略标志着我国公民心理健康保障政策体系的成熟。至此，在健康中国战略的顶层设计下我国公民心理健康保障政策体系日臻完善。2018 年 11 月，国家卫健委、中央政法委、中宣部等10 部门联合印发了《全国社会心理服务体系试点工作方案》。2019 年 1 月，多部门联合启动社会心理健康服务体系试点工作。2019 年 7 月，国务院印发《关于实施健康中国行动意见》和《健康中国行动（2019—2030 年）》，从普及健康知识、参与健康行动、提供健康服务、延长健康寿命四大基本路径开展 15 项重大专项行动，其中之一就是心理健康促进行动。2019 年 12 月，国家卫健委、中宣部等 12 部门联合印发《健康中国行动——儿童青少年心理健康行动方案（2019—2022 年）》，强调到 2022 年底各级各类学校要建立心理服务平台或者依托校医等人员开展学生心理健康服务，学前教育、特殊教育机构要配备专兼职心理健康教育教师，儿童青少年心理健康核心知识知晓率要达到 80%。2021 年 3 月，《国民经济和社会发展第十四个五年规划和 2035年远景目标纲要》中有三处写了"心理健康"政策，分别是"全面推进健康中国建设"中的"完善心理健康和精神卫生服务体系""保护妇女未成年人和残疾人基本权益"中的"加强儿童心理健康和教育服务"，"维护社会稳定和安全"中的"健全社会心理服务体系和危机干预机制"。随后，国务院办公厅印发《"十四五"国民健康规划》，提出完善心理健康和精神卫生服务的目标，健全社会心理健康服务体系，加强心理援助热线的建设与宣传，为公众提供公益服务，推广精神卫生综合管理机制，完善严重精神障碍患者多渠道管理服务。值得强调的是，2020 年 10 月，党的二十大报告把"推进健康中国建设"作为报告第九部分"增进民生福祉，提高人民生活品质"的四个基本内容之一，并强调"把保障人民健康放在优先发展的战略位置，完善人民健康促进政策""重视心理健康和精神卫生"。

---

〔1〕 习近平：《决胜全面建成小康社会　夺取新时代中国特色社会主义伟大胜利——在中国共产党第十九次全国代表大会上的报告》（2017 年 10 月 18 日）。

4. 我国完善了新冠疫情等非正常状态下公民心理健康保护政策

心理学研究表明，人在面临突发性危机时，会出现不同程度的焦虑、恐慌等应急反应。世界卫生组织在新冠肺炎疫情一周年的时候发布了报告，认为新冠肺炎在心理方面的影响持续时间至少是10年、20年以上。2020年1月6日，国家应对新冠病毒感染的肺炎疫情联防联控工作机制印发《新型冠状病毒感染的肺炎疫情紧急心理危机干预指导原则》，指导针对不同人群的心理健康状况提供事宜的心理健康宣教和危机干预服务，建议为感染的患者、抗疫一线的医务人员、密切接触者、在家自我隔离的疑似病例及患者的家人和朋友提供心理健康服务。2020年3月18日，为贯彻落实习近平总书记"要加强心理疏导和心理干预，尤其是要加强对患者及其家属、病亡者家属等的心理疏导工作"的指示精神，国务院应对新冠肺炎疫情联防联控机构印发《新冠肺炎疫情心理疏导工作方案》，要求为新冠肺炎患者及家属、病亡者家属、特殊困难老年人等弱势群体、抗疫医务人员、公安民警辅警和社区工作者等一线工作人员持续开展心理疏导服务。实践中，新冠疫情发生后，我国专门成立了新冠肺炎防治心理服务队伍，在全国设立了660多个以公立精神卫生机构和精神卫生防治机构为主的心理援助热线和心理慰藉干预电话，缓解了很多社会心理或者应急问题。[1]与19年前抗击非典、14年前汶川大地震相比，由于政府重视程度提高、公众心理健康意识增强、心理健康专业服务队伍壮大，本次疫情下的心理健康服务工作不但数量更多、影响面更广，而且在组织性、专业性、综合性上都有很大提升。[2]

（二）我国公民心理健康政策保障体系的建构理念

1. 国家精神卫生事业和国民心理健康工作纳入健康中国战略

自2016年8月习近平总书记在全国卫生与健康大会上提出"加快推进健康中国建设，努力全方位、全周期保障人民健康"开始，健康中国建设便成了我国卫生健康领域的基本理念。2016年10月，中共中央、国务院印发的《"健康中国2030"规划纲要》专门设置了"促进心理健康"一节，强调"加强心理健康服务体系建设和规范化管理。加大全民心理健康科普宣传力度，

---

〔1〕 陈晶："这十年，群众精神健康获得感递增明显"，载《人民政协报》2022年6月29日。

〔2〕 傅小兰、张侃主编：《中国国民心理健康发展报告（2019~2020）》，社会科学文献出版社2021年版，第4页。

提升心理健康素养。加强对抑郁症、焦虑症等常见精神障碍和心理行为问题的干预，加大对重点人群心理问题早期发现和及时干预力度。加强严重精神障碍患者报告登记和救治救助管理。全面推进精神障碍社区康复服务。提高突发事件心理危机的干预能力和水平。到 2030 年，常见精神障碍防治和心理行为问题识别干预水平显著提高"。[1]另外，《"健康中国 2030"规划纲要》中的"优化健康服务""完善健康保障""建设健康环境""发展健康产业"等内容尽管没有直接提到心理健康，但心理健康保护也应属于其应有之义。为了实施《"健康中国 2030"规划纲要》，2016 年 12 月 30 日，原国家卫生计生委等部门以国卫疾控发〔2016〕77 号联合印发《关于加强心理健康服务的指导意见》，出台了我国心理健康领域首个宏观指导性的国家政策。党的十九大报告明确提出实施健康中国战略。2019 年 7 月，国务院印发的《关于实施健康中国行动意见》和《健康中国行动（2019—2030 年）》把心理健康促进行动作为 15 项重大专项行动之一。2019 年 7 月 15 日，国务院办公厅印发《健康中国行动组织实施和考核方案》。该方案提出，建立健全组织架构，依托全国爱国卫生运动委员会，成立健康中国行动推进委员会。因此，健康中国战略成了我国精神卫生事业和公民心理健康工作的核心发展理念。

2. 以人民为中心公益性原则指引公民心理健康政策保障体系

党的十九大报告指出，人民健康是民族昌盛和国家富强的重要标志，要完善国民健康政策，为人民群众提供全方位、全周期健康服务。以人民为中心和为人民健康服务是我国卫生健康事业的根本宗旨和基本精神，与我国社会主义国家根本性质相吻合，是国家根本性质在卫生健康领域的充分体现。在这一根本性质的指导下要求提供公民心理健康预防、治疗、康复的医疗机构要遵循公益性原则，形成以公立医疗机构为主、社会广泛参与的精神卫生服务体系。新冠疫情发生后，我国设立的 660 多个心理援助热线和心理慰藉干预电话便是以公立精神卫生医疗机构和精神卫生防治机构为主的。党的二十大报告把"推进健康中国建设"作为其第九部分"增进民生福祉，提高人民生活品质"的四个基本内容之一，并强调"把保障人民健康放在优先发展的战略位置，完善人民健康促进政策""重视心理健康和精神卫生"。

---

〔1〕 健康中国行动推进委员会办公室编：《健康中国行动文件汇编》，人民卫生出版社 2019 年版，第 8 页。

3. 健康事业优先发展和健康理念融入各项政策原则指引心理健康事业

2016 年 8 月，习近平总书记在全国卫生与健康大会提出"要把人民健康放在优先发展的战略地位""把健康政策融入所有政策，人民共建共享"。这就要求各级政府要转变发展观和政绩观，把提高人民的健康素养水平作为各地优先发展的目标，删除不利于促进各地人民群众健康素养的政策，形成有利于人民群众健康的经济社会发展模式。健康也包括心理健康。健康事业优先发展和健康理念融入各项政策原则成为指导心理健康事业发展的方向。把人民健康放在优先发展的战略地位要求各地党政一把手必须亲自抓健康事业和健康服务，把抓实抓好健康优先发展工作作为党政主要领导干部的重点工作和优先事项。

4. 大卫生、大健康理念指引公民心理健康事业

2016 年 8 月，习近平总书记在全国卫生与健康大会提出了"要倡导健康文明的生活方式，树立大卫生、大健康观念，把以治病为中心转变为以人民健康为中心"。大卫生、大健康理念有利于促进公民心理素养水平的提升，也符合我国两千多年前《黄帝内经》中的"上医医未病，中医医欲病，下医医已病"的预防医学思想。2020 年 2 月 14 日，习近平总书记在主持召开中央全面深化改革委员会第十二次会议时指出："要坚决贯彻预防为主的卫生与健康工作方针，坚持常备不懈，将预防关口前移，避免小病酿成大疫。"普及心理健康知识、提升心理健康素养是提高全民心理健康水平最根本、最经济、最有效的措施之一。[1]在当前公众对常见精神障碍和心理行为问题的认知率比较低，缺乏心理健康服务专业性、有效性的认识的情况下，大卫生、大健康理念有利于改变对待心理健康问题的不正确观念，促进民众对心理健康服务的认识和利用。

5. 健康促进原则指引心理健康和精神卫生服务体系建设

2016 年 8 月，习近平总书记在全国卫生与健康大会提出"让广大人民群众享有公平可及、系统连续的预防、治疗、康复、健康促进等健康服务"。《"健康中国 2030"规划纲要》把"心理健康促进"作为专门一节内容，《关于实施健康中国行动意见》和《健康中国行动（2019—2030 年）》把心理健

---

〔1〕 健康中国行动推进委员会办公室编：《健康中国行动文件解读》，人民卫生出版社 2019 年版，第 40 页。

康促进行动作为其开展的 15 项重大专项行动之一。健康促进成了我国为人民群众提供全方位、全周期健康服务的重要内容之一。健康促进原则有利于我国心理健康和精神卫生服务体系建设。2016 年《关于加强心理健康服务的指导意见》，强调各地要结合培育和践行社会主义核心价值观，将提高公民心理健康素养作为精神文明建设的重要内容，充分发挥我国优秀传统文化对促进心理健康的积极作用；结合"世界精神卫生日"及心理健康相关主题活动等，广泛开展心理健康科普宣传；倡导"每个人是自己心理健康第一责任人"的理念，引导公民在日常生活中有意识地营造积极心态，预防不良心态，学会调适情绪困扰与心理压力，积极自助。值得强调的是，我国 2012 年通过的《精神卫生法》第二章专章共 12 条规定了"心理健康促进和精神障碍预防"的内容，我国 2019 年通过的《基本医疗卫生与健康促进法》不仅把"预防为主、防治结合"作为基本原则之一，而且确立了"健康促进原则"，将公民主要健康指标改善情况纳入政府目标责任考核，强调国家发展精神卫生事业，建设完善精神卫生服务体系，维护和增进公民心理健康，预防、治疗精神障碍。

6. 以基层为重点原则指引心理健康和精神卫生服务体系

2016 年 8 月，习近平总书记在全国卫生与健康大会提出"要坚持正确的卫生与健康工作方针，以基层为重点，以改革创新为动力"。这里明确了国家合理规划和配置医疗卫生资源，以基层为重点，采取多种措施优先支持县级以下医疗卫生机构发展，提高其医疗卫生服务能力。我国心理健康和精神卫生服务能力主要是弱在县级以下基层。2016 年《关于加强心理健康服务的指导意见》对各地依托城乡社区综合服务设施等搭建基层心理服务平台提出了具体的要求。我国有些地方已进行了积极的探索：如浙江省在 2018 年借助发展新时代"枫桥经验"建立基层社会心理服务平台，全省县（市、区）心理服务指导中心、乡镇（街道）心理服务站建成率达 100%，村（社区）心理工作室建成率达 80%。[1] 搭建基层心理健康服务平台可以为社区居民提供心理健康宣传教育和心理疏导等服务。

7. 中西医并重原则指导我国心理健康预防、治疗和康复

2016 年 8 月，习近平总书记在全国卫生与健康大会提出"坚持中西医并

---

[1] 健康中国行动推进委员会办公室编：《健康中国行动文件解读》，人民卫生出版社 2019 年版，第 44 页。

重，推动中医药和西医药相互补充、协调发展，努力实现中医药健康养生文化的创造性转化、创新性发展"，党的十九大报告指出"坚持中西医并重，传承发展中医药事业"，党的二十大报告指出"重视心理健康和精神卫生。促进中医药传承创新发展"。中西药并重原则作为我国卫生健康领域的基本发展原则对促进我国心理健康的预防、治疗和康复具有重要的指导作用。心理咨询是指运用心理学的方法，对心理适应方面出现问题并企求解决问题的求询者提供心理援助的过程。其实质就是用语言、认知思维、心理知识等进行心理辅导的常用方法。因此，心理咨询和心理健康促进活动要求各地要结合培育和践行社会主义核心价值观，将提高公民心理健康素养作为精神文明建设的重要内容，充分发挥我国优秀传统文化对促进心理健康的积极作用。因此，2016年《关于加强心理健康服务的指导意见》强调，各地要充分发挥中医药在心理健康服务中的作用，加强中医院相关科室建设和人才培养，促进中医心理学发展。培育自尊自信、理性平和、积极向上的社会心态是我国心理健康服务体系应遵循的文化使命。

8. 党政领导、共同参与原则指引心理健康事业发展

健康中国战略是国家的重要战略，是党和政府治国理政的基本理念。中国共产党领导是中国特色社会主义最本质的特征。在中国，东西南北中，党是领导一切的。坚持党政领导、共同参与的原则是中国特色的卫生与健康发展道路的基本原则。2016年《关于加强心理健康服务的指导意见》指出，坚持党政领导共同参与原则，就是进一步强化党委政府加强心理健康服务、健全社会心理服务体系的领导责任，加强部门协调配合，促进全社会广泛参与，单位、家庭、个人尽力尽责。例如，《健康中国行动（2019—2030年）》是这样确定心理健康促进行动中政府、社会、家庭和个人的责任的：政府主要宣传自尊自信、乐观向上的现代文明理念和心理健康知识，搭建基层心理健康服务平台，加大应用型心理健康工作人员培养力度，建立精神卫生综合管理机制，重视并开展心理危机干预和心理援助工作；社会主要是医疗机构和专业心理健康服务机构提供规范的诊疗服务，发挥精神卫生医疗机构作用，把心理健康教育融入员工（学生）思想政治工作，鼓励老年大学、妇女之家等社会组织宣传心理健康知识；个人和家庭主要是提供心理健康意识，追求心身共同健康，使用科学的方法缓解压力，重视睡眠健康，培养科学运动习

惯，正确认识抑郁、焦虑等常见情绪问题，出现心理行为问题要及时就医，精神疾病治疗要遵医嘱，关怀和理解精神疾病患者，关注家庭成员心理健康。[1]

二、以宪法为根基的公民心理健康法治保障体系

（一）保护人民健康的宪法根据

我国宪法规定了发展医疗卫生事业、保护人民健康的宪法根据。我国《宪法》第21条第1款规定："国家发展医疗卫生事业，发展现代医药和我国传统医药，鼓励和支持农村集体经济组织、国家企业事业组织和街道组织举办各种医疗卫生设施，开展群众性的卫生活动，保护人民健康。"我国是人民当家做主的社会主义国家，保护人民健康是由我国社会主义国家性质决定的。健康不只是没有疾病，包括体质健康和心理健康。同样，发展医疗卫生事业不仅仅是预防和治疗生理疾病的医疗卫生事业，还包括预防、治疗和康复心理疾病的精神卫生事业。因此，发展精神卫生事业保护公民的心理健康权是我国宪法的应有之义。另外，我国《宪法》中其他一些规范也涉及发展医疗卫生事业保护人民健康的内涵。例如，《宪法》第45条第1款规定："中华人民共和国公民在年老、疾病或者丧失劳动能力的情况下，有从国家和社会获得物质帮助的权利。国家发展为公民享受这些权利所需要的社会保险、社会救济和医疗卫生事业。"这里说明属于老年人、重病患者、丧失劳动能力的特殊群体有权获得健康保护，国家为此发展社会保险、社会救济和医疗卫生事业。第43条规定："中华人民共和国劳动者有休息的权利。国家发展劳动者休息和休养的设施，规定职工的工作时间和休假制度。"这里劳动者享有休息的权利以及国家为此进行的设施保障和制度保障也是为了保护劳动者的健康。第26条第1款规定："国家保护和改善生活环境和生态环境，防治污染和其他公害。"这里也可以理解为保护公民的健康环境权。第46条规定："中华人民共和国公民有受教育的权利和义务。国家培养青年、少年、儿童在品德、智力、体质等方面全面发展。"这里用"等"字说明国家促进青少年全面发展，包括心理健康的健康教育权应是青少年全面发展的应有之义，实践中各

---

[1] 健康中国行动推进委员会办公室编：《健康中国行动文件汇编》，人民卫生出版社2019年版，第88~93页。

类学校都为学生开设了心理健康课程就是例证。

（二）国家和社会尊重、保护公民健康权的基本法律理念

2019年12月28日，第十三届全国人民代表大会常务委员会第十五次会议通过我国卫生健康领域的基本法——《基本医疗卫生与健康促进法》，这是我国卫生健康领域第一部基础性、综合性的法律，与教育领域的教育法、环境领域的环境法等地位相同，涉及所有与基本医疗卫生与健康促进相关的内容，对发展我国医疗卫生与健康事业，保障公民享有的基本医疗卫生服务，提高公民健康水平，推进健康中国建设，将产生重大而深远的意义。改革开放以来，我国在医疗卫生与健康法治建设方面陆续颁布了《药品管理法》（1984年制定，2019年修订）、《传染病防治法》（1989年制定，2013年修正）、《母婴保健法》（1994年制定，2017年修正）、《献血法》（1997年制定）、《职业病防治法》（2001年制定，2018年修正）、《人口与计划生育法》（2001年制定，2021年修正）、《食品安全法》（2009年制定，2021年修正）、《精神卫生法》（2012年制定，2018年修正）等13部法律，但一直缺少一部规定整个医疗卫生与健康基本制度的基础性法律。《基本医疗卫生与健康促进法》的出台正好填补了这一法律空白，完成了卫生健康领域的顶层立法设计。值得强调的是，该法第4条第1款规定了"国家和社会尊重、保护公民的健康权"，第2款规定了"国家实施健康中国战略，普及健康生活，优化健康服务，完善健康保障，建设健康环境，发展健康产业，提升公民全生命周期健康水平"的国家义务。这是我国首次在法律上确立的以公民享有健康权理念设计国家和社会的尊重、保护义务，把基本医疗卫生与健康促进拉回到法律保护中权利与义务关系的基本逻辑，便于权利与义务双方的理解和实施。同样，作为健康重要组成部分的心理健康也回归到公民享有健康权的基本理念，也即公民不仅应享有体质健康权而且应享有心理健康权。值得强调的是，《基本医疗卫生与健康促进法》中的健康权是一项复合型权利，不仅包括《民法典》中不受侵犯的自由权性质的健康权（又称为"消极权利"，国家和社会义务表现为不作为的消极义务），而且包括国家和社会为促进和保障公民健康提供基本保障的积极履行义务。就国家社会的积极履行义务而言，《基本医疗卫生与健康促进法》中的健康权一般包括公平获得基本医疗卫生服务权、个人健康信息权、获得紧急医疗救助权、健康教育权、参加医疗保险权、医疗

服务知情同意权、健康损害赔偿权、参与健康决策权等权利。[1]

（三）维护和增进公民心理健康的精神卫生法理念

我国《精神卫生法》确立了维护和增进公民心理健康的立法理念。历经近三十年的立法历程，2012年10月26日，第十一届全国人民代表大会常务委员会第二十九次会议通过《精神卫生法》，这是我国精神卫生领域的第一部专门法律，也是关涉全体国民精神健康的一部人权保障法。该法第1条规定了该法的立法目的是"发展精神卫生事业，规范精神卫生服务，维护精神障碍患者的合法权益"，第2条规定了该法的调整适用范围即"维护和增进公民心理健康、预防和治疗精神障碍、促进精神障碍患者康复活动"。从该法的立法目的和适用范围看，促进全民心理健康是我国《精神卫生法》的基本理念。在上位法《基本医疗卫生与健康促进法》把公民享有健康权理念作为基本理念情况下，公民享有心理健康权也应是我国《精神卫生法》的立法理念。实质上，我国《精神卫生法》第二章以专章12条内容规定了心理健康促进和精神障碍预防，规定了各级人民政府及其职能部门、用人单位、各级各类学校、医疗机构、村民委员会（居民委员会）、家庭、社会组织等对公民心理健康权的尊重、保护义务，涉及心理援助、心理健康教育、心理辅导、心理咨询、心理健康指导、心理卫生知识宣传普及、精神卫生公益广告、心理服务等方面的内容。

（四）维护和增进居民心理健康的地方精神卫生法规立法理念

我国公民的心理健康权保护实行纵向保护和横向保护相结合的原则。从法治保障上看，纵向保护主要是来自宪法和法律的保护，法律主要是《基本医疗卫生与健康促进法》和《精神卫生法》，涉及覆盖全国范围的精神卫生服务体系的建构，维护和增进公民心理健康，预防、治疗和康复精神障碍患者，如《关于加强心理健康服务的指导意见》提出到2020年心理健康服务纳入城乡基本公共服务体系，2020年6月1日实施的《基本医疗卫生与健康促进法》第28条第1款把"国家发展精神卫生事业，建设完善精神卫生服务体系，维护和增进公民心理健康，预防、治疗精神障碍"作为第二章"基本医疗卫生服务"的重要内容。横向的主要是来自省市两级制定的地方性精神卫生法规对属地居民心理健康的保护。目前，我国已制定并实施的精神卫生法规有：

---

[1] 国家卫生健康委法规司编：《中华人民共和国基本医疗卫生与健康促进法专家解读》，中国人口出版社2021年版，第17页。

直辖市有北京市、上海市 2 个；省级有甘肃省、浙江省、山东省、江苏省、辽宁省 5 个；市级有深圳市、杭州市、宁波市、无锡市、武汉市、长春市、苏州市 7 个。这些地方性精神卫生法规都是根据我国《精神卫生法》制定的，其中北京市、上海市、武汉市、杭州市、宁波市的精神卫生法规是在我国《精神卫生法》制定前的实验性立法，后在《精神卫生法》制定后进行了修订。这些精神卫生法规的立法目的基本表述是"为了发展精神卫生事业，规范精神卫生服务，保障精神障碍患者的合法权益，促进全民心理健康，根据《中华人民共和国精神卫生法》和有关法律、法规，结合本市实际，制定本条例"，调整范围是"本市行政区域内精神卫生服务体系建设、全市居民心理健康促进、精神障碍预防和治疗、精神障碍患者康复等活动"。例如，浙江省卫生健康委员会联合多部门制定并公布《关于加强心理健康服务的指导意见》，提出 2020 年全省县、乡两级社会心理服务平台普遍建立，心理健康服务纳入城乡基本公共服务体系，并按照《浙江省精神卫生条例》执行完成。值得强调的是，我国已制定并实施精神卫生地方性法规的省只占全国省份的 21%、市只占全国地级市的 2%，有些一线城市还没有制定地方性精神卫生法规，对落实我国精神卫生法规精神，结合各地经济社会发展的实际开展维护和增进居民心理健康服务还远远不够。

三、健康中国战略下的公民心理健康服务体系

构建中国特色的国民心理健康服务供给和服务体系是我国心理健康服务规范化建设的基本要求。《基本医疗卫生与健康促进法》第 28 条第 2 款规定，"国家采取措施，加强心理健康服务体系和人才队伍建设，促进心理健康教育、心理评估、心理咨询与心理治疗服务的有效衔接，设立为公众提供公益服务的心理援助热线，加强未成年人、残疾人和老年人等重点人群心理健康服务"，为心理健康服务体系法治化建设指明了方向。2016 年《关于加强心理健康服务的指导意见》是我国宏观领域的第一个构建心理健康服务政策，对构建健康中国战略下中国特色的心理健康服务体系具有重要的意义。

（一）大力发展各类心理健康服务

2016 年《关于加强心理健康服务的指导意见》指出，"现有的心理健康服务状况远远不能满足人民群众的需求及经济建设的需要。加强心理健康服

务、健全社会心理服务体系迫在眉睫"，强调"加强心理健康服务，开展社会心理疏导，是维护和增进人民群众身心健康的重要内容，是社会主义核心价值观内化于心、外化于行的重要途径，是全面推进依法治国、促进社会和谐稳定的必然要求。各地区各部门要认真贯彻落实中央决策部署，从深化健康中国建设的战略高度，充分认识加强心理健康服务、健全社会心理服务体系的重要意义"。随着我国国民心理健康意识的提升，心理健康需求的进一步增加，加强心理健康服务的供给及其便利性、满意度提升是当前的重要任务。为此，我国全面开展心理健康促进与教育，积极推动心理咨询和心理治疗服务，重视心理危机干预和心理援助工作，促进心理健康教育、心理评估、心理咨询与心理治疗服务的有效衔接，构建全方位、全周期的国民心理健康服务体系。

（二）提出了明确的心理健康服务发展目标

2016 年《关于加强心理健康服务的指导意见》提出了构建中国特色的心理健康服务体系的理念和目标。"加强重点人群心理健康服务，培育心理健康意识，最大限度满足人民群众心理健康服务需求，形成自尊自信、理性平和、积极向上的社会心态"是中国特色的心理健康服务体系的基本理念，覆盖了从"重点人群"到"普通人民群众"再到"社会心态"的要求。其基本目标规定采取了"具体时间截止点＋目标细分描述"的方法，主要有两类：一是"到 2020 年，全民心理健康意识明显提高。各领域各行业普遍开展心理健康教育及心理健康促进工作，加快建设心理健康服务网络，服务能力得到有效提升，心理健康服务纳入城乡基本公共服务体系，重点人群心理健康问题得到关注和及时疏导，社会心理服务体系初步建成"；二是"到 2030 年，全民心理健康素养普遍提升。符合国情的心理健康服务体系基本健全，心理健康服务网络覆盖城乡，心理健康服务能力和规范化水平进一步提高，常见精神障碍防治和心理行为问题识别、干预水平显著提高，心理相关疾病发生的上升势头得到缓解"。从"全民心理健康意识明显提高"到"全民心理健康素养普遍提升"，从"加快建设心理健康服务网络"到"心理健康服务网络覆盖城乡"，从"社会心理服务体系初步建成"到"心理健康服务能力和规范化水平进一步提高"，既反映了目标的循序渐进，又最大限度地满足了人民群众对心理健康服务的需求。

（三）加强重点人群心理健康服务

加强重点人群心理健康服务的便利性、满意度和规范化、法治化建设是构建心理健康服务体系的重要内容。其一，要求普遍开展职业人群的心理健康服务。不论是政府机关还是事业单位、私人企业，都要求用人单位把心理健康教育融入员工思想政治工作，制定实施员工心理援助计划，为员工提供健康宣传、心理评估、教育培训、咨询辅导等服务，教会员工情绪管理、压力管理等自我心理调适方法和抑郁、焦虑等常见心理行为问题的识别方法。其二，全面加强青少年心理健康教育。要求教育主管部门和各级各类学校开设青少年心理健康教育课程，针对不同年龄阶段的青少年开设适合其成长的心理健康教育和服务。其三，关注老年人、妇女、儿童和残疾人的心理健康。要求各级政府及有关部门、社会组织要把老年人、妇女、儿童和残疾人心理健康服务作为工作重点，广泛宣传心理健康知识，提供心理辅导、情绪疏解、悲伤抚慰、家庭关系调适等心理健康服务。其四，重视特殊人群的心理健康服务。针对流浪乞讨人员、服刑人员、刑满释放人员、强制隔离戒毒人员、社区矫正人员、社会吸毒人员等心理健康健全政府、社会、家庭"三位一体"的帮扶体系，加强人文关怀和心理疏导，消除对特殊人群的歧视，帮助特殊人群融入社会。其五，加强严重精神障碍患者服务，实行严重精神障碍登记报告制度。这方面我国已取得了很好的成绩，到 2021 年底，全国在数据库里登记在册的重性精神障碍患者有 660 万人，很多重性的患者都得到了帮助和管理，在册患者的规范管理率现在达到 92%，也就是 90% 以上的患者都得到了照顾、治疗。[1]

（四）建立健全心理健康服务体系

构建 14 亿人口大国的心理健康服务体系必须进行适合中国国情的心理健康服务的理论、制度和机制创新。随着中国移动互联网的快速发展，中国网民规模超 9 亿人，人均每天上网近 4.5 小时，建立健全线上线下相结合的心理健康服务体系势在必行。就线下而言，政府、社会和媒体等社会组织要构建"日常+特殊活动"心理健康促进和科普宣传活动，如心理健康公益宣传、电视节目、心理健康日活动、世界卫生日活动，大力宣传和科普心理健康常

---

〔1〕 陈晶："这十年，群众精神健康获得感递增明显"，载《人民政协报》2022 年 6 月 29 日。

识，不断提升公民的心理健康意识和心理健康素养。各机关各团体各企业事业组织应普遍设立心理健康辅导室和配备专（兼）职心理健康辅导人员，教育系统要开设心理健康教育课程，设置心理危机应急机制。就线上而言，单位可设置心理健康微信群和微信公众号，开展并提供心理热线、网络讲座、科普文章、在线辅导等多种形式的心理服务。就社区而言，重点是搭建基层心理健康服务平台，《关于加强心理健康服务的指导意见》要求，"依托城乡社区综合服务设施或基层综治中心建立心理咨询（辅导）室或社会工作室（站），配备心理辅导人员或社会工作者，协调组织志愿者，对社区居民开展心理健康宣传教育和心理疏导"。同时，还有培育社会化、专业化、规范化的心理健康服务机构，加强省、市、县三级医疗机构心理健康服务能力。另外，心理健康人才的培养、发展、激励机制等也是建立健全心理健康服务体系的重要内容。

（五）加强心理健康人才队伍建设

2016 年《关于加强心理健康服务的指导意见》提出了构建教育部牵头，民政部、原国家卫生计生委、中科院配合的心理健康人才培养机制，提出了教育部门要加大应用型心理健康专业人才培养力度，完善临床与咨询心理学、应用心理学等相关专业的学科建设，逐步形成学历教育、毕业后教育、继续教育相结合的心理健康专业人才培养制度；鼓励有条件的高等院校开设临床与咨询心理学相关专业，建设一批实践教学基地，探索符合我国特色的人才培养模式和教学方法。要求人力资源和社会保障部门要加强心理咨询师资格鉴定的规范管理，进一步完善全国统一的心理咨询师国家职业标准，加强对心理咨询师培训的管理，改进鉴定考核方式，加强实践操作技能考核，执业人员信息登记上网，向社会提供查询服务，促进心理健康服务人才有序发展；各有关部门要积极设立心理健康服务岗位，完善人才激励机制，逐步将心理健康服务人才纳入专业技术岗位设置与管理体系，畅通职业发展渠道，根据行业特点分类制定人才激励和保障政策，完善心理健康服务人才激励机制；依托专家组和行业组织，制定心理健康服务机构和人员登记、评价、信息公开等工作制度，建立国家和区域心理健康服务机构和人员信息管理体系，将相关信息纳入国家企业信用信息公示系统和国家统一的信用信息共享交换平台，发挥心理健康服务行业组织作用。

（六）构建有力有为有效的行政服务体制

2016 年《关于加强心理健康服务的指导意见》在组织领导、工作机制、目标责任制、工作重心、工作抓手、监督考核等方面进行了精心设计，构建了有力有为有效社会心理健康行政服务体制。长期以来，我国精神卫生事业和心理健康工作形成了领导力不足、九龙治水的乱象，导致其发展缓慢。为了改变此种现象，一是要构建有力的心理健康行政服务体制，就是把加强心理健康服务、健全社会心理服务体系调整为各级政府党委、政府共同领导（而不是传统的卫生行政部门领导），而且把此项工作作为健康中国建设重要内容，纳入当地经济和社会发展规划，并作为政府目标管理和绩效考核的重要内容。也即是说，加强心理健康服务、健全社会心理服务体系是我国各级党委、政府治国理政的重要内容。二是构建有为的社会心理健康行政服务体制，建立健全党政领导、卫生计生牵头、综治协调、部门各负其责、各方积极配合的心理健康服务和社会心理服务体系建设工作机制和目标责任制，推动形成部门齐抓共管、社会力量积极参与、单位家庭个人尽力尽责的工作格局。三是构建有效的社会心理健康行政服务体制，明确各部门职责，不断完善心理健康服务的规范管理，加快心理健康服务法治化建设，探索将心理健康专业人员和机构纳入法治化管理轨道，构建基层心理健康服务网络的便利性、针对性和满意度和重点人群心理健康服务需求为主要抓手，加强行业监管、推行属地化管理，规范心理健康服务机构从业行为，强化服务质量监管和日常监管，落实基层组织开展心理健康服务和健全社会心理服务体系的相关政策，加大政府购买社会工作服务力度，完善政府购买社会工作服务成本核算制度与标准规范。

下　篇

几个特殊的公民心理健康保护制度及实践

第五章

公民心理健康促进和精神障碍
预防法律制度论析

经过 27 年"马拉松式"的立法,《精神卫生法》于第十一届全国人民代表大会常务委员会第二十九次会议审议通过过,自 2013 年 5 月 1 日起施行,2018 年第一次修正。在该部法律 7 章 85 条的内容里,第二章用专章 12 条的篇幅规定了心理健康促进和精神障碍预防的法律制度。这是"我国首次将国民心理健康促进和精神障碍预防提升至法律位阶的制度"。[1]事实上,在《精神卫生法》出台前,北京市、上海市、深圳市、无锡市等地制定并实施的地方性精神卫生条例中也都出现了相似的规定。我国《精神卫生法》从法律层面确立了国民心理健康促进和精神障碍预防制度既是立法首创,又是该法的重要特色。但因该制度大众知晓率低、认识不足,从而形成了社会基础薄弱,致使其实施凸显"一面热"的现象,亟待形成社会公众和特定群体的认同。因此,阐释国民心理健康促进和精神障碍预防制度及其形成的法律关系和特征,对其实施具有重要的意义。

一、心理健康促进和精神障碍预防制度的法律关系主体

心理健康促进和精神障碍预防制度的法律关系是特定法律主体之间的权利和义务关系。法律关系是一个基本的法律概念,不同时期不同学者间有不同的解释。依据我国通说,法律关系是在法律规范调整社会关系的过程中所

---

〔1〕 李欣:"精神卫生法今起实施 明确'非自愿医疗'概念",载 http://politics. people. com. cn/n/2013/0501/c70731-21333021. html,最后访问时间:2022 年 7 月 12 日。

形成的人与人之间的权利和义务关系。[1]因此，分清权利主体和义务主体是理解法律关系的第一步。《精神卫生法》第 2 条有关调整范围规定，"在中华人民共和国境内开展维护和增进公民心理健康、预防和治疗精神障碍、促进精神障碍患者康复的活动，适用本法"。维护和增进公民心理健康、预防和治疗精神障碍和促进精神障碍患者康复构成了该法的三大块调整范围，其覆盖人群从范围最大的全体国民心理健康促进到范围较大的精神障碍预防和治疗再到范围较小的精神障碍患者康复。也即是说，我国制定的是一部大的精神卫生法，其不仅关注患者，也要关注健康的人；不仅要解决患者的送诊、治疗、康复、权利保障以及促进精神卫生事业发展的问题，也要解决促进全民心理健康的问题。[2]因此，精神卫生立法针对的不仅仅是约 1 亿精神病患者，还涵盖了十多亿人的精神健康。[3]所以，该法用"心理健康促进和精神障碍预防"为标题专章 12 条的篇幅规定了各类主体权利义务的内容。这是该法为了贯彻"预防为主"的精神卫生工作原则，把防范精神疾病的关口大大前移。

从该法第二章可知，心理健康促进和精神障碍预防的法定义务主体包括四类：一是各级人民政府及其有关部门。根据我国《精神卫生法》的规定，包括从乡镇直至国务院的各级人民政府和县级以上人民政府有关部门。其中国务院卫生行政部门主管全国的精神卫生工作，县级以上地方人民政府卫生行政部门主管本行政区域的精神卫生工作，县级以上人民政府司法行政、民政、公安、教育、医疗保障等部门在各自职责范围内负责有关的精神卫生工作。二是社会组织，包括用人单位、学校（含学前教育机构）、中国残疾人联合会及其地方组织、村（居）民委员会、工会、青年团、妇女联合会、红十字会、科学技术协会、新闻媒体等，负责各自事业范围内人群的心理健康促进和精神障碍预防。三是专业人员，包括特定的专业技术人员、特定的关系人如家庭成员之间。特定的专业人员是指从事公益事业组织中的专业技术人员包括教师、医务人员、心理咨询人员，家庭成员之间要求相互关爱并创造和睦家庭环境以提高精神障碍预防意识的法律义务。四是公民个人自己，因为健

---

〔1〕 张文显主编：《法理学》（第 2 版），高等教育出版社 2003 年版，第 131 页。

〔2〕 信春鹰主编：《中华人民共和国精神卫生法解读》，中国法制出版社 2012 年版，第 5~6 页。

〔3〕 蔡如鹏："一部法与 13 亿人的精神健康"，载《政府法制》2007 年第 15 期，第 28~29 页。

康不仅是国家责任，而且是每个公民的责任。每个人是自己体质健康和心理健康的第一责任人，公民应树立和践行对自己健康负责的健康理念，主动学习健康知识，提高健康素养，加强健康管理。2016 年《关于加强心理健康服务的指导意见》强调，倡导"每个人是自己心理健康第一责任人"的理念，引导公民在日常生活中有意识地营造积极心态，预防不良心态，学会调适情绪困扰与心理压力，积极自助。

这四类义务主体的法定职责及分工构成了"精神卫生工作实行政府组织领导、部门各负其责、家庭和单位尽力尽责、全社会共同参与的综合管理机制"（《精神卫生法》第 6 条）。为了贯彻习近平总书记关于加强心理健康服务的要求和建设健康中国的理念，《精神卫生法》及《关于加强心理健康服务的指导意见》确立了四项具体原则：预防为主，以人为本；党政领导，共同参与；立足国情，循序渐进；分类指导，规范发展。总之，党政、社会、家庭、单位、公民个人都应担负起心理健康促进和精神障碍预防工作，形成分工合理、职责分明、全社会参与的国民心理健康促进与预防机制。

同样，心理健康促进和精神障碍预防制度的权利主体也包括三类，涵盖了全体国民：一是公民，我国《精神卫生法》第 2 条规定该法的调整范围包括"在中华人民共和国境内开展维护和增进公民心理健康、预防和治疗精神障碍"，占该法调整范围的三项内容之一；而且该法第二章以"心理健康促进和精神障碍预防"作为专章内容，把不同人群的精神障碍预防和提高公众的心理健康水平作为其基本内容。二是重点人群，包括职业人群、青少年、老年人、妇女、儿童和残疾人等。三是特殊人群，包括流浪乞讨人员、服刑人员、刑满释放人员、强制隔离戒毒人员、社区矫正人员、社会吸毒人员、易肇事肇祸严重精神障碍患者等特殊人群的心理健康。四是精神障碍患者，就诊者享有医务人员进行的心理健康指导，来访者享有心理咨询人员提供的合法心理咨询服务。以上四类权利主体对应的义务主体的义务形式也不相同。对于健康正常的普通国民这类权利主体，政府的职责主要体现在法规执行、政策制定、资金投入、设施建设、组织领导、人员培养、宣传教育等方面以维护和增加其心理健康。对于单位职工、受灾人群、服刑人员、学校学生等这类特定群体的权利，不仅要求各级政府在政策、资金、制度上的保障，还要求对应的社会组织对其实施有针对性的心理健康促进和精神障碍预防措施，如用人单位对职工、监狱对服刑人员、学校对学生提供的心理健康教育、心理援助开展、心理咨询服务等义务。对于学生、幼儿、就诊者、来访者、职工等特定个人而言，要求其对应的专业执业人员如教师、医务人员、心理咨询人员等对其心理健康提供专业的、必要的教育、辅导、咨询义务。

二、心理健康促进和精神障碍预防制度的法律关系客体

认识心理健康促进和精神障碍预防制度法律关系客体是该制度实施的关键要素之一。法理学通说认为，法律关系由主体、内容、客体三个要素构成，法律关系客体是指法律关系主体的权利义务所指向的对象。按照我国的通说，法律关系客体既是"法律关系的主体发生权利和义务联系的中介"，又是"法律关系的主体的权利、义务所指向、影响、作用的对象"；作为法律关系客体的一切物都具有三个最低限度的特征：首先，它必须是对主体的"有用之物"；其次，它必须是人类能够控制或部分控制的"为我之物"；最后，它必须是独立于主体的"自在之物"。归纳起来，有以下几类客体：物、人身、精神产品和行为结果。[1]一言以蔽之，法律关系客体是人类对其已充分认识并能控制、利用后才进入法律保护的，因而其范围、形式、类型是随着人类社会的进步不断发展变化的。在人类"认识自身"的过程中，体质健康早已进入立法保护的领域，成为法律关系的客体。第二次世界大战后，随着人类社会和科技的不断发展，精神健康第一次被明确写入《世界卫生组织组织法》（1946年）序言第2段，即"健康不仅为疾病或羸弱之消除，而系体格、精神与社会之完全健康状态"。继此之后，《经济、社会及文化权利国际公约》（1996年）第12条第1款规定"本盟约缔约国确认人人有权享受可能达到之最高标准之身体与精神健康"。《儿童权利公约》（1989年）第25条规定"缔约国确认在有关当局为照料、保护或治疗儿童身心健康的目的下受到安置的儿童，有权获得对给予的治疗以及与所受安置有关的所有其他情况进行定期审查"。《残疾人权利公约》（2006年）第1条规定"残疾人包括肢体、精神、智力或感官有长期损伤的人"。《非洲人权和民族权宪章》（1981年）第16条规定"人人有权享有能够达到的最佳的身心健康状况"。上述国际或区域人权

---

[1] 张文显主编：《法理学》（第2版），高等教育出版社2003年版，第138~140页。

公约把心理（精神）健康与体质健康作为共同的保护目标。[1]另外，心理健康的保护也进入了一些国家的宪法和基本法律中。《罗马尼亚宪法》（1991年）第33条保健权规定"①保健权得到保障；②国家必须采取措施保障公共卫生和健康；③依法建立医疗救助和疾病、事故、怀孕及康复的社会保障体系，对行医及医护工作实行检查，并采取其他措施，保护人们的身心健康"；[2]《摩尔多瓦共和国宪法》（1994年）第36条第3款规定"依照组织结构法规定国家保健系统的机构和被指定用于保护人的体质和精神健康的资金"；[3]《匈牙利共和国宪法》（1990年）第70条D第1款规定"在匈牙利共和国领土上生活的人对尽可能最高水平的体质和精神健康拥有权利"；[4]《巴拿马共和国宪法》（1983年修订）第104条规定"关心共和国居民的健康是国家的根本职能"。[5]个人作为集体的一部分，有权使其健康得到改善、保护、保持、康复和复原，并有义务保持健康。健康应看作体质上、精神上和在社会方面完全舒适"。上述《罗马尼亚宪法》（1991年）第33条、《摩尔多瓦共和国宪法》（1994年）第36条、《匈牙利共和国宪法》（1990年）第70条、《巴拿马共和国宪法》（1983年）第104条都把心理（精神）健康与体质健康共同写入宪法条款。在法律层面，自1938年法国颁布世界第一部《精神卫生法》后，大多数国家都通过制定《精神卫生法》来保护公民的精神（心理）健康。

　　心理健康是心理健康促进和精神障碍预防法律关系的客体。信春鹰认为，心理健康是指人的基本心理活动的过程内容完整、协调一致，即认识、情感、意志、行为、人格完整和协调，能适应社会，与社会保持同步，其实质是一种高效而满意的、持续的心理状态。精神卫生法通过依法保障精神卫生事业的发展，做好精神障碍的预防、治疗和康复工作，旨在维护和增进全体公民的心理健康。[6]当然，《精神卫生法》的精神障碍预防主要采取四层预防机制：第一层是对已有精神障碍的患者，通过及时有效的治疗、康复，使其恢

---

　　〔1〕［挪］A. 艾德、C. 克洛斯、A. 罗萨斯主编：《经济、社会和文化权利教程》（修订第2版），中国人权研究会组织翻译，四川人民出版社2004年版，第143页。

　　〔2〕姜士林等主编：《世界宪法全书》，青岛出版社1997年版，第856页。

　　〔3〕姜士林等主编：《世界宪法全书》，青岛出版社1997年版，第921页。

　　〔4〕姜士林等主编：《世界宪法全书》，青岛出版社1997年版，第959页。

　　〔5〕姜士林等主编：《世界宪法全书》，青岛出版社1997年版，第976页。

　　〔6〕信春鹰主编：《中华人民共和国精神卫生法解读》，中国法制出版社2012年版，第6~8页。

复精神健康，回归社会；第二层是重点人群，包括职业人群、青少年、老年人、妇女、儿童和残疾人等；第三层是特殊人群，包括流浪乞讨人员、服刑人员、刑满释放人员、强制隔离戒毒人员、社区矫正人员、社会吸毒人员、易肇事肇祸严重精神障碍患者等特殊人群的心理健康；第四层是对普通公民的预防，使人们掌握精神心理健康知识，提升心理健康素养，从而在自己遇到问题时，能够及时调整自己的心境，避免精神障碍的发生。不论是心理健康促进还是精神障碍的预防，其最终目的都是维护和增进公民的心理健康。

三、心理健康促进和精神障碍预防制度的法律关系内容

法律关系的内容是特定法律主体之间的权利和义务。没有特定法律主体的实际权利义务就不可能有法律关系的存在。与法律关系的内容通说为"权利和义务"一样，心理健康促进和精神障碍预防法律关系的内容也是双方主体之间的权利和义务。由于心理健康促进和精神障碍预防由四类义务主体和四类权利主体构成，其法律关系的内容也分为四类。第一类是各级政府及其有关部门与公民之间的权利和义务关系，主要涉及政府在心理健康促进和精神障碍预防方面的政策、制度、资金、设施、人员培养、教育宣传等基础性义务，是针对全国或者特定地区人群实施的宏观或者中观政策。第二类内容为特定社会组织义务主体与特定权利群体之间的权利和义务关系，如用人单位与职工之间、学校与学生之间、监狱与服刑人员之间的心理健康促进和精神障碍预防方面的教育、辅导、咨询等方面的权利与义务。第三类内容为特定执业人如教师、医务人员、心理咨询人员与特定个体如学生、就诊者、来访者之间的心理健康健康促进与精神障碍预防方面的权利和义务关系。第四类内容为个人与个人之间的权利和义务关系，从健康角度而言，每个人既是自己心理健康的第一责任人，也是自己享有心理健康权的第一权利人。因为健康是人全面发展的基础，是社会的第一资源，是社会文明最重要的标志之一，不仅是国家和社会的责任，而且是每个公民的责任。

从我国《精神卫生法》第二章"心理健康促进和精神障碍预防"的规定看，其法律关系的内容基本上是以义务主体的义务为基本表现形式。在该法第二章共计12条的法律规范中（第13条至第24条），大部分采用了"应当"的形式规定了三类主体的对应义务，且政府及其有关部门和社会组织的义务

是其主要义务，各类教育者、心理咨询者等专业技术人员的义务是这些承担公益组织义务的延伸。这是由《精神卫生法》扶弱的社会法性质决定的，其明确立法目的就是保护精神障碍者基本权利的社会法性质。[1]值得强调的是，该法心理健康促进与精神障碍预防的四类义务主体与权利主体并非一一对应的关系，但其形成的四类法律关系的内容有一定的联系。政府类义务主体承担公民心理健康促进和精神障碍预防基础性、宏观性或者中观性的义务，涉及法规执行、制度实施、资金投入、设施完善、人员培训、教育宣传等方面，因而其对应的权利主体包括所有权利主体，既有对公民的义务，也有对特定群体和个人的义务。特定的社会组织由于其承担的某方面公益性、专业性、技术性的义务，因而其对应的权利主体是特定的群体，如该法第15条规定的用人单位对其职工、第16条规定的学校对学生、第18条规定的监狱对其服刑人员等承担心理健康方面的关注、引导、教育、帮助义务。对于特定的执业人员承担这方面的法律义务，是由于其具备一定的专业性技能，供职于负有这方面法定义务的特定社会组织，如该法第16条规定了教师应当"关注学生心理健康状况，正确引导激励学生""与学生的父母或监护人沟通学生的心理健康状况"，第17条规定的医务人员对就诊者应当"进行心理健康指导和建议其到符合本法规定的医疗机构就诊"。实质上，这类特定执业人员的义务源于特定社会组织的义务在其专业技术人员身上的延伸。需要补充的是，该法第21条规定家庭成员之间这方面的相互关爱、创造良好和睦家庭环境、相互预防、相互帮助的法定义务源于监护人的职责，是把家庭看成一种特殊的社会组织，进而延伸到成员之间的义务。这种把家庭作为成员之间的心理港湾符合我国的文化特色。

四、心理健康促进和精神障碍预防制度的法律关系特征

《精神卫生法》的社会法性质决定了心理健康促进和精神障碍预防法律关系的以下特征：

（一）平等关系与不平等关系的结合

心理健康促进和精神障碍预防法律关系可分为四类。第一类是行政主体

---

〔1〕　李霞："论我国'精神卫生法'的称谓"，载《政法论丛》2014年第3期，第72~79页。

与公民之间的地位不平等关系，如各级人民政府和县级以上人民政府有关部门与公民之间，涉及公民心理健康促进和精神障碍预防方面的人力、财力、物力等基础性、宏观或中观的政府义务，类似于行政法律关系中的行政机关与相对人关系。由于"精神卫生问题既是公共卫生问题又是重大的社会问题"，[1]必须配置这类行政主体的基本权能，以适应其执行公共卫生政策需要。第二类是社会组织与特定群体之间的实力不平等关系，如用人单位与职工、学校与学生之间、社区组织与居民之间。尽管第二类特定社会组织与特定群体之间的地位没有第一类之间法律地位不平等的关系，但双方实力明显有别，其在组织、资源、人才、技术等方面都比个人要大得多，属于实质上的不平等关系。第三类是特定执业人员与特定个体之间的关系，如教师与学生、医务人员与就诊者、心理咨询人员与来访者，其来源于上述各类公益组织与特定群体形成的第二类关系，是对第二类关系中特定的专业技术执业人的法律要求。后两类关系表面上看平等，可以用契约或者准契约来确定双方的关系，但双方之间占有社会资源的份额明显不等，类似于强势主体与弱势主体的关系，因而也是一种不平等的社会关系。[2]所以，法律法规要给予这类特殊的群体或者个体一些特殊的保护，对另一方主体规定更多的法律义务。这种兼具公法与私法融合性质的法律规范是社会法属性的反映，[3]是该类法律关系的重要特征。第四类法律关系是个人与个人之间的平等的权利义务关系，因为从健康个人责任而言，健康是公民个人的责任，每个公民是自己心理健康的第一责任人；从健康的国家和社会责任而言，健康是每个公民享有的权利，每个公民都享有促进其心理健康的权利和服务。

（二）基本上是单向法律关系

单向法律关系是指一方只享有权利而另一方只负有义务的法律关系。所谓单向（单务）法律关系，是指权利人仅享有权利，义务人仅履行义务，两者之间不存在相反的联系，如不附条件的赠与关系。[4]这类法律关系主要反映在扶持弱者、倾斜立法的社会法规范中，表现出强势主体的政府及其有关

---

〔1〕 信春鹰主编：《中华人民共和国精神卫生法解读》，中国法制出版社 2012 年版，第 1 页。

〔2〕 董保华、郑少华："社会法——对第三法域的探索"，载《华东政法学院学报》1999 年第 1 期，第 30~37 页。

〔3〕 郑尚元："社会法的定位和未来"，载《中国法学》2003 年第 5 期，第 124~135 页。

〔4〕 张文显主编：《法理学》（第 2 版），高等教育出版社 2003 年版，第 134 页。

组织只负有法律义务，代表弱势群体精神障碍患者（含疑似）只享有权利。这种扶持社会弱势群体是社会法的基本原则。[1]在我国《精神卫生法》第二章"心理健康促进和精神障碍预防"的法律规范中，基本上都是以"应当"形式规范义务主体以预防为主要内容的单方法律义务，这些法律义务也成为公民及其特定群体或个人的法律权利。这种单向法律关系成为心理健康促进和精神障碍预防法律关系的基本特征。值得强调的是，个人与个人之间的平等的健康权利与健康义务之间的关系是双向法律关系。

（三）行政、民事和刑事法律责任结合

目前，我国心理健康促进与精神障碍预防法律制度的研究刚刚兴起，还没有形成一个完整的体系。但由于精神卫生预防工作的重要性和迫切性，立法明确规定了各级政府及其工作部门预防工作的职权，也是一项法定职责。法定义务的保障来自其应承担的法律责任。从该法第六章法律责任可以看出，违反心理健康促进与精神障碍预防应承担三种法律责任：第72条规定了违反该义务应承担的责令改正、通报批评、警告、记过或记大过等行政责任；第81条规定了违反该法规定构成犯罪的，依法追究刑事责任；第82条规定了精神障碍患者或者其监护人、近亲属认为医疗机构或者其他有关单位和个人违反该法规定侵犯其合法权益的可以提起民事诉讼救济。由此可见，行政、民事与刑事三种法律责任并行设置也是心理健康促进与精神障碍预防法律关系的又一特征。

五、心理健康促进和精神障碍预防制度的实施

习近平总书记高度重视大众心理健康工作。他在2016年8月召开的全国卫生与健康大会上指出，"要加大心理健康问题基础性研究，做好心理健康知识和心理疾病科普工作，规范发展心理治疗、心理咨询等心理健康服务"；[2]在党的十九大报告中，他再次强调"加强社会心理服务体系建设，培育自尊自信、理性平和、积极向上的社会心态"。[3]我国心理健康促进与精神障碍预

---

〔1〕 竺效："'社会法'意义辨析"，载《法商研究》2004年第2期，第61~68页。

〔2〕《习近平谈治国理政》（第2卷），外文出版社2017年版，第372页。

〔3〕 习近平：《决胜全面建成小康社会 夺取新时代中国特色社会主义伟大胜利———在中国共产党第十九次全国代表大会上的报告》（2017年10月18日）。

防制度就是党和国家从增进国民心理健康方面满足人民美好生活向往的一项重要法律制度。我国《精神卫生法》从法律层面设置了这一制度既是立法首创，又是立法特色。但该制度实施十多年来，因国民心理健康知晓率低，活动缺乏社会基础，实施过程凸显出"一面热"的现象，亟待形成社会公众和特定群体的认同。《全国精神卫生工作规划（2015—2020 年）》到 2020 年实现"城市、农村普通人群心理健康知识知晓率分别达到 70%、50%……在校学生心理健康核心知识知晓率达到 80%"的目标仍没有完全达到。中国首个心理健康蓝皮书即《中国国民心理健康发展报告（2017—2018）》指出，公众对常见的心理疾病知晓率高于 90% 的是抑郁症、焦虑症、精神分裂症、强迫症、自闭症（孤独症），而不足 50% 知晓率的是读写困难和惊恐障碍；国民心理健康需求极大，但国民感知到的心理咨询服务不便利。〔1〕中科院心理所所长称，中国不同人群心理健康问题均呈增长趋势。〔2〕根据学者最新的研究，海南省精神卫生与心理保健知识知晓率为 60.32%；〔3〕成都市某区中学生对心理卫生问题的具体表现不甚了解以致出现心理问题时不知如何求助现象；〔4〕武汉市居民精神卫生知识知晓率为 73.25 % 仍不能适应大众精神卫生工作开展的社会需要。〔5〕这些现象表明心理健康促进和精神障碍预防制度的有效实施需要社会大众的广泛参与。

制定并实施国民心理健康促进和精神障碍预防制度符合习近平总书记关于坚持走符合国情的人权发展道路促进人的全面发展的理念。习近平总书记强调，要奉行以人民为中心的人权理念，把生存权、发展权作为首要的基本人权，协调推进全体人民的经济、政治、社会、文化、环境权利，努力维护社

---

〔1〕 张赛："《中国国民心理健康发展报告（2017—2018）》在京发布"，载 http://news. cssn. cn/zx/bwyc/201902/t20190222_ 4835375_ 1. shtml，最后访问时间：2022 年 7 月 18 日。

〔2〕 邱晨辉："中国不同人群心理健康问题均呈增长趋势"，载 http://www. chinanews. com. cn/sh/2019/02-22/8762313. shtml，最后访问时间：2022 年 7 月 14 日。

〔3〕 高允锁等："3295 名海南居民精神卫生与心理保健知识知晓情况分析"，载《长江大学学报（自科版）》2017 年第 20 期，第 61~63 页。

〔4〕 唐铭民等："成都市 2 区市中学生心理卫生相关知识知晓情况调查"，载《预防医学情报杂志》2018 年第 11 期，第 1384~1387 页。

〔5〕 董玲等："武汉市居民精神卫生知识知晓率调查"，载《中国公共卫生》2019 年第 3 期，第 345~348 页。

会公平正义，促进人的全面发展。[1]我国《精神卫生法》不仅保护精神障碍患者的合法权益，还涵盖了十几亿国民的精神健康的促进事业。其价值取向是维护和促进"人之所以为人"的尊严和权利，实现精神病患者的"人性回归"。[2]因此，《精神卫生法》是健康法更是人权法。[3]"没有全民健康，就没有全面小康"，"推进健康中国建设，是我们党对人民的郑重承诺"。[4]精神卫生问题既是公共卫生问题，也是重大的社会问题。心理健康促进和精神障碍预防制度是维护和增进国民心理健康和精神障碍预防的一项基本制度，对于营造全社会尊重、理解、关爱精神障碍患者的氛围，改变歧视患者的社会现象，维护精神障碍患者人格尊严、人身、财产等合法权益具有重要作用。该制度是人民美好生活向往的题中之义，是社会文明进步的重要标志之一。为了实现"到 2020 年，全民心理健康意识明显提高"和"到 2030 年，全民心理健康素养普遍提升"的目标，[5]理论工作者要向社会大众阐释我国心理健康促进与精神障碍预防制度，广泛宣传，促其理解并接受，营造制度实施的社会基础，激活制度优势，增强制度的实效性。

---

〔1〕 "习近平致信纪念《世界人权宣言》发表 70 周年座谈会强调坚持走符合国情的人权发展道路　促进人的全面发展"，载 http://cpc.people.com.cn/n1/2018/1210/c64094-30454277.html，最后访问时间：2022 年 7 月 18 日。

〔2〕 赵菊敏："人权视角下我国《精神卫生法》的理论检视"，载《郑州大学学报（哲学社会科学版）》2013 年第 5 期，第 49~54 页。

〔3〕 解志勇："《精神卫生法》是健康法更是人权法"，载《时事报告》2012 年第 12 期，第 58~59 页。

〔4〕 《习近平谈治国理政》（第 2 卷），外文出版社 2017 年版，第 370~373 页。

〔5〕 参见 2016 年《关于加强心理健康服务的指导意见》。

第六章

我国《精神卫生法》的自愿原则

一、我国《精神卫生法》自愿原则的内涵

(一) 我国《精神卫生法》确立自愿原则的背景

经过 27 个春秋，2013 年 5 月 1 日，中国首部精神卫生领域的法律——《精神卫生法》正式实施了。有趣的是，人们最关注的是非自愿住院治疗概念、标准和程序等规定，很多媒体将其称之为"被精神病"的终结。在百度网页搜索中（截至笔者发稿时），以"终结被精神病"与"精神卫生法"作搜索词语，检索的相关结果分别约是 4 080 000 个和 1 580 000 个。《精神卫生法》的意义似乎被其内容之一的"终结被精神病"的影响淹没了。实质上，《精神卫生法》的意义不只在于终结"被精神病"，而是对精神障碍患者普遍权益的保护。[1]精神障碍患者的权利是否有保障源于这部法律确立的基本原则和制度。"终结被精神病"，即非自愿住院治疗制度，只是该法的基本原则之一的自愿原则的补充而已。这部法律最大的亮点是精神障碍患者的"送""诊""治""出"四个关键环节全面体现"自愿原则"。[2]也即是说，为了防止正常人"被精神病"，更好地保护精神障碍患者的合法权益，《精神卫生法》确立了自愿原则。该原则源于私法领域的自愿原则而又与其不同，是在知情的条件下对精神卫生服务的单方接受。它回应了要像人一样保护精神障

---

〔1〕 李颖："《精神卫生法》不仅仅终结了'被精神病'"，载 http://scitech. people. com. cn/n/2013/0509/c1057-21414362. html，最后访问时间：2022 年 7 月 18 日。

〔2〕 王姝："精神卫生法历经 27 年出台 患者治疗实行自愿原则"，载 http://news. sohu. com/20121027/n355821201. shtml，最后访问时间：2022 年 7 月 18 日。

碍患者，彰显了《精神卫生法》的福利法本质。它包含自愿诊断、自愿治疗和自愿出院三个既相互区别又相互联系的子原则。非自愿诊断、非自愿治疗、非自愿继续住院治疗只是自愿原则的补充，此种例外旨在寻求患者精神健康权与社会公众安全保护的平衡。因此，这对自愿原则的内涵、渊源及实施的阐释具有一定的理论和实践意义。

（二）我国《精神卫生法》自愿原则的内涵

自愿原则是指精神障碍患者（含疑似）的诊断、治疗、康复实行其知情同意的自主决定。它是《精神卫生法》的基本原则，包含自愿诊断、自愿治疗和自愿出院三个既相互区别又相互联系的子原则，非自愿诊断、非自愿治疗、非自愿继续住院治疗只是自愿原则的补充，此种例外旨在寻求患者精神保健权与社会公众安全保护的平衡。为了实现自愿原则，《精神卫生法》必须严格设置非自愿诊疗的条件和程序，把其限制在最小的范围内。《精神卫生法》本质上是一部权利保障法，在尊重精神障碍患者基本权利的基础上促其获得基本的精神卫生保健是其宗旨。自愿原则既是人身自由基本权利的体现，又是精神卫生法保障的正常人免予"被精神病"的权利、正常人不受精神病人侵犯的权利、精神病人获得救治的权利之间三权平衡的回应，因为作为自愿原则的补充的非自愿制设计围绕上述三权如何平衡的艺术。

《精神卫生法》的自愿原则源于民法的自愿原则。民法的自愿原则源于近代民法的三大原则之一的意思自治原则。意思自治原则孕育于罗马帝国的商品交换，确立于《法国民法典》，发展成为近代民法的基石，核心是民事主体根据自身的意愿创设自己的权利和义务。意思自治原则的内核是主体的平等自由、理性主义和权利本位观。[1]所以，我国《民法典》在"从事民事活动，应当遵循自愿原则"（第5条）之前规定"民事主体在民事活动中的法律地位一律平等"（第4条），强调只有在平等的前提下才能实现真正的自愿，因而把它们合称为"平等自愿和等价有偿原则"。[2]民法自愿原则的含义包括：①民法规范民事主体的行为方面，在法律允许的范围内体现当事人的意识自治；②民事主体根据自己的意愿设立、变更或终止民事法律关

---

〔1〕 季金华："意思自治原则的成长与法治社会"，载《南京师大学报（社会科学版）》2000年第1期，第44~55页。

〔2〕 梁慧星："我国民法的基本原则"，载《中国法学》1987年第4期，第3~10页。

系，他人不得非法干涉；③双方或多方的民事行为的内容及形式由当事人自愿协商。[1]

《精神卫生法》的自愿原则与民法自愿原则主要有以下不同：①应用的领域不同。民法领域的自愿原则属于私法领域，遵循"法无禁止便自由"逻辑，是民法基本精神和价值的反映；《精神卫生法》的自愿原则属于社会法领域，遵循职权法定的逻辑，强调国家和社会的义务，是精神卫生保健服务的基本准则。②实施的主体不同。民法自愿原则的实施主体有单方、双方、多方之分，相应地，民事法律行为有单方行为、双方行为与多方行为之分，且双方、多方主体之间平等自愿属于自愿原则的主要体现；而《精神卫生法》的自愿原则只体现在疑似或精神障碍患者的单方行为，他们自主决定其是否接受诊断、治疗、康复行为，与另一方主体无关，医疗机构接诊属于法定义务。③实施的条件不同。民法自愿原则是在民法的根本原则——平等原则决定而延伸的一个原则，强调当事人在民事活动中地位平等基础上的自愿，因为双方地位的不平等无法体现真正的民事活动自愿；而《精神卫生法》的自愿原则的实施不需要平等原则作为支持，只是精神障碍患者（含疑似）的单方面知情同意和自主决定。值得强调的是，精神障碍患者（含疑似）一般属于弱势群体，地位不及医疗机构，精神障碍患者（含疑似）的自愿是在双方主体地位不平等的条件下实现的，因此《精神卫生法》通常规定诊断、治疗、康复为医疗机构的法定义务，使患者"在行使自主决定时有权获得帮助"。[2]④施行的标准不同。民法的自愿原则强调的是当事人意志自由，按照这一原则，民事主体在法律允许的范围内享有完全的意志自由，自愿设立、变更或终止民事法律关系，自愿进行民事法律行为，自愿协商行为的形式和内容，任何单位和个人不得非法干预；而《精神卫生法》的自愿原则强调的是知情同意，强调自主和知情同意是绝大多数患者诊疗和康复的基础。⑤行为的种类不同。除双方或多方行为外，体现自愿原则的单方民事法律行为只有两类：一是有关行为的后果一般仅使相对人取得权利而不承担义务的，如授权行为、赠与行为、遗嘱与遗赠行为等；二是行为人依法或根据合同而享有单方行为权利

---

〔1〕 魏振瀛主编：《民法》，北京大学出版社、高等教育出版社2000年版，第25页。

〔2〕 World Health Organization, *WHO Resource Book on Mental Heal-th*: *Human Rights and Legislation*, Geneva：World Health Or-ganization Press，2006，p. 30.

的，如撤销行为、解除行为、追认行为等。[1] 而体现《精神卫生法》自愿原则的行为只有精神障碍患者（包括疑似患者）依法享有的单方同意接受或拒绝接受行为，包含诊断、治疗、康复的每一个阶段或过程的拒绝或中止行为。

（三）我国《精神卫生法》自愿原则的渊源

《精神卫生法》自愿原则的理念源于私法领域的意思自治，实施标准来自联合国和世界卫生组织关于精神卫生立法的自主决定原则，强调自主和知情同意应是绝大多数精神障碍患者治疗和康复的基础。1991 年第 46 届联大 75 次全体会议通过《保护精神疾病患者和促进精神健康》（MI 原则）的第 119 号决议以决议附件的形式对精神卫生立法提出了 25 项原则。MI 原则 11 治疗同意规定：除本条原则第 6、7、8、13 和 15 款规定者外，未经患者知情同意，不得对其施行任何治疗。该知情同意系指以患者理解的形式和语言适当地向患者提供充足的、可以理解的以下方面情况后，在无威胁或不当引诱情况下自由取得的同意：（a）诊断性评估；（b）所建议治疗的目的、方法、可能的期限和预期的益处；（c）可采用的其他治疗方式，包括侵入性较小的治疗方式；（d）所建议治疗可能产生的痛苦或不适、可能产生的风险和副作用。"MI 原则 15 自愿入院和治疗规定：如患者需要在精神卫生机构接受治疗，应尽一切努力避免非自愿住院。自愿入院同时带来了从精神卫生机构自愿出院的权利，但不是非自愿住院的每一个患者都有权随时出院，除非他们满足非自愿入院的标准。1996 年，世界卫生组织制定了《精神卫生保健法：十项基本原则》作为对 MI 原则的进一步解释和对各国制定精神卫生法的指导。其中的第五项"自主决定"属于自愿原则的又一渊源。恰当的做法是，所有患者首先应被假定为有行为能力，并且在实施非自愿程序之前，应尽一切努力以使患者能够接受自愿入院或治疗。[2]

从根本上讲，一些国家按照"正常化生活""去机构化""最小限制""自主决定"等新的理念修改或制定精神卫生法源于现代社会精神卫生立法目的的改变。现代社会精神卫生立法目的不再基于对精神障碍患者的社会防卫性，对精神障碍患者的保护已从以健康人对其监护为中心转向以尊重其基本

---

〔1〕　魏振瀛主编：《民法》，北京大学出版社、高等教育出版社 2000 年版，第 136~137 页。

〔2〕　World Health Organization, *WHO Resource Book on Mental Heal-th*: *Human Rights and Legislation*, Geneva: World Health Or-ganization Press, 2006, p.61.

权利为基础的需要为中心。世界各国最初制定精神卫生法规的主要理由和目的是对精神障碍患者的社会防卫。自 1938 年世界上第一部《精神卫生法》在法国诞生以来，世界各国早期都没有以增进精神障碍患者的医疗与福利为主要目的的"精神卫生法"。从 20 世纪 50 年代开始，随着国际人权运动和国际上一系列宣言的出现，多数国家相继对精神卫生法规进行大规模的修订，由以往的社会防卫性的立法模式逐步演变成了治疗性的尊重人权模式。[1]"正常化生活""去机构化""最小限制""自主决定"等新的理念确立为各国精神卫生法的基本原则是治疗性的尊重人权模式立法目的的反映。

自愿原则就是以精神障碍患者的基本权利保护在精神卫生法中的体现，防止对精神障碍患者保护异化为对人身自由等基本权利的侵犯，从而被大多数国家精神卫生法普遍采用并成为主导原则，因为非自愿只是少数的例外。实质上，自愿原则不仅是主导原则，还应是基本原则，因为其确立标志着从生物医学视角回到患者权利视角，使精神卫生法的性质从传统的社会防卫法变为社会福利法。体现法的根本价值的基本原则，"是整个法律活动的指导思想和出发点，构成法律体系或法律部门的神经中枢"。[2]自主决定和知情同意是决定精神卫生保健权利是否属于医疗福利保健法的本质，构成了精神卫生法质的规定性。因此，确立是否自愿的精神卫生服务标准就成为立法基本准则。

（四）我国《精神卫生法》自愿原则的实施

与国际上精神卫生立法的理念和各国的实践经验一致，我国《精神卫生法》自愿原则的实施采取了"原则+例外"的立法模式，而不是绝对自愿原则。为了尽量避免非自愿，《精神卫生法》严格限定了非自愿的条件、程序及复核救济措施，争取最大限度地实施自愿原则。划定非自愿的范围并严格执行成为检验自愿原则是否真正实施的圭臬。设置自愿原则的例外制度体现了《精神卫生法》保障正常人免予"被精神病"的权利、正常人不受精神病人侵犯的权利、精神病人获得救治的权利之间的平衡。这种"既防'不该治而治'，也防'该治不治'"立法精神体现了《精神卫生法》的医疗福利保障

---

〔1〕 彭少慧："论精神卫生法的历史沿革以及对我国的启示"，载《山西警官高等专科学校学报》2011 年第 1 期，第 23~27 页。

〔2〕 沈宗灵主编：《法理学》，高等教育出版社 1994 年版，第 40 页。

法的性质。[1]

我国《精神卫生法》的自愿原则主要规定在精神障碍患者的"送""诊""治""出"四个关键环节。在精神障碍的诊断方面，该法第27条第2款规定，除法律另有规定外，不得违背本人意志进行确定其是否患有精神障碍的医学检查。任何人对是否就诊具有选择权，这是人身自由的体现。从原则上讲，一个人是否到医疗机构做是否患有精神障碍的医学检查，取决于其本人的意志，他人不得强迫，除非法律有特别的规定。[2]第28条是对自愿诊断原则例外的设置，规定了除自愿到医疗机构诊断外，对将疑似精神障碍患者送往医疗机构进行诊断的主体、条件等进行了严格规定。通常情况下，分为疑似精神障碍患者的近亲属可以送诊和当地民政等有关部门对查找不到近亲属的流浪乞讨疑似精神障碍患者的帮助送诊。值得强调的是，这里的近亲属可以送诊和当地有关部门的帮助送诊不属于强制送诊，应属于福利性质的帮助，在尊重患者基本人权的基础上帮助其实行基本的精神卫生保健服务，应在患者知情同意的前提下进行，除非在不符合非自愿入院标准的患者如严重精神发育迟滞者急需精神卫生服务的情况下可以代替决定。紧急情况下对伤害自身、危害他人安全的行为（或危险）由疑似患者的近亲属、所在单位、当地公安机关强制送诊。在精神障碍患者的治疗方面，该法第30条规定了住院治疗实现自愿原则和非自愿住院治疗的条件。尽可能让患者自愿住院，减少非自愿住院是精神障碍住院治疗应当坚持的原则。《精神卫生法》的最大贡献是确立了"非自愿住院的危险性原则"，以此取代了原来的"自知力标准"。据此原则，除非达到"危险性"程度，精神障碍患者有权拒绝住院。第二个贡献在于，对于因有"危害他人安全的危险"而住院的，患者或其监护人可要求再次诊断和鉴定。这对防止精神病收治制度被滥用作了比较充分的制度安排。第三个贡献在于，明确赋予患者在认为自身合法权益受到侵害时向法院提起诉讼的权利。[3]在精神障碍患者的出院方面，该法第44条进行了详细的规定，体现了自愿原则。其自愿出院表现为：①自愿住院患者可以随时要求

---

〔1〕 郑赫南："既防'不该治而治'，也防'该治不治'"，载《检察日报》2012年10月29日。

〔2〕 信春鹰主编：《中华人民共和国精神卫生法解读》，中国法制出版社2012年版，第88页。

〔3〕 黄雪涛："《精神卫生法》的贡献和缺陷"，载 https://news.sina.com.cn/o/2012-10-29/063925459988.shtml，最后访问时间：2022年7月18日。

出院，医疗机构应当同意；②已经发生伤害自身行为，或者伤害自身危险的患者，实施非自愿住院治疗的，监护人可以随时要求出院，医疗机构应当同意。自愿出院的例外情况是对已经发生危害他人安全的行为，或者危害他人安全危险的患者，实施非自愿住院治疗的，由医疗机构实行非自愿出院。针对这种患者，医疗机构还应定期检查评估，对不需要继续住院治疗的及时通知患者及其监护人。

二、我国《精神卫生法》自愿原则的特征

（一）为何我国《精神卫生法》设置自愿原则

历经 27 年"马拉松式"的立法长跑，我国首部《精神卫生法》终于在 2012 年 10 月 26 日经第十一届全国人民代表大会常务委员会第二十九次会议审议通过，并于 2013 年 5 月 1 日正式实施了。在评价这部法律的意义时，很多专家、学者和媒体人士把自愿原则的确立作为该法的主要贡献和亮点之一。中国政法大学法学院教授、卫生法研究中心执行主任解志勇认为"自愿原则"是《精神卫生法》的核心点。[1]精神卫生公益律师黄雪涛把"住院自愿原则"解读为该法的三大亮点之一；[2]有媒体把"住院自愿原则"解读为该法的三大贡献之首；[3]还有的媒体称这部法律最大的亮点是精神障碍患者的"送""诊""治""出"四个关键环节全面体现"自愿原则"。[4]有趣的是，整个社会对这部法律的关注焦点是"非自愿治疗制度"。在百度搜索中，以"《精神卫生法》自愿原则"与"终结被精神病"作搜索词语，检索的相关结果分别约是 133 000 个和 4 080 000 个（截至笔者发稿时）。社会关注度的反差缘于 2011 年前后发生的影响全国的"被精神病事件"，如湖北省十堰市网友彭某某、河南省漯河市农民徐某某、河南省郑州市王某等。[5]不难看出，《精

---

〔1〕 刘星、高四维："《精神卫生法》终结'被精神病'"，载《中国青年报》2012 年 10 月 29 日。

〔2〕 王姝："黄雪涛律师解读精神卫生法的三大亮点"，载 http://news.9ask.cn/Article/zbtj/10/1731489.shtml，最后访问时间：2014 年 4 月 6 日。

〔3〕 陈春贤："《精神卫生法》的三大贡献"，载 http://www.hmrb.com.cn/test/hmrb/html/2012-11/14/content_7_1.htm，最后访问时间：2014 年 4 月 6 日。

〔4〕 刘少龙："《精神卫生法》五一起实施 最大亮点是'自愿原则'"，载 http://hn.rednet.cn/c/2013/04/28/2989617.htm，最后访问时间：2014 年 4 月 7 日。

〔5〕 百度百科："被精神病事件"，载 http://baike.baidu.com/view/3471824.htm? fr=wordsearch，最后访问时间：2022 年 7 月 18 日。

神卫生法》自愿原则承载了整个社会防止正常人"被精神病"的使命和期待，以致有媒体称其将是"被精神病"的终结。[1]自愿原则就是为了防止"被精神病"吗？它的根本目的是什么？它与私法自愿原则有何区别？应怎样全部理解其内涵和标准？它有什么特征？这些问题的澄清对该原则的实施具有一定的理论和实践意义。

（二）我国《精神卫生法》自愿原则的含义

《精神卫生法》的自愿原则的理念源于私法领域的意思自治。意思自治原则孕育于罗马帝国的商品交换，确立于《法国民法典》，发展成近代民法的基石，表现为民事主体根据自身的意愿创设自己的权利和义务，本质是"主体的平等自由、理性主义和权利本位观"的体现。[2]意思自治精神体现于私法领域的自愿原则，是由私法调整的社会关系的性质决定的。根据我国民事法律的规定：民事活动应当遵循自愿原则（《民法典》第5条）。按照我国学者的通说，民法规范应体现当事人的意思自治，对于平等主体的财产关系和人身关系，国家不应干预过多，这既符合社会主义市场经济规律的要求，也是社会主义民主在民事法律关系中的体现。具体地说，民法自愿原则包含以下含义：①规范民事主体的行为方面体现当事人的意思自治。民事行为除违反法律、行政法规的强制性规定以外，通常均不否认其效力。②民事主体根据自己的意愿设立、变更或终止民事法律关系，他人不得非法干涉。③双方和多方的民事行为的内容和形式由当事人自愿协商。[3]随着社会的发展，作为私法领域中最古老的基本原则之一的自愿原则开始受到一定的限制，不是任意的和绝对的自愿，而是以不损害国家、社会和他人的利益为前提。

《精神卫生法》的自愿原则源于私法领域的自愿原则而又与其不同，是指精神障碍患者（含疑似）在法定无害的前提下自主决定一方对其提供的精神卫生服务的接受、中止或终止的行为，而不取决于负有提供精神卫生服务义务方的意愿。从该原则的实施上看，它是一种单方行为，而且是精神障碍患

---

〔1〕辛均庆："《精神卫生法》等法律法规今起实施'被精神病'有望终结"，载http://politics. people. com. cn/n/2013/0501/c70731-21332924. html，最后访问时间：2022年7月18日。

〔2〕季金华："意思自治原则的成长与法治社会"，载《南京师大学报（社会科学版）》2000年第1期，第44~55页。

〔3〕魏振瀛主编：《民法》，北京大学出版社、高等教育出版社2000年版，第25页。

者（含疑似）实施自愿原则时唯一选择的行为类型。但是，仅凭单方行为是不能实现《精神卫生法》为精神障碍患者（含疑似）提供精神健康服务的目的的，因此该法规定提供精神卫生服务的一方对待患者的自愿行为只能选择接受，表现为或诊断、或治疗、或中止、或结束诊治，变为其法定义务。而民法自愿原则的实施通常是双方或多方主体之间达成的合意，表现为双方或多方主体间成立、变更或终止民事法律关系的行为，而单方主体民事法律行为只是辅助类型。值得强调的是，在法定无害的前提下，精神障碍患者（含疑似）对医疗机构提供的精神卫生服务可以选择接受、中途中止、再接受、终止结束等不同的方式，不存在双方协议变更的情形，因为其是一种单方行为。

与私法领域相比，《精神卫生法》的自愿原则不仅内涵不同，而且立法目的也不同。私法领域的自愿原则源于自由权的保障，目的是"给予全体国民平等的个人私生活领域的自由"，要求国家权力处于消极不作为的状态，追求"形式上的平等"，以最大化地保护个人利益为价值。[1]而我国《精神卫生法》以维护和增进公民心理健康、预防和治疗精神障碍、促进精神障碍患者康复为具体的立法目的。[2]从权利保护路径看，保护和促进公民和精神障碍患者的精神卫生健康的权益是我国《精神卫生法》的宗旨。根据国际人权相关条约，健康的权利"即可看作是政府采取行动或必要的服务为获得最大可能的一项'积极'权利，也可看作是为得到保护而避免疾病或危险情况的'消极'权"。[3]从自愿原则看，健康的权利"消极权"属性要求公民和精神障碍患者有掌握自己的健康和体质的权利，如不受酷刑、未经同意强行治疗和试验等，防止"被精神病"；健康的权利"积极权"属性要求政府的积极作为保障公民和精神障碍患者在现有条件下活动良好的精神卫生服务。精神卫生健康的权利兼具"自由权"和"社会权"的双重属性决定了其自愿原则的特殊性：精神障碍患者单方自愿的决定权和医疗机构必须接受义务的统一。提供精神卫生服务的医疗机构的法定义务源于社会权的保障，目的是"多数

---

〔1〕 竺效："'社会法'意义辨析"，载《法商研究》2004年第2期，第61~68页。

〔2〕 信春鹰主编：《中华人民共和国精神卫生法解读》，中国法制出版社2012年版，第5~8页。

〔3〕 明尼苏达大学人权图书馆："经济、社会、文化权利委员会第二十二届会议（2000年）第14号一般性意见：享有能达到的最高健康标准的权利（第12条）"，载http://www1.umn.edu/humanrts/chinese/CHgencomm/CHgencomment14.htm，最后访问时间：2022年7月18日。

人共同生活的社会整体的和谐"，要求国家权力处于积极作为的形态，追求"实质上的平等"，以最大化地保护社会利益为价值。[1]不同的是，这种精神卫生服务需要建立在患者知情同意的条件下，是要求患者自愿接受启动后的积极所为。但无论是健康权利的"自由权"性质，还是"社会权"属性，保障公民和精神障碍患者精神健康权益的最大化是自愿原则确立的本质目的。

(三)《精神卫生法》自愿原则的特征

与私法领域的自愿原则相比，《精神卫生法》的自愿原则具有以下特征：

(1) 地位不平等的自愿。私法中的自愿原则建立在民事主体地位平等的基础上，只调整平等主体间的财产关系和人身关系。可以说，没有平等，就没有自愿。而《精神卫生法》的自愿原则不仅不是建立在双方主体地位平等的基础上，而且双方的地位存在明显的不平等。由于社会、历史、文化原因形成的歧视和病耻感，精神障碍患者（含疑似）是社会中的弱势群体，地位明显不及提供精神卫生服务的医疗机构。为了实现自愿原则，只要精神障碍患者（含疑似）在法定无害的前提下自主同意接受精神卫生服务，医疗机构必须尊重，确保其"享有能达到的最高的体质和心理健康的标准"。[2]

(2) 单方自愿。民法自愿原则的实施主要以双方、多方主体之间合意为主要类型，单方自愿行为比较少。体现自愿原则的单方民事法律行为有两类：一是有关行为的后果一般仅使相对人取得权利而不承担义务的，如赠与行为、遗嘱与遗赠行为、授权行为等；二是行为人依法或根据合同而享有单方行为权利的，如撤销行为、追认行为、解除行为等。[3]而精神障碍患者（含疑似）实施自愿原则是一种单方行为，且是唯一选择的行为类型。自愿的决定权在精神障碍患者（含疑似），不需要另一方的合意。但提供精神卫生服务的医疗机构像法官一样按照"不告不理"的原则，对精神障碍患者（含疑似）单方选择的接受、中途中止、再接受、终止结束不同的行为后，积极实施自己的法定义务。

(3) 相对自愿。与私法领域的自愿原则一样，《精神卫生法》的自愿原

---

〔1〕　竺效："'社会法'意义辨析"，载《法商研究》2004年第2期，第61~68页。

〔2〕　参见《经济、社会及文化权利国际公约》。

〔3〕　魏振瀛主编：《民法》，北京大学出版社、高等教育出版社2000年版，第136~137页。

则也属于相对自愿。但二者对自愿限制的条件不同：民法自愿原则以不违反国家、社会和他人利益为前提，以触犯法律、行政法规的强制性规定为界限；《精神卫生法》的自愿原则以法定无害为限制条件，如其第 30 条非自愿住院治疗规定了"已经发生伤害自身的行为或危险与已经发生危害他人安全的行为或危险"的四类法定行为，如果达到严重精神障碍程度，才能采取非自愿住院治疗。

（4）尽可能限制非自愿。《精神卫生法》对自愿的限制采取尽可能小的原则，即尽可能限制非自愿。根据《精神卫生法》的规定，对非自愿住院治疗的条件严格限定在两种情况：一是已经发生伤害自身的行为，或者有伤害自身的危险的；二是已经发生危害他人安全的行为，或者有危害他人安全的危险的。也即是说，无害亦无非自愿。而民法领域对自愿的限制没有采取尽可能小的原则，且限制条件较宽泛，如《民法典》规定的违反法律或者社会公共利益的民事行为无效，而"社会公共利益"是一个模糊的概念标准。

（5）相对方必须遵守的自愿。《精神卫生法》的自愿原则的特点是自愿的决定权在于精神障碍患者（含疑似）的单方决定，而另一方因是其法定义务必须接受。《精神卫生法》第 28 条第 3 款规定"医疗机构接到送诊的疑似精神障碍患者，不得拒绝为其作出诊断"；第 29 条第 2 款规定"医疗机构接到依照本法第二十八条第二款规定送诊的疑似精神障碍患者，应当将其留院，立即指派精神科执业医师进行诊断，并及时出具诊断结论"；第 44 条第 1 款规定"自愿住院治疗的精神障碍患者可以随时要求出院，医疗机构应当同意"。

（6）实施标准国际性的自愿。《精神卫生法》自愿原则的理念源于私法领域，实施标准来自联合国和世界卫生组织关于精神卫生立法的国际条约和规范。它们强调自主和知情同意应是绝大多数精神障碍患者治疗和康复的基础。1991 年第 46 届联大第 75 次全体会议通过了《保护精神疾病患者和促进精神健康》（MI 原则）的第 119 号决议以决议附件的形式对精神卫生立法提出了 25 项原则。根据 MI 原则 11（1），"有效同意必须满足以下标准：a）做出同意决定的正常人或患者必须具有做出该决定的权利能力，并且应假定其有权利能力，除非有相反证据加以证明；b）同意的决定必须在自由状态下获得，不得施加威胁或不当的诱导；c）应恰当而充分地提供信息，必须包括所建议的治疗的目的、方法、可能的疗程和预期疗效；d）应充分地与患者讨论所建议的治疗可能引起的痛苦或不适，以及风险和可能的副作用；e）如有可能的话，应依据良好的临床规范来提供选择，应同患者讨论并向其提供备选治疗方法，尤其是那些侵入性较小的方法；f）信息的提供应当使用患者能理解的语言和形式；g）患者应当有权利拒绝或中止治疗；h）拒绝治疗（可能包括出院）的后果应向患者解释清楚；i）应将同意决定记载在患者的医疗记录中"。[1]不难看出，精神卫生领域的自愿原则不仅是各国广泛采用的原则，而且形成了国际性的实施标准。

（四）《精神卫生法》自愿原则的体现

《精神卫生法》自愿原则体现在精神障碍患者的"送""诊""治""出"四个关键环节。

（1）自愿就诊。任何人对是否就诊具有选择权，这是人身自由的体现。一个人是否到医疗机构进行是否患有精神障碍的医学检查，取决于本人的意志，他人不得强迫，除非法律有特别的规定。[2]所以，《精神卫生法》第27条第2款规定，"除法律另有规定外，不得违背本人意志进行确定其是否患有精神障碍的医学检查"。对疑似精神障碍患者的非自愿送诊，《精神卫生法》限定了两种情况：一是通常情况，二是紧急情况。通常情况下，非自愿送诊实质就是协助就医，主体包括近亲属和当地民政部门。紧急情况下，非自愿送诊是在疑似精神障碍患者发生伤害自身、危害他人安全的行为或危险的情况下，由近亲属、所在单位、公安机关应当分别对在家中、所在单位、公共场所发生的上述情形采取措施制止并送诊，防止危害行为发生或者危害后果扩大。疑似患者的近亲属、所在单位无法制止或者送诊的，可以请求公安机关采取有效措施制止并送诊。他们应当相互配合，不得相互推诿。但这里患者的近亲属、所在单位、当地公安机关具有了一定的"强制医疗权"，却没有设立必要的限度，使权力滥用仍有存在空间，有悖自愿原则的精神。[3]

（2）自愿治疗。精神障碍患者的治疗有五种方式：门诊治疗（第28条）、

---

〔1〕 World Health Organization, *WHO Resource Book on Mental Heal-th*: *Human Rights and Legislation*, Geneva: World Health Or-ganization Press, 2006, pp. 43~44.

〔2〕 信春鹰主编：《中华人民共和国精神卫生法解读》，中国法制出版社 2012 年版，第 88 页。

〔3〕 彭玉凌："'被精神病'现象的解构与消弭"，载《医学与哲学（A）》2013 年第 4 期，第 76~79 页。

住院治疗（第 30 条）、监狱强制隔离戒毒所治疗（第 52 条）、社区康复治疗（第 54 条）和在家住居治疗（第 55 条）。与治疗其他疾病一样，每一种方式都需根据患者的意愿进行，实行自愿原则。《精神卫生法》第 30 条第 1 款规定，"精神障碍的住院治疗实行自愿原则"。这是住院治疗的基本原则，且尽可能限制非自愿住院治疗。除法律另有规定外，患者不同意住院治疗的，医疗机构不得对患者实施住院治疗。所以，《精神卫生法》第 30 条第 2 款规定："诊断结论、病情评估表明，就诊者为严重精神障碍患者并有下列情形之一的，应当对其实施住院治疗：（一）已经发生伤害自身的行为，或者有伤害自身的危险的；（二）已经发生危害他人安全的行为，或者有危害他人安全的危险的。"也即是说，非自愿住院治疗的标准须同时满足两个条件：一是有疑似或者确诊的严重精神障碍患者；二是有伤害自身或危害他人安全的行为或者危险。[1]

（3）自愿出院。精神障碍患者出院是精神障碍治疗中的重要环节，不仅表明精神障碍治疗取得了一定效果，而且意味着精神障碍患者可以回归社会。我国《精神卫生法》第 44 条按照自愿出院的原则规定了四种出院方式：①自愿住院治疗的患者随时可以要求出院；②对已发生伤害自身行为或危险的精神障碍患者实施住院治疗的监护人可以随时要求出院；③医疗机构认为前两款规定的患者不宜出院的，应告知理由后，患者或监护人仍要求出院的签字确认后出院；④对已发生伤害他人安全行为或危险的精神障碍患者实施住院治疗，医疗机构认为患者可以出院的通知出院。实质上，前三种情况只要患者或监护人签字确认即可出院；即使"不宜出院"的，只要患者或监护人要求出院，医生只能"告知不宜出院的理由"并"提出出院后的医学建议"，"患者或者其监护人签字确认后"亦可出院。这样，医生通过告知与建议规避了责任风险，但患者带病出院后可能造成自身健康受损和威胁社会的风险。[2]值得强调的是，《精神卫生法》对非自愿住院治疗患者的出院规定得不完善，有可能与自愿原则的精神相悖：与患者有利益冲突的监护人是否会组织符合

---

〔1〕 胡建辉："《精神卫生法》解读：防止豪门上演'被精神病'"，载 http://www.cermn.com/art159727.aspx，最后访问时间：2014 年 4 月 6 日。

〔2〕 陈海波："《精神卫生法》解读：自愿住院条款引争议：想出院就出院？"，载 http://www.chinanews.com/fz/2013/05-20/4833317.shtml，最后访问时间：2014 年 4 月 6 日。

出院条件的患者出院？医疗机构及精神科医师决定伤害他人行为或危险的患者是否出院时能否保持价值中立？[1]

（五）余论：自愿原则实施的困境

我国《精神卫生法》在"送""诊""治""出"四个环节全面确立了自愿原则。该原则源于私法领域，是指精神障碍患者（含疑似）在法定无害的前提下自主决定一方对其提供的精神卫生服务的接受、中止或终止的单方意愿。与私法自愿原则相比，该原则具有单方性、相对性、双方地位不平等性、实施标准国际性、相对方必须接受等特征。由于健康权兼具"自由"和"权利"的双重属性，《精神卫生法》自愿原则具有精神障碍患者单方自愿的决定权与医疗机构必须接受义务相统一的特殊性。

但任何一项法律原则的实现都需要一定的社会条件和制度条件，《精神卫生法》自愿原则也不例外。更为特殊的是，一方面，精神障碍患者大多自知力存在不同程度的问题，"他们所表现出的'自愿'到底有多大可信度和可操作性"，出现了医疗行业的怀疑自愿；[2]一方面，由于存在社会歧视、病耻感、恐惧、不安等因素，很多患者有病不敢去就诊，怕别人发现，内心不敢自愿；另一方面，由于精神疾病的诊断结论主要来源于病人的自我陈述、表面精神状况判断和医师自身的专业知识经验，这种主观性过强的诊断有可能出现骗取医疗服务或逃避犯罪的假象自愿。因此，自愿原则的实现还需要很长的路要走。在当前环境下，自愿原则的实施需要两方面的条件：一方面是形成精神疾病与体质疾病、保护精神健康与保护体质健康一样的社会共识；另一方面是完善实施自愿原则的相关制度，包括自愿的标准、非自愿治疗制度、监护人制度、预先指示权制度、救济与纠错机制等。

---

〔1〕　刘晓燕："《精神卫生法》对'被精神病'现象规制之评析"，载《医学与哲学（A）》2013年第4期，第73~75页。

〔2〕　张晟："精神卫生法今起实施'自愿原则'存争议"，载 http://news. ifeng. com/mainland/ detail_ 2013_ 05/01/24828701_ 0. shtml，最后访问时间：2014年4月6日。

第七章

急诊、误诊与"被精神病"的性质及法律责任比较

一、问题的提出

急诊、误诊与"被精神病"的性质及法律责任比较的研究背景。我国《精神卫生法》实施后，为了谨防"被精神病"事件的发生，一些医疗机构出现了禁止医生或者 120 出诊、接诊精神障碍患者等紧急救治现象，有的甚至担心误诊引起"被精神病"而采取少医为安的思想，以致影响了精神障碍患者权益的保护。而相关医疗机构把这种"被动救治"现象解读为新法的禁止：有的认为《精神卫生法》规定"医疗机构不能出诊接诊"；[1]有的认为医生不能上门接诊是因为《精神卫生法》规定"精神障碍患者可以拒绝做精神障碍的鉴定检查，可以拒绝住院，入院的可随时要求出院"。[2]早在 2007年《北京市精神卫生条例》实施后，北京市一些精神病医院对其制度作了相应修改，其中医护人员外出接诊患者的服务已明确停止。[3]事实上，不论是《北京市精神卫生条例》还是《精神卫生法》，都没有医疗机构及其医务人员不能上门出诊或接诊精神障碍患者的规定。这种现象缘于医疗机构及其人员

---

[1] 贾荣："八旬父母盼医生上门解救洁癖女儿有难题——法律规定精神病医院不能出诊接诊"，载《包头晚报》2013 年 12 月 6 日。

[2] 章庆："医生不上门接诊精神病患者？法律新规明确患者可拒绝入院"，载《东方卫报》2013 年 10 月 10 日。

[3] 宋合营："北京医院将不再外出接诊精神病患者"，载 http://news. sina. com. cn/c/2007-03-01/025711309515s. shtml，最后访问时间：2021 年 12 月 15 日。

对"被精神病"现象的过度恐惧和对新法的曲解而导致精神卫生服务的畸形。与体质疾病一样，人的精神疾病既需要人性化的急诊服务，也需要医疗机构及其人员敢于担当、严谨、科学地对待误诊的职业态度。恐惧急诊、误诊一不小心会演变为"被精神病"的心理是对它们性质的混淆和法律责任的误解。因此，比较精神障碍急诊、误诊与"被精神病"的性质及法律责任，消除医师们的恐惧心理，树立正确的职业观，对精神障碍患者权益的保护将具有重要的意义。

研究认为，精神障碍急诊、误诊不能构成或转化为"被精神病"现象，因为它们属于不同类的概念。从性质上看，急诊是患者病情紧急情形下的医疗急救，属于合法行为；误诊是不可避免的客观现象，属于过失行为；"被精神病"是可以避免的人为现象，属于故意违法行为。从发生概率上看，急诊、误诊都是临床工作中普遍存在的客观现象，而"被精神病"是人为的小概率事件。从法律责任上看，急诊一般不负法律责任，误诊只有符合法定情形才承担法律责任，"被精神病"不论何种情形都需负法律责任。从立法态度上看，急诊是必须的，误诊是包容的，而"被精神病"是禁止的。

二、精神障碍急诊、误诊与"被精神病"的内涵

(一) 精神障碍急诊的内涵

精神障碍急诊与体质疾病急诊的含义是一样的，都是指医疗机构及其医务人员为患者提供的紧急情况下的抢救与救治，英文称为"emergency treatment"。急诊服务的存在保证了人们在突发疾病时能在最佳抢救时间内获得专业、科学的救治。一般地，医疗机构应设置急诊科 (室)，配置相应的软硬件设施，开展专业、科学的急诊服务。120急救服务是医疗机构开展急诊服务的延伸，以最大限度挽救危重病人的生命与健康。但是，精神障碍急诊服务不论在理论上还是实践上常常被人们忽视。根据《医疗机构管理条例》第35条的规定，医疗机构对精神病等患者的特殊诊治和处理，应当按照国家有关法律、法规的规定办理。由于我国精神卫生法律法规制定较晚，精神障碍的急诊服务既没有制度的支撑，又排除在人们急救服务的观念之外。当前我国医疗机构急诊服务的对象主要是指患有体质疾病的人，相关制度散见于一些法律法规中。《民法典》"侵权责任编"赋予了医疗机构抢救生命垂危的患者的

紧急救治权（第 1220 条和第 1222 条）。《护士条例》要求护士在紧急情况下抢救垂危患者生命应先行实施必要的紧急救护义务（第 1 条和第 17 条）。《医疗事故处理条例》把医疗事故限定于过失造成患者的人身损害，排出了紧急情况下为抢救垂危患者生命而采取紧急医疗措施造成不良侵害（第 2 条和第 33 条）。在地方性法规方面，2015 年修正的《广州市社会急救医疗管理条例》规定了为实现"保障公民体质健康和生命安全"和"及时、有效地抢救急、危、重伤病员"的立法目的而采取的社会医疗救助（第 1 条）。实质上，这些分散的法律法规主要是针对医疗机构开展体质疾病急诊服务的相关规定，仍没有形成系统的规定。值得强调的是，2014 年实施的《院前医疗急救管理办法》是系统规范从事院前医疗急救工作的医疗机构及其人员的开展急救服务的规定。但其是一个较低层次的规章，与《医疗机构管理条例》要求的医疗机构对精神病等患者的特殊诊治和处理应按照国家有关法律、法规办理相冲突，也与《精神卫生法》确立的禁止违背本人意志进行确定其是否患有精神障碍的医学检查和以个人自愿诊断为原则、以个别送诊为例外的原则不相协调（第 27 条和第 28 条），因而该办法很难适用于精神障碍患者的急诊服务。由于制度的错位、精神障碍患者诊治服务风险高和利润低以及预防"被精神病"的需要，很多医疗机构对把"精神障碍患者的出诊、接诊降到为零，消除了医护人员为接病人'担惊受怕'的风险"。[1]

我国《精神卫生法》没有关于精神障碍急诊服务的原则规定。在严防"被精神病"的立法思想下，确立了禁止违背个人意见进行精神障碍的医学检查和患者个人自愿诊治的基本原则。具体地说，其规定了精神障碍患者有四类诊治方式：①自愿性诊治，即患者在具有行为能力时自主决定的就诊和治疗，包括自愿门诊治疗和自愿住院治疗；②救护性诊治，即由近亲属将疑似精神障碍患者的帮助送诊使其及时获得治疗；③保安性诊治，即由近亲属、所在单位、当地公安机关紧急情况下送诊具有伤害自身、危害他人安全的行为或者危险的精神障碍患者治疗；④救济性诊治，即由民政部门、公安机关收容流浪街头、无家可归、查找不到近亲属的流浪乞讨疑似精神障碍患者的

---

〔1〕 张丛博、闫静文："媒体称精神卫生法实施 1 年'被精神病'基本终结"，载 http://news. sina. com. cn/c/2014-05-01/163930046067. shtml，最后访问时间：2017 年 6 月 15 日。

送诊治疗。[1]从医疗机构收治患者的方式上看,上述四类精神障碍患者的救治的具有患者"坐等上门"的相同特征是,排出了其之外的紧急救治情形。其中保安性诊治就是人们常说的非自愿住院治疗制度。对于有伤害自身、危害他人安全的行为或危险的疑似精神障碍患者,其近亲属、所在单位、当地公安机关必须采取送诊措施,医疗机构必须接诊,应当将其留院,通过一段时间的紧急住院观察后,及时出具诊断结论。这是该法设置的紧急留院观察诊断制度,应属精神障碍急诊服务的范畴。遗憾的是,这项制度是和非自愿住院治疗制度捆绑在一起,采取"无害亦无非自愿"的原则,仅限范围很小的特定对象。这也是一些医疗机构及其医务人员曲解为《精神卫生法》"禁止医疗机构出诊、接诊服务"的理由之一。实质上,这种以医院大门划定紧急救治服务对象的主要原因是基于精神障碍患者急诊服务的风险大而经济效益低的考量,不仅仅是为了防止"被精神病"的发生。该法确定的精神卫生服务在"送""诊""治""出"四环节应遵循自愿原则,[2]其并不能颠覆医务人员在病人紧急情况下治病救人的伦理基础。对于无知情同意能力的精神障碍患者,需要紧急情况的医疗救治,当家属不能或来不及送诊且又不符合当地民政、公安机关的救济性入院时,医疗机构不开启出诊、接诊等紧急救治服务有悖医疗行业"救死扶伤"的伦理价值。

(二)精神障碍误诊的内涵

一般地,医学上的误诊是指错误的诊断。由于错误的诊断缺乏严格的分类,根据现行临床上的常用分类将误诊分为诊断错误、延误诊断、漏误诊断、病因判断错误、疾病性质判断错误五类。诊断错误包括完全漏诊和完全误诊,把有病诊断为无病称为完全漏诊,把无病诊断为有病称为完全误诊,把甲病诊断为乙病就甲病来说属于完全漏诊,对乙病来说属于完全误诊;延误诊断是指诊断时间过长而延误确诊;漏误诊断是指诊断不完全;病因判断错误是指对疾病的名称和病变部位及性质判断正确而对疾病原因判断错误;疾病性

---

〔1〕 刘俊荣、肖玲:"精神障碍患者非自愿住院医疗的伦理审视——兼评中国《精神卫生法(草案)》中的非自愿住院医疗制度",载《武汉科技大学学报(社会科学版)》2012年第6期,第608~645页。

〔2〕 万传华:"论《精神卫生法》的自愿原则",载《中国卫生法制》2013年第5期,第40~43页。

质判断错误是指对疾病的部位和病因判断正确但对病理变化判断错误。[1]有的专家认为误诊只包括错误诊断和延误诊断，分为广义和狭义两种，凡是主客观原因导致疾病诊断错误或延误确诊的为广义的误诊，凡是因主观原因导致疾病诊断错误或延误确诊的为狭义的误诊。[2]尽管目前医学上对误诊的认识存在分歧，但临床实践在不断地深化并逐渐接受狭义误诊的共识。一般地，法律上的误诊概念是指医疗机构及其医务人员在诊疗活动中因过失给患者的人身、财产等民事权益造成损害而承担损害赔偿的情形。其概念采取的是狭义误诊说，不仅没有临床上的误诊内涵宽泛，而且主要针对人们的体质疾病。我国一般民事权益受到侵害常采取过错责任的归责原则，构成要件包括"行为违法性、损害事实存在、违法行为与损害事实之间的因果关系、行为人主观上有过错"四个条件。[3]《民法典》"侵权责任编"对医疗损害赔偿采取了过错责任为原则、过错推定为例外的归责原则。这里的过错包括故意和过失。但是，由于医务人员承担的抢救人类生命的神圣性和特殊性，人们只能接受合理的医疗技术过失和医疗伦理过失的误诊。从内涵上讲，误诊概念排除了诊疗活动中的故意侵权的严重医疗损害。因此，法律上误诊的构成要件包括：行为违法性、行为人主观上有过失、损害事实存在、违法行为与损害事实有因果关系。

同样，精神障碍误诊是指医疗机构及其医务人员在精神障碍诊疗活动中的过失诊断行为。根据《医疗机构管理条例实施细则》的规定，诊疗活动包括诊断、治疗、护理等环节的检查、治疗、康复等活动（第88条）。由于《民法典》"侵权责任编"是保护民事主体合法民事权益的基本法律，作为弱势群体的精神障碍患者的合法民事权益应受其保护。精神障碍误诊的内涵、归责原则、构成要件应按照《民法典》"侵权责任编"关于过错责任原则和过失认定标准的规定。当然，《民法典》"侵权责任编"第1183条规定了其他法律对侵权责任另有特别规定的，依照其规定。我国《精神卫生法》没有对医疗机构及其医务人员精神障碍误诊的侵权民事责任作特别的规定，但对误诊治疗过程中导致精神障碍患者合法权益损害的情形作出了区别于《民法典》"侵权责任编"的明确列举规定，即歧视、侮辱、虐待精神障碍患者，侵害患

---

〔1〕 陈晓红："临床误诊的分类问题"，载《河北医学》2000年第7期，第670~671页。

〔2〕 陈宣章："谈误诊的定义与分类"，载《医学与哲学》1984年第11期，第23~24页。

〔3〕 杨立新："医疗损害责任概念研究"，载《政治与法律》2009年第3期，第75~82页。

者的人格尊严、人身安全的，或者非法限制精神障碍患者人身自由的，或者其他侵害精神障碍患者合法权益的，以及其他造成精神障碍患者人身、财产损害的，依法承担赔偿责任（第1183条）。

（三）"被精神病"的内涵

我国《精神卫生法》既没有出现"被精神病"的概念，也没有对其作出明确的定义。在整个社会的呼唤下，《精神卫生法》成了解决现实焦点问题的产物，并为防止"被精神病"的发生设计了一套精密的装置。首先，在精神障碍的"送""诊""治""出"四个环节全面确立了自愿原则。其次，严格限定了非自愿住院治疗的条件和程序，明确是否患有精神障碍以及是否达到需要住院治疗的程度，这是一个医学的专业判断，应当由精神科执业医师以就诊者的精神状况为依据，严格按照精神障碍诊断标准和治疗规范出具诊断结论。[1]。最后，设置了"被精神病"的纠错机制和救济措施，如再次诊断和鉴定制度及其诉讼救济措施。实质上，《精神卫生法》的意义不只在于终结"被精神病"，而是对精神障碍患者普遍权益的保护。

"被精神病"概念源于带有讽刺意味的网络流行语，是指利害关系人或有关部门或医疗机构及其医务人员故意将没有患精神病的人或无需住院治疗的轻微精神病人强行送入精神病院接受治疗以达到合谋者不正当目的的违法行为。"被精神病"概念涉三类要素：一是违法主体，包括送诊主体和诊断主体，送诊主体通常包括近亲属、单位或当地政府，诊断主体是指医疗机构及其医务人员；二是受害主体，即"被精神病"的人，实际是指正常的人或者不需要住院治疗的轻微精神障碍患者；三是共同或者单独故意。送诊主体和诊断主体的共同或者单独故意是确定"被精神病"违法行为主体的关键因素。这种"共同或者单独"故意有三种情形：一是送诊主体和诊断主体共同故意制造"被精神病"事件，这是最常见的一种"被精神病"现象，主要表现为因个别不满意单位管理或拆迁上访的人员被其单位或地方政府强行送诊，医疗机构由于受单位或地方政府的压力或者利益获取，二者通过共同故意完成"被精神病"过程，如湖北武钢徐某案、十堰竹溪县郭某某案。[2]二是送诊

〔1〕 信春鹰主编：《中华人民共和国精神卫生法解读》，中国法制出版社2012年版，第5~8页。
〔2〕 黄晨："近年'被精神病'的八个著名案例"，载 http://www.caing.com/2011-06-23/1002
72251.html，最后访问时间：2017年6月15日。

主体故意而诊断主体过失导致的"被精神病"现象。这时只有送诊主体构成"被精神病"的违法主体，而诊断主体不是"被精神病"的违法主体，可能承担因诊疗失误的民事责任。广州富豪"被精神病案"是这种类型的典型案例，法院判处广州脑科医院向患者赔偿精神损害抚慰金3万元。[1]此案不难看出，不仅媒体把这种因误诊而承担民事责任的医疗机构称为"被精神病"违法主体，且当事人放弃故意致使自己"被精神病"的妻子。三是送诊主体过失而诊断主体故意导致的"被精神病"现象，这时只有诊断主体是"被精神病"的违法主体。但这种违反医疗伦理的现象非常少见，只有医生和患者之间存在利害关系时才有可能。理论上，医务人员面对众多不确定的患者，偶尔遇见一个和自己有利害关系的患者而对其采取故意陷害致其"被精神病"的，存在这种可能性。但是要证明医务人员因利害关系对患者故意采取"被精神病"手段陷害是非常困难的，因为即便二者之间存在利害关系也有可能排除故意陷害而存在过失误诊的情形。

总之，精神障碍急诊、误诊与"被精神病"属于不同范畴的三个概念。精神障碍急诊是患者病情紧急情况下的医疗行为，是一个医疗急救概念，是医疗救死扶伤伦理价值的体现。精神障碍误诊是医疗临床中普遍存在的客观现象，是一种医疗过失行为，属于医疗诊断概念。"被精神病"是具有讽刺意味的媒体概念，属于故意违法行为，是人为的小概率事件。

三、精神障碍急诊、误诊与"被精神病"的性质

(一) 精神障碍急诊的性质

精神障碍急诊服务是患者病情紧急下的诊疗行为，既应包括医院急诊科(室) 的服务，也应包括医院范围外的出诊、接诊服务。医疗机构及其人员为患者提供的紧急情况下的救治与抢救既是其职责，又是客观现实的需求。但是，为了防止"被精神病"现象的发生，一些医疗机构禁止其医务人员出诊、接诊服务，只能坐在医院里提供等待诊疗服务。实质上，医疗机构开展医院范围外的急诊服务不违反《精神卫生法》的自愿原则，也不构成或转化为"被精神病"。因为急诊与"被精神病"不仅性质不同，而且发生在不同的阶

---

[1] 杨辉："广州富豪'被精神病'"，载《羊城晚报》2011年11月19日。

段。急诊服务是一种合法行为，属于诊疗行为的前置性阶段，其既不能构成也不能转化为属于违法行为的、确诊性的"被精神病"诊断。另外，患者入院方式与"被精神病"没有必然的联系，不是"坐等上门"的精神障碍患者不会产生"被精神病"，也不是"非坐等上门"的患者更易产生"被精神病"，因为"被精神病"的产生主要取决于诊断主体和送诊主体的共同或单独故意。

　　一般地，精神障碍患者的自知力包括三种情况：自愿、不自愿（不同意或者自知力减损）、既不是自愿也不是不自愿（自知力缺乏）。这种既不满足自愿入院条件也不符合不自愿入院标准的精神障碍患者属于"不主张权利的患者"，[1] 对其提供必要的紧急救治服务应属于医疗机构的职责。如果以进入医疗机构的范围内才对这种无知情同意能力的患者提供紧急服务有悖医疗行为的伦理基础。即使属于自愿、不自愿的情形，如果病情紧急不能自行就诊或没有人送诊或来不及送诊，医疗机构采取"坐等上门"就医态度也同样不能为社会所接受。试想一个具有自知力的精神障碍患者在深夜病情发作时自己或知情人拨打医疗机构电话或者 120 急救，而其以害怕"被精神病"拒绝接诊并要求自行就诊时显得十分荒谬。因此，急诊服务是医疗机构存在的一个道德根基，具有先天合法性和责任豁免性。

　　（二）精神障碍误诊的性质

　　精神障碍误诊不仅是临床工作中普遍存在的客观现象，而且误诊率很高。有精神科医师曾断言："一流精神科医师初诊误诊率约在 20%，三流医师约在 40%，因此与其他疾病相比精神病的误诊率是最高的。"[2] 网络上流传"你能证明自己没有精神病吗？"的热帖，讲述了一位记者在采访一名成功"逃出"精神病院者后的感慨：在一个不正常的环境中，一个正常人想证明自己的正常是非常困难的。[3] 这种现象缘于精神障碍的诊断不能和其他躯体疾病的诊断一样倚重影像学和实验室检验的客观数据，而是依靠医师对病人的观察

---

〔1〕　World Health Organization, *WHO Resource Book on Mental Heal-th*: *Human Rights and Legislation*, Geneva: World Health Or-ganization Press, 2006, pp. 45~46.

〔2〕　汪万里："精神病的误诊率是最高的"，载《广州日报》2012 年 12 月 5 日。

〔3〕　胡明、张仁望："你能证明自己没精神病吗？精神病人的自救与他救"，载 http://news. sina. com. cn/c/sd/2014-10-30/035931341965. shtml，最后访问时间：2017 年 6 月 15 日。

和谈话等外部信息来诊断，甚至有人给出"谁都可能被精神病"的预言。[1]但是，精神障碍误诊不构成或转化为"被精神病"，因为误诊是不可避免的客观现象，属于临床医学的固有缺陷，是一种过失行为，因其造成损害的应依照《民法典》"侵权责任编"承担医疗过失责任，不属于《精神卫生法》的范畴。[2]而"被精神病"是一种故意违法行为，是一个纯粹的法律问题，因此其应当与精神病学临床实践中的"误诊"严格区分开来，以免正常的精神卫生服务受到不应有的冲击。[3]总之，精神障碍误诊与"被精神病"有以下几点区别。首先，精神障碍误诊属于一个医学问题，"被精神病"是一个纯粹法律问题。其次，精神障碍误诊是一种过失行为，"被精神病"是一种故意违法行为。再次，精神障碍误诊符合法定情形的才承担法律责任，"被精神病"不论何种情形下都需要负法律责任。最后，精神障碍误诊是临床工作中的普遍现象，立法上是包容的；"被精神病"是人为的小概率事件，立法上是禁止的。值得强调的是，误诊与不可抗力和意外事件不同，因为不可抗力和意外事件是指诊疗活动虽然在客观上造成了损害结果，但不是出于故意或过失，而是由于不能抗拒或者不能预见的原因引起的，因而不需要承担法律责任。

（三）"被精神病"的性质

"被精神病"是非法剥夺人身自由，是出于非医学目的故意将精神障碍患者贴上"精神病"标签并强制其住院并接受治疗。《精神卫生法》立法宗旨不是规制"被精神病"，而是保障精神障碍患者的合法权益。"被精神病"现象是一个法律问题，也不只是《精神卫生法》关注的对象。人们期待《精神卫生法》终结"被精神病"，希望这部法律能让正常人免于遭受"被精神病"的恐惧。正如有学者所称，围绕"被精神病"现象进行规制，使得《精神卫生法》演变为保护正常人的法律，而非其所宣称的"维护精神障碍患者的合法权益"的宗旨。[4]实质上，作为违法行为的"被精神病"事件与入院方式

---

〔1〕 戴廉等："中国精神病患超 1 亿　诊断界定不规范致存在误诊"，载 http://news. sina. com. cn/c/sd/2011-07-18/151422833985. shtml，最后访问时间：2017 年 6 月 15 日。

〔2〕 胡建辉："《精神卫生法》解读：防止豪门上演'被精神病'"，载 http://www. legaldaily. com. cn/index_ article/content/2013-04/18/content_ 4380889. htm，最后访问时间：2017 年 6 月 15 日。

〔3〕 肖水源等："精神卫生立法的公共卫生视角"，载《中国心理卫生杂志》2012 年第 2 期，第 86~88 页。

〔4〕 刘鑫："精神卫生法的理想与现实"，载《中国卫生法制》2013 年第 5 期，第 25~34 页。

没有必然的联系，从理论上讲，即使是自愿就诊也可能产生"被精神病"现象，例如，精神科医师因与患者之间存在利害关系采取"被精神病"方式报复患者的情形。最常见的"被精神病"类型是送诊主体和诊断主体的共同故意行为，通常表现为送诊主体如患者的近亲属或单位或地方政府向医疗机构及其精神科医师利益输送或施加压力而形成的共同故意行为。[1]送诊主体故意与诊断主体过失、送诊主体过失与诊断主体故意而导致的"被精神病"事件几乎是一种偶然的巧合，实践中很少发生。近年来，新闻媒体对"被精神病"事件报道虽然客观、理性、公正，但是正常人如何规避"被精神病"主导了公众和媒体，缺乏心理卫生知识的宣传和普及，扭曲了新闻媒体的社会功能，引起了公众的恐慌。[2]例如，我国首部《精神病收治制度法律分析报告》指出，我国现行的精神病收治制度较为混乱，这不仅威胁到社会公共安全，也使得每一个人都面临被收治的风险；[3]《精神卫生法》媒体培训座谈会（2013年）的与会专家认为，社会上所谓的"被精神病"包括两种：一种是正常人被误诊为精神病；另一种是患者的确是精神病，但不应被强制进入精神病院进行治疗。[4]不难看出，精神障碍误诊被很多媒体纳入"被精神病"概念，一些专家认为所谓的"被精神病"包括正常人被误诊为精神病。因此，最早参与《精神卫生法》立法的专家刘协和认为，"'被精神病'是极小概率的事件，我这么多年都没有碰到过，如果真的发生了，那就是迫害了，那些是需要《刑法》《宪法》去保障的，《精神卫生法》的重点应该是维护精神病患者的合法权益"。[5]

总之，精神障碍急诊、误诊与"被精神病"是性质不同的三个概念。精神障碍急诊属于合法的诊疗行为，是临床工作的一部分，处于整个医疗过程的前置性阶段。精神障碍误诊是一个医学问题，是医疗行为的固有缺陷，是

---

〔1〕　黄晨："近年'被精神病'的八个著名案例"，载 http://www.caing.com/2011-06-23/100272251.html，最后访问时间：2015年12月20日。

〔2〕　储鹏飞："我国新闻网站'被精神病'事件报道研究——以人民网、健康报网、法制网、南方网为例（2010年4月1日-2011年8月31日）"，安徽大学2013年硕士学位论文。

〔3〕　黄雪涛、刘潇虎、刘佳佳："中国精神病收治制度法律分析报告"，载 http://www.sina.com.cn/s/2010-10-11/092418212965s.shtml，最后访问时间：2022年8月12日。

〔4〕　蒋格伟、余修宇："'被精神病'事件屡见不鲜　终结之路还有多长?"，载 http://news.sohu.com/2013 0506/n374970974.shtml，最后访问时间：2022年6月15日。

〔5〕　刘星、高四维："《精神卫生法》终结'被精神病'"，载《中国青年报》2012年10月29日。

临床工作中不可避免的客观现象。"被精神病"是一个纯粹的法律问题，是一种人为的违法行为，是在理论上可以避免的小概率事件。

四、精神障碍急诊、误诊与"被精神病"的法律责任

（一）精神障碍急诊的法律责任

我国没有紧急医疗救护法，相关急诊急救的制度散见于各种医疗卫生法律中。《民法典》"侵权责任编"规定了医疗机构及其医务人员的紧急救治权，明确了因抢救生命垂危的患者等紧急情况下诊疗活动尽到合理诊疗义务的不承担损害赔偿责任（第 1220 条、第 1222 条）。正如法谚所云：紧急情况没有法，即在紧急状态下可以实施在通常情况下法律所禁止的某种行为，以避免紧急状态带来的危险。更为重要的是，《民法典》"侵权责任编"对这种"合理诊疗义务"从医疗技术和伦理两方面设置了"合理专家标准"和"医疗伦理标准"，只有违反这两个标准的情况下才承担法律责任。也即是说，医疗机构及其医务人员的精神障碍急诊服务只要尽到现有医疗水平下的合理诊疗义务，即使造成损害，也不需要承担法律责任，因为其是一种合法行为。

我国《精神卫生法》对精神障碍患者设置了一些在医疗机构内针对特定对象的紧急救治制度。一是紧急留院观察诊断制度。该制度是非自愿住院治疗制度的前置性制度，对象是具有伤害自身或他人的行为或者危险的疑似精神障碍患者，也就是符合法定送诊的人员，医疗机构及其医务人员必须留院观察诊断（第 29 条），否则将承担责令改正、警告、降低岗位等级、撤职、开除、暂停执业活动等行政责任（第 74 条）。二是及时检查评估制度。其对象也是符合非自愿住院治疗的患者，医疗机构应当根据精神障碍患者的病情，及时组织精神科执业医师对其进行检查评估，并根据评估结果作出处理（第 44 条），否则将面临警告、降级、撤职、开除等严厉的行政处分（第 74 条）。三是紧急情况下精神障碍患者特殊治疗的限制制度。实施导致人体器官丧失功能的外科手术，因情况紧急查找不到监护人的，应当取得本医疗机构负责人和伦理委员会批准（第 43 条），否则对违反该法规定实施的将承担撤职、暂停执业、开除、吊销执业证等严格的行政责任（第 75 条）。除此之外，该法没有对精神障碍患者急诊服务的其他规定。具体地说，前两项制度不仅限于医疗机构院内开展的急诊服务，而且限于"有害"的特定对象即具有伤害

自身或他人的行为或者危险的疑似精神障碍患者；第三项制度属于紧急救治服务的限制性规定，仅限于需要实施导致人体器官丧失功能的外科手术患者。

(二) 精神障碍误诊的法律责任

精神障碍误诊的民事法律责任适用《民法典》"侵权责任编"和其他法律对侵权责任另有的特别规定。最初，医疗损害赔偿案件适用《民法典》过错侵权责任的规定。在《医疗事故处理条例》生效之后，人民法院审理医疗损害赔偿案件优先适用该法规定，不构成医疗事故责任的才按照《民法典》处理。由于经鉴定构成医疗事故的按照《医疗事故处理条例》赔偿金明显低于按照《民法典》及最高人民法院《关于审理人身损害赔偿案件适用法律若干问题的解释》计算的赔偿金，产生了明显的不公平现象。《民法典》"侵权责任编"实施后，采取统一的"医疗损害责任"概念解决了司法实践中医疗事故责任和医疗过错责任双轨制的现实问题。[1]其具体表现为：①把过错原则确立为医疗损害责任的基本归责原则；②确立了医疗损害责任的基本类型；③科学地确立了医疗过失的认定标准；④规定了医疗损害责任适用统一的人身损害赔偿标准。[2]同时，《民法典》"侵权责任编"对医疗过失误诊的法律责任限定在一个相对客观的范围内：医疗技术过失采取"合理专家标准"，明确规定为"当时的医疗水平"而不是"医学水平"的诊疗义务；医疗伦理过失的标准是按照医疗良知和职业伦理确定的医疗机构及医务人员的诊疗义务。另外，《民法典》"侵权责任编"规定了医疗机构存在医疗过失也不承担赔偿责任的情形：①患者或其近亲属不配合诊疗的行为；②在抢救生命垂危的患者等紧急情况下已经尽到合理诊疗义务；③限于当时的医疗水平难以诊疗（第1222条）。

同时，我国《精神卫生法》还规定了精神障碍误诊的行政法律责任和刑事法律责任。该法第75条第5项规定，医疗机构及其工作人员违反精神障碍诊断标准将非精神障碍患者诊断为精神障碍患者的依据其严重程度将承担责令改正、撤职、暂停执业、开除等严厉的行政责任。这是该法对精神障碍误

---

〔1〕　杨立新："医疗损害责任概念研究"，载《政治与法律》2009年第3期，第75~82页。

〔2〕　杨立新："《侵权责任法》改革医疗损害责任制度的成功与不足"，载《中国人民大学学报》2010年第4期，第9~16页。

诊应承担行政责任的特别规定。不过，这种严厉的行政责任构成要件十分苛刻，只限于违反精神障碍诊断标准这个必备条件，且同时符合把非精神障碍患者诊断为精神障碍患者的唯一类型。相比较侵权民事责任而言，精神障碍误诊的行政责任采取唯一情形的严格责任不仅缘于精神障碍误诊率高，而且是由于我国精神卫生事业发展的滞后，立法既划出禁区，又科学地对待误诊，防止因噎废食。[1]同时，《精神卫生法》第81条规定，"违反该法规定，构成犯罪的，依法追究刑事责任"。对于精神障碍误诊的患者，如果医务人员由于严重不负责任，造成就诊人死亡或者严重损害就诊人体质健康的，构成《刑法》的医疗事故罪（第335条）；如果在精神障碍误诊治疗活动中，医务人员以暴力、威胁或限制人身自由的方法强迫他人劳动的可构成《刑法》的强迫劳动罪（第244条）；医务人员侵犯精神障碍患者的通讯、会见权利，情节严重的，可构成《刑法》的侵犯通信自由罪（第252条）。由于人类对自身奥秘认识的局限性以及个体的差异性导致医疗行为的不确定性和风险性，法律对精神障碍误诊的法律责任限定在狭小的范围内：民事损害赔偿责任限定在当前医疗水平下合理诊疗义务之外；行政法律责任限定在比民事责任范围更小的单一违法情形；刑事法律责任限定在行政责任的严重的情形或者由此延伸的故意犯罪。

（三）"被精神病"的法律责任

"被精神病"实质上是一种侵害人身自由的故意违法行为，因而在任何情形下都应负法律责任。"被精神病"的违法主体包括送诊主体和诊断主体，送诊主体通常包括近亲属、单位或当地政府，诊断主体是指医疗机构及其医务人员。送诊主体和诊断主体的共同或者单独故意是确定"被精神病"违法行为主体的关键：共同故意共同承担其法律责任，单独故意一方承担其法律责任。根据我国现行法律规定，"被精神病"违法主体不仅应承担损害赔偿的民事责任，还要承担一定的行政责任，构成犯罪的还应当承担相应的刑事责任。

我国《精神卫生法》第78条第1款对"被精神病"的送诊主体承担民事赔偿责任作了特别规定，即将非精神障碍患者故意作为精神障碍患者送入医

---

〔1〕 信春鹰主编：《中华人民共和国精神卫生法解读》，中国法制出版社2012年版，第193~196页。

疗机构治疗的，给精神障碍患者或者其他公民造成人身、财产或者其他损害的，依法承担赔偿责任。这是《精神卫生法》对送诊主体"被精神病"侵权损害赔偿责任的特别规定。而对医疗机构及精神科医师（若其与患者存在利害关系）有可能实施"被精神病"的情形按照《侵权责任法》（已失效）的规定承担民事赔偿责任。同时，《精神卫生法》第78条第3、4、5款对医疗机构及其医务人员歧视、侮辱、虐待精神障碍患者，侵害患者人格尊严、人身安全，非法限制患者人身自由的，以及其他侵害精神障碍患者合法权益并造成其损害的情形，作了侵权责任的特别规定。也即是说，医疗机构及其医务人员作为"被精神病"的违法主体，只要其侵害精神障碍患者合法权益并造成损害的都应承担损害赔偿民事责任。关于"被精神病"违法主体的行政责任，应按照《精神卫生法》相关行政责任的规定处罚。该法规定，医疗机构及其医务人员过失诊疗行为导致的精神障碍误诊都要承担责令改正、撤职、暂停执业、开除等严格行政责任，那么由于故意违法行为造成的"被精神病"更应该承担此类法律责任。关于"被精神病"违法主体的刑事责任，《精神卫生法》第81条规定，"被精神病"违法主体违反该法规定，构成犯罪的，依法追究刑事责任。如果具有扶养义务的送诊主体构成"被精神病"违法主体的，有可能构成遗弃罪；如果医疗机构以暴力、强迫或者限制人身自由的方法强迫患者劳动的，有可能构成强迫劳动罪；如果虐待精神障碍患者情节严重的，可构成虐待被监护、看护人罪；如果违法该法规定，泄露精神障碍患者的姓名、肖像、地址、病历等个人信息，情节严重的，可构成侵犯公民个人信息罪；如果违反该法规定非法限制精神障碍患者人身自由的，可构成非法拘禁罪；如果以暴力或者其他方法侮辱他人，情节严重的，可构成侮辱罪。值得强调的是，根据《精神卫生法》的规定，精神障碍患者或者其监护人、近亲属认为行政机关、医疗机构或者其他有关单位和个人违反该法规定侵害患者合法权益的，可以依法提起诉讼（第82条）。[1]这里受害人因违法主体及侵害的权益不同可以提起不同的诉讼，如果认为行政机关侵犯其合法权益如因不服拆迁强制送诊的可以提起行政诉讼，如果认为医疗机构及其人员侵犯其合法权益的如歧视、侮辱等可以提起民事诉讼，如果认为监护人遗弃自

---

[1]　参见全国人民代表大会法律委员会关于《中华人民共和国精神卫生法（草案三次审议稿）》修改意见的报告。

已如丈夫拒绝扶养患有精神障碍的妻子的有可能提起刑事自诉案件。

总之，由于精神障碍急诊、误诊与"被精神病"的性质不同，承担的法律责任也不同。精神障碍急诊是一种合法行为，不承担法律责任。精神障碍误诊是临床过程中的客观现象，一般不承担法律责任，只有符合法定条件（合理专家标准和医疗伦理过失标准）才承担相应的法律责任。而"被精神病"是一种故意违法行为，是法律禁止的行为，只要发生就应当承担相应的法律责任。

五、建构促进患者获得良好的精神卫生服务的职业理念

伴随着社会的发展和科技的进步，人类在维持体质健康方面已大有收获，但在维持精神健康方面仍面临着巨大的困难。认识自己，把握命运，达到身心两悦的境界仍是人类永恒的追求。《世界卫生组织组织法》（1946 年）规定，健康是体质、精神与社会的全部的美满状态，不仅是没病或残弱。《世界人权宣言》（1948 年）规定，人人有权享受为维持他本人和家属的健康和福利所需的生活水准。《经济、社会及文化权利国际公约》（1966 年）指出，人人有权享受可能达到之最高标准之身体与精神健康。根据世界卫生组织（WHO）的调查：世界上约 60 个国家的宪法包括健康权或保健权，约 40 个国家的宪法包括与健康相关的权利如生育保健权、残疾人获得物质帮助权和健康环境生活的权利，还有许多国家宪法列出与健康有关的国家义务如发展保健服务等，这也可引申出健康权。[1] 随着健康权的国际、国家的法典化，以及人类健康观念的发展，精神健康权（心理健康权）的保护一方面在各个国家健康权宪法法律条款中展开，另一方面也正逐渐从健康权的保护中独立出来，并成为现代社会人们的一项不可或缺的、普遍的、独立的基本权利。[2] 精神健康的法律保护从世界第一部《精神卫生法》1938 年在法国问世以来，全世界 3/4 的国家为此立法，《精神卫生法》成为衡量一个国家文明程度的重要标志。2012 年我国首部《精神卫生法》把维护和增加公民的心理健康、预防和治疗精神障碍、促进精神障碍患者康复，保障精神障碍患者的合法权益作为本法的立法目的和调整范围。由于精神卫生服务受一个国家的资源限制和实

---

〔1〕 Commission on Human Rights, "Preliminary report of the Special Rapporteur", E/CN. 4/2003/58, 7.

〔2〕 万传华："论心理健康权"，广东商学院 2008 年硕士学位论文，第 1~7 页。

现标准的制约，我国《精神卫生法》规定精神障碍的诊断和治疗要保障患者在现有条件下得到良好的精神卫生服务（第26条）。

对精神障碍患者精神健康的紧急救治是保障患者在现有条件下得到良好的精神卫生服务的题中之意，是我国《精神卫生法》确立的预防为主方针和预防、治疗、康复相结合原则的体现。精神障碍急诊服务是一种合法行为，是医疗救死扶伤理念的体现，具有天然的合理性和责任豁免性（只要尽到合理的诊疗义务）。医疗机构禁止精神科医师在医院外出诊、接诊等是对急诊服务合法性的误解。同样，担心精神障碍急诊服务会构成或者转化为"被精神病"事件是对前置性急诊与确诊性诊断的混淆，因为实践中二者是由不同的诊断主体对不同的诊断情形在不同的诊断阶段作出的不同的诊断行为。因此，像人们的体质疾病急诊服务一样，精神障碍急诊服务应成为医务人员的基本的职业道德和职业标准。同样，严谨、科学、敢于担当的对待精神障碍误诊是医务人员最基本的职业态度。精神障碍误诊是临床中普遍存在的客观现象，而且远高于躯体疾病的误诊率，因而立法上对其采取包容性态度。一般地，误诊是由于医务人员过失造成的，不可能故意误诊，因为故意误诊是一种故意伤害行为。因此，误诊不能和错误等同，那必将束缚医生的手脚，不利于正常的诊断医疗工作开展。误诊的发生有其客观原因，因而应当正视误诊的存在，承认其客观普遍性，研究其发生的规律，从而减少和避免误诊。特别需要强调的是，精神障碍的急诊、误诊也不会转化为故意违法行为的"被精神病"，因为它们是性质不同的三个概念，不能相互转化。而且，预防"被精神病"不是《精神卫生法》的基本任务，《精神卫生法》的基本任务是保护精神障碍患者的合法权益，维护其精神健康。规制"被精神病"现象的发生是保护正常人的法律，需要《精神卫生法》的规定，更需要《宪法》《刑法》《民法典》等法律的共同维护。因此，构建医务人员促进患者获得良好的精神卫生服务的职业理念，树立正确的职业观，对精神障碍患者合法权益的维护具有重要的意义。

第八章

论非自愿留院观察诊断制度及其救济

一、问题的提出

为了避免对患者人身权利的侵犯，我国《精神卫生法》不仅规定了严格的非自愿住院治疗制度（第30条），而且设置了作为其前置程序的非自愿留院观察诊断制度（第29条）。不同的是，非自愿留院观察诊断制度并不像非自愿住院治疗制度一样设计了严密的纠错与救济机制。实践中，非自愿留院观察诊断制度需要对疑似患者实施一般不超过3天、特殊疑难情形可延长至14天的紧急留院观察诊断期，容易造成患者人身权利的侵害。2012年11月，被誉为《精神卫生法》面世后开审第一案："女工程师恋爱被父母强送精神病院"就是医疗机构非自愿留院观察诊断而造成其72小时人身自由被侵犯的典型案例。[1]那么，非自愿留院观察诊断制度设置的目的是什么？它有什么性质和特征？它阻却侵袭性的理由是什么？其设置是为了维护公共安全的需要还是为了患者精神康复的需要？它的实施需要满足哪些条件？它又为何不设置独立的内部纠错机制？患者人身权利遭受侵害时如何实现司法救济？会产生哪些诉讼救济的类型？这些问题的研究和回答对该制度的实施具有一定的理论和实践意义。

---

[1] 闫格："精神卫生法面世开审第一案：女工程师恋爱被父母强送精神病院"，载 http://news.xinhuanet.com/legal/2012-11/21/c_123979215.htm，最后访问时间：2017年4月12日。

二、非自愿留院观察诊断制度的内涵

（一）非自愿留院观察诊断制度的概念

一般地说，认识事物先是从它的概念入手。概念是思维的基本形式之一，反映客观事物的一般的、本质的特征。[1]非自愿留院观察诊断制度在医疗实践中有不同的称谓，如"紧急住院观察诊断"[2]"紧急入院观察诊断"[3]"紧急留院观察诊断"[4]"紧急住院观察入院诊断或紧急观察住院"，[5]等等。这些称谓源于人类躯体疾病的诊疗实践，表现了紧急情况下对患者的医疗救治特性，不关涉患者的意愿。从主体意愿看，精神障碍患者的紧急留院观察诊断也存在自愿与非自愿两个方面：凡是患者知情同意情形下的留院诊断就是自愿的，凡是患者不同意、自知力减损或者缺乏自知力情形下的留院诊断就是非自愿的。根据我国《精神卫生法》第28条和第29条的规定，精神障碍患者留院观察诊断主要有四种方式：第一，自愿留院观察诊断，即具有自知力的患者自主选择留院观察诊断；第二，救护性留院观察诊断，又称医疗保护性留院诊断，即由监护人根据医生的建议安排精神障碍者留院观察诊断；第三，救济性留院观察诊断，又称收容留院观察诊断，即由民政部门、公安机关收容流浪街头、无家可归的精神障碍者留院观察诊断；第四，保安性留院观察诊断，又称民事强制留院诊断，是指医疗机构接到患者近亲属、所在单位、当地公安机关强制送诊的具有"法定危害"的精神障碍患者采取的强行留院观察诊断。严格地说，除第一种外，上述第二、三、四种情形都属于非自愿留院观察诊断，"因其不是尊重患者意愿的知情选

---

〔1〕　中国社会科学院语言研究所词典编辑室编：《现代汉语词典》（第6版），商务印书馆2013年版，第418页。

〔2〕　"南京脑科医院紧急住院观察诊断告知书"，载 https://wenku. baidu. com/view/58f15182680 203d8ce2f2424. html，最后访问时间：2017年6月5日。

〔3〕　"北京大学第六医院紧急住院观察入院告知书"，载 https://wenku. baidu. com/view/fc971503f 12d2af90242e672. html，最后访问时间：2017年6月5日。

〔4〕　"北京大学首钢医院急诊留院观察病历管理制度"，载 http://www. sgyy. com. cn/News/Articles/Index/1083，最后访问时间：2017年4月11日。

〔5〕　"北京安定医院紧急住院观察入院知情同意书"，载 http://www. bjad. com. cn/index. php? c= content&a=show&id=1800，最后访问时间：2017年4月11日。

择"。[1]但是，我国非自愿留院观察诊断制度仅限定于上述第四种情形的民事强制留院诊断，即精神障碍患者产生"法定危害"的情形时经送诊后医疗机构采取的强制留院观察诊断。也即是说，精神障碍患者在不同意、缺乏自知力或者自知力减损的非自愿的情形下，在没有发生法律规定的危害行为或者危险的条件下，需要紧急医疗的，要对其采取救济性或者救护性留院观察诊断；在其具备法律规定危害行为或者危险情形时，不再采取救护性或者救济性入院，而需要立即对其采取保安性的非自愿留院观察诊断（民事强制留院诊断）（如图 8-1）。质言之，我国《精神卫生法》规定的非自愿留院观察诊断制度仅限于保安性的民事强制留院的情形，排除了患者不同意、自知力减损或者自知力缺乏情形时且没有危害的情况下其健康需要留院观察诊断的"救护性留院观察诊断（医疗保护性）和救济性留院观察诊断（政府收容性）的非自愿类型"。[2]

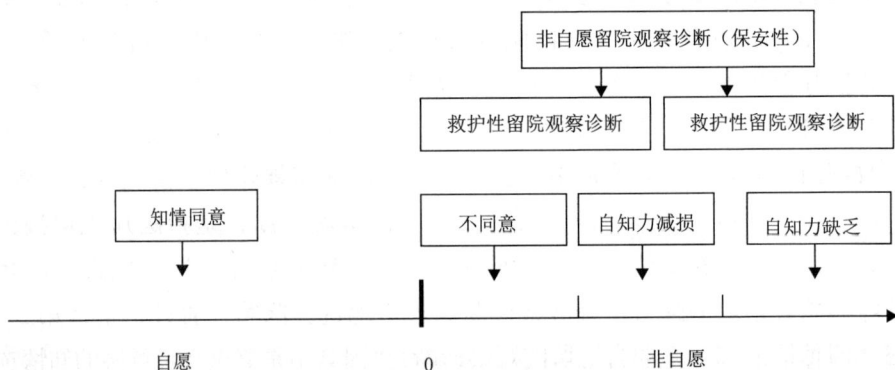

注：自知力是指对自己不正常的精神状态及病态行为的认识、理解和作出恰当表述的能力。

图 8-1　自愿与非自愿数轴

现代社会精神卫生立法目的不再基于对精神障碍患者的社会防卫性，对精神障碍患者的保护已从以健康人对其监护为中心转向以尊重其基本权利基

---

〔1〕 刘俊荣、肖玲："精神障碍患者非自愿住院医疗的伦理审视——兼评中国《精神卫生法（草案）》中的非自愿住院医疗制度"，载《武汉科技大学学报（社会科学版）》2012 年第 6 期，第 608~612、645 页。

〔2〕 孙大明："精神卫生立法中鉴定条款的改进及相关问题研究——以《精神卫生法（草案）》为基础"，载《中国司法鉴定》2011 年第 4 期，第 38~40 页。

础的需要为中心。建立在患者知情同意为基础上的自愿原则成为医疗机构开展精神卫生服务的前提。许多国家精神卫生法对患者权利的限制已从过去的医学标准转向法律标准，且要求在尽可能小的范围内"非自愿"。由于非自愿留院观察诊断制度涉嫌对患者人身权利的限制，其采取了法定有害条件，以尽量缩小其适用范围。因此，"紧急留院观察诊断"等凸显其"紧急特性"的概念不能反映以自愿原则为理念的精神卫生服务的特殊性，而"非自愿留院观察诊断"等凸显其"意愿特性"的概念不仅以自愿原则的反面"非自愿"表征概念的本质属性，而且与"非自愿住院治疗制度"的称谓相一致。因此，"非自愿"限定紧急留院观察诊断制度不仅是自愿原则立法理念的反映，而且追求以"尽可能减少非自愿"的理念巩固《精神卫生法》自愿原则的实施。[1]

（二）非自愿留院观察诊断制度的含义

我国《精神卫生法》的亮点之一的非自愿诊治从医学标准进步为法律标准，表现在强制送诊、留院诊断、住院治疗三个阶段，且执行相同的"伤害危险"条件，即"发生伤害自身、危害他人安全的行为或者危险的"。（不同的是，非自愿住院治疗的病情要达到严重精神障碍程度）。该法第 28 条按照疑似精神障碍患者的自愿程度规定了四种就诊方式：自行就诊、近亲属帮助送诊、职能机构帮助送诊、民事强制送诊。自行就诊是自愿原则的充分体现，是精神卫生服务的主体和基本理念。近亲属帮助送诊和职能机构帮助送诊有的是在患者知情同意或者征求患者意愿的情况下实施的，有的是在患者自知力减损或者缺乏自知力的特殊情况下实施的，还有的是在患者完全无自知力的情况下实施的，但这种知情同意的帮助送诊并不是患者知情选择的完全自愿，是不同程度的非自愿在其近亲属（第 21 条）和职能部门（第 28 条）的帮助下完成的送诊（帮助送诊是其法定义务）。民事强制送诊是疑似精神障碍患者的近亲属、所在单位、当地公安机关在紧急情况下对有伤害危险的疑似患者实施的强制送诊，不关乎患者的意愿。这三类主体的法定义务不仅包括把疑似患者送往医疗机构进行精神障碍诊断的义务，还包括采取措施制止伤害扩大或者危险发生的义务（第 28 条）。

---

〔1〕 万传华："再论《精神卫生法》的自愿原则——基于私法自愿原则的比较"，载《医学与哲学（A）》2015 年第 1 期，第 69~72 页。

　　非自愿留院观察诊断的对象来自上述民事强制送诊的情形。根据该法第29条的规定，医疗机构对第28条第2款规定的两类紧急送诊的疑似患者必须采取留院观察诊断的方式及时出具诊断结论。这是医疗机构的法定义务，是接续民事强制送诊并开启非自愿留院观察诊断程序。民事强制送诊是医疗程序的启动，开启了非自愿留院观察诊断程序的决定性环节。根据该法第30条的规定，只有符合该法第28条关于民事强制送诊的疑似患者，再经过该法第29条的非自愿留院观察诊断，才可能符合该法第30条规定的非自愿住院治疗的条件。相反，凡是符合非自愿住院治疗的患者必须是来自上述民事强制送诊、非自愿留院观察诊断的疑似患者，只是增加了病情达到严重精神障碍的条件（如图8-2）。实质上，为了寻求民事强制送诊、非自愿留院诊断、非自愿住院治疗与防止"被精神病"之间的平衡，我国《精神卫生法》对三者设计了发生条件相同、程序递进式前置的同一通道，以封闭式高速公路的原理谨防其偏离方向。

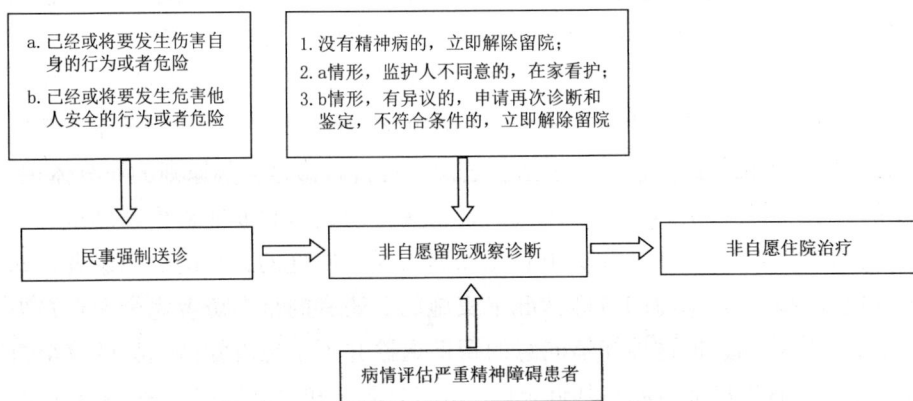

图8-2　三者发生条件相同、程序前置的同一通道

　　非自愿留院观察诊断制度是国际上对疑似精神障碍患者进行诊断的惯例。一般地，按照患者的意愿可分自愿留院观察诊断和非自愿紧急留院观察诊断。由于留院观察诊断涉嫌对疑似患者人身自由的限制，其通常采取患者知情同意为前提，且一般采取尽可能小的限定立法方式确立。根据我国《精神卫生法》的规定，非自愿留院观察诊断制度是指医疗机构接到特定主体紧急送诊的法定类型的疑似精神障碍患者应当采取一定期限的留院观察诊断并及时出

具诊断结论的强制诊断。其包含以下几个要素：①送诊主体法定，包括疑似患者的近亲属、所在单位和当地公安机关。②送诊条件法定。只包括已经或将要发生伤害自身、危害他人安全的行为或者危险的疑似精神障碍患者。③诊断主体和程序法定。必须是医疗机构精神科的职业医师按照诊断标准和治疗规范作出。④必须留院观察诊断。这是医疗机构的法定义务，这类疑似患者必须采取留院观察诊断的方式。⑤必须及时出具诊断结论。这是该制度应遵循的基本原则。

三、非自愿留院观察诊断制度的特征

非自愿留院观察诊断制度是特定主体对疑似精神障碍患者违背其意愿实施的保护性紧急留院观察的诊断方式。由于我国《精神卫生法》对精神障碍的诊治采纳了国际通行的医学专业判断路径，该保护性医疗诊断是出于对患者精神健康状况的医学判断和及时保护，其暂时性限制患者人身自由的入侵获得了正当性与合法性。但该制度的设计必须严格条件，应具备条件法定性、发生抑制性、手段强制性、实施紧急性、诊断及时性、程序规范性的特征。

（一）条件法定性

我国非自愿留院观察诊断制度是医疗机构对符合两类"伤害危险"条件的疑似精神障碍患者实施的唯一的法定诊断方式，是一种民事强制观察留院诊断制度，不同于《精神卫生法》的非自愿住院治疗和《刑事诉讼法》的刑事强制医疗。非自愿留院观察诊断（又称民事强制留院观察诊断）的对象必须是"已经发生伤害自身或危害他人安全的行为和将要发生伤害自身或者危害他人安全的危险"的两类情形的疑似患者。非自愿住院治疗（又称民事强制医疗）的实施不仅需要符合上述两类情形的对象，而且病情评估应达到严重精神障碍患者的程度（第30条）。而刑事强制医疗实施须同时具备三个条件：一是主体条件，犯罪嫌疑人、被告人是经过法定程序鉴定依法不负刑事责任的精神病人；二是行为条件，犯罪嫌疑人、被告人实施暴力行为，危害公共安全或者严重危害公民人身安全；三是危害性条件，犯罪嫌疑人、被告人有继续危害社会的可能性。[1]值得强调的是，我国《精神卫生法》在设置

---

〔1〕 陈卫东、柴煜峰："精神障碍患者强制医疗的性质界定及程序解构"，载《安徽大学学报（哲学社会科学版）》2013年第1期，第124~136页。

"强制送诊""留院诊断""住院治疗"三个环节的非自愿制度中只留下了一条通道：疑似精神障碍患者只要符合民事强制送诊条件且一经送诊的必须开启非自愿留院观察诊断程序，只有经过非自愿留院观察诊断才有可能过渡到非自愿住院治疗程序；相反，凡是符合非自愿住院治疗的患者必须是来自非自愿留院观察诊断，凡是符合非自愿留院观察诊断的患者必须来自民事强制送诊。这三种制度的实施环环相扣，程序相互呈递进式前置（如图8-2）。

（二）发生抑制性

非自愿留院观察诊断制度与非自愿住院治疗制度一样都采取了尽可能减少"非自愿"的原则，具有发生抑制性特征。以自愿诊断为主、尽可能减少非自愿留院诊断是其发生抑制性特性的主要表现。为此，该制度采取了严格的诊断条件，包括对诊断主体、诊断标准、诊断程序的要求，抑制其发生的概率。

（三）手段强制性

强制性是非自愿留院观察制度的重要特征。对于符合法定危害条件的疑似精神障碍患者，一经送诊，医疗机构对其采取强制留院观察诊断是其法定义务。《精神卫生法》第28条第3款规定，医疗机构接到送诊的疑似精神障碍患者，不得拒绝为其作出诊断；第29条第2款规定，医疗机构接到强制送诊的疑似患者，应当将其留院，立即指派精神科执业医师进行诊断，并及时出具诊断结论。也即是说，患者的意愿不是非自愿留院观察诊断制度实施的条件，只要符合法定伤害危险，强制性手段是该制度实施的基本措施。其强制性的基本表现是限制疑似患者的人身自由，而且在患者危害性正在进行或者继续发生的情况下，医疗机构及其医务人员在没有其他可替代措施的情况下，可以实施约束隔离等保护性医疗措施（《精神卫生法》第40条第1款）。

（四）实施紧急性

实施紧急性亦是非自愿留院观察诊断制度的重要特征。非自愿留院观察诊断制度发生的条件是疑似精神障碍患者发生伤害自身、危害他人安全的行为或者危险的情形。有害的危险将要发生或者有害的行为正在进行决定了非自愿留院观察诊断制度是在紧急情形下实施的。另外，实施紧急性也是该制度阻却其侵袭性的理由，旨在寻求紧急情形下对精神障碍患者的保护和公共安全保护的平衡。

（五）诊断及时性

诊断及时性是非自愿留院观察诊断制度的又一重要特征。根据《精神卫生法》第 29 条的规定，医疗机构对符合留院观察诊断的精神障碍患者，应当将其留院，立即指派精神科执业医师进行诊断，并及时出具诊断结论。对疑似患者实施留院观察国际上精神障碍诊断的通行做法。因为精神障碍的特殊性，不能简单通过医学仪器的检查作出诊断，必须依靠医生对疑似患者长时间的观察、交谈、测验，了解其精神状况和既往病史，并根据诊断标准和诊断经验作出诊断结论。[1]但是，由于其诊断过程涉嫌对相关患者的人身自由定期限制，诊断过程必须符合及时性原则。英国规定了可对疑似患者实施不超过 72 小时的紧急住院评估，法国规定了 72 小时的住院观察期。[2]实践中，《上海市精神卫生条例》也规定了精神卫生医疗机构对疑似患者可实施最长不超过 72 小时的紧急住院观察诊断。我国《精神卫生法》对疑似患者留院观察期限没有做具体的规定，只作了"及时性"的原则规定，应当是按照法规、规章、诊疗规范的要求，尽可能在最短的时间内出具诊断结论。

（六）程序规范性

精神障碍的诊断要按照相关法规、规章、诊疗规范的要求，诊断程序具有规范性。我国《精神卫生法》第 26 条第 2 款规定，精神障碍分类、诊断标准和治疗规范，由国务院卫生行政部门组织制定。目前，国家卫健委印发了《临床技术操作规范-精神病学分册》和《临床诊疗指南-精神病学分册》。2001 年，中华医学会精神科学会在《疾病和健康相关问题的国际统计分类》（第 10 版 ICD-10）的基础上编制了《中国精神障碍分类和诊断标准第 3 版（CCMD-3）》。就具体精神疾病而言，现在已出版《精神分裂防治指南》《双相障碍防治指南》《抑郁障碍防治指南》《焦虑障碍防治指南》《创伤后应激障碍防治指南》等 7 本。

四、非自愿留院观察诊断制度的实施

（一）非自愿留院观察诊断制度的实施原则

我国《精神卫生法》对非自愿留院观察诊断制度规定了四项原则：一是

---

〔1〕 信春鹰主编：《中华人民共和国精神卫生法解读》，中国法制出版社 2012 年版，第 93 页。
〔2〕 信春鹰主编：《中华人民共和国精神卫生法解读》，中国法制出版社 2012 年版，第 94 页。

精神障碍患者的人格尊严、人身和财产安全不受侵犯的原则（第4条）。该法第26条也规定了精神障碍的诊断、治疗应当遵循维护患者合法权益、尊重患者人格尊严的原则。二是精神障碍的诊断应当以精神健康状况为依据的原则。任何医疗措施的实施必须符合增进其健康的伦理要求。精神障碍诊断必须以精神状况为依据，且不得违背本人意志进行确定其是否患有精神疾病的医学检查，法律另有规定除外。三是保障患者在现有条件下活动良好的精神卫生服务的原则（第4条）。人人皆有权得到可获得的最佳精神保健护理是《保障精神疾病患者权益和改善精神保健的原则》（联合国大会决议46/119）确立的一条首要原则。精神卫生法是人类文明进步的标志之一，精神健康的保健护理是其承载的主要目的，"保护精神障碍患者的合法权益是精神卫生立法的最重要的和最终的目的"。[1]四是及时诊断原则。该法要求对留院疑似患者"立即指派精神科执业医师进行诊断，并及时出具诊断结论"（第29条）。具体地说，及时原则要求精神科医师在尽可能短的时间内科学地出具诊断结论，对符合非自愿住院治疗的患者及时提供精神卫生服务，对不符合非自愿住院治疗条件的立即恢复其人身自由。

（二）非自愿留院诊断制度的诊断主体

精神障碍的诊断是规范精神卫生服务的一个关键环节。我国《精神卫生法》对判断一个人是否患有精神障碍采取了国际通行的医疗标准，因此必须对诊断主体进行严格的限制。一是对开展精神障碍诊断、治疗活动的医疗机构的条件限制。根据该法第25条，除了对硬件（完善的设施和设备）、软件（完善的管理制度和质量监控制度）进行了严格的限制，而且对精神科执业医师、护士、心理治疗人员从质和量方面进行了规定。二是对诊断医师要求的限制。该法第29条第1款规定，精神障碍的诊断应当由精神科执业医师作出。目前，根据《医疗机构诊疗科目名录》（2012年版）规定，精神科包括精神病专业、精神卫生专业、药物依赖专业、精神康复专业、社区防治专业、临床心理专业、司法精神专业等二级科目。[2]同时，该法第23条、第51条

---

〔1〕 "关于下发《医疗机构诊疗科目名录》的通知"，载 http://www.anzhen.org/News/Articles/Index/131，最后访问时间：2017年6月4日。

〔2〕 肖水源等："精神卫生立法的公共卫生视角"，载《中国心理卫生杂志》2012年第2期，第86~88页。

也分别作了排除规定：心理咨询人员不得从事心理治疗或者精神障碍的诊断、治疗；专门从事心理治疗的人员不得从事精神障碍的诊断。三是对诊断医师职称、执业年限和人数的限制。《深圳经济特区心理卫生条例》（2011年）和《上海市精神卫生条例》（2014年修订）规定了非自愿留院观察诊断的主治医师以上职称的精神科执业医师。《无锡市精神卫生条例》（2006年）规定了两名具有主治医师以上职称的精神科执业医师才能进行非自愿留院观察诊断。《北京市精神卫生条例》（2006年）、《武汉市精神卫生条例》（2015年修订）都规定了重性精神疾病的诊断应当由具有二年以上精神科诊断、治疗工作经验的精神科医师作出。

（三）非自愿留院诊断制度的诊断依据

我国《精神卫生法》明确规定，就诊者是否患有精神障碍、精神障碍患者需要采取何种方式进行治疗，是一个医学的专业判断，最终都要以精神障碍医学诊断结论为依据，应当由精神科执业医师以就诊者的精神健康状况为依据，严格按照国务院行政部门制定的精神障碍分类、诊断标准和治疗规范出具诊断结论。我国《精神卫生法》第27条规定："精神障碍的诊断应当以精神健康状况为依据。除法律另有规定外，不得违背本人意志进行确定其是否患有精神障碍的医学检查。"《宁波市精神卫生条例》（2005年）和《杭州市精神卫生条例》（2006年）规定了精神障碍的诊断，应由精神科执业医师按照国家现行的医学标准作出；没有国家医学标准的，参照国际通行的医学标准作出。

五、非自愿留院观察诊断制度的救济

（一）非自愿留院观察诊断制度救济的国际惯例

留院观察诊断制度是国际上对疑似患者进行精神障碍诊断的通行做法。由于其涉嫌对患者人身自由权一定时期的限制，"许多国家规定，紧急非自愿入院或治疗不得超过72小时，因为这可为完成各种实质性非自愿程序留出足够的时间"。[1]《英国精神卫生法》规定，经精神卫生专业人员或者近亲属申请，并取得医生的建议，可以对疑似患者实施不超过72小时的紧急住院评

---

〔1〕　World Health Organization，*WHO Resource Book on Mental Heal-th：Human Rights and Legislation*，Geneva：World Health Or-ganization Press，2006，p.81.

估；《法国精神卫生法》规定了 72 小时的住院观察。我国首部地方性精神卫生法规《上海市精神卫生条例》规定了医疗机构应当在实施紧急住院观察后的 72 小时内作出诊断结论。[1]可见，各国精神卫生法规力求从时效上减少该制度对患者人身自由的侵袭性。联合国《保护精神病病患者和改善精神病保健的原则》对非自愿诊治措施的采用有非常严格的限制，接受非自愿诊治的患者可以通过诉讼等途径维护自己的权利，有权要求出院或者变为自愿就医的方式。

（二）非自愿留院观察诊断制度的司法救济

承认精神障碍患者的司法诉求是国际上通行的做法。世界卫生组织有关精神卫生立法的检查清单中把"法律是否允许患者或者其家属代表向法庭提出申诉的权利"作为贯穿精神卫生服务的整个过程。[2]《联合国保护精神疾病患者与改善精神保健的原则》指出，"患者或其私人代表或任何相关权益人均有权向上级法庭提出上诉，反对令患者住入或留置在精神卫生机构中的决定"；"患者有权委托律师代理其申诉或上诉，若患者无法取得此种服务，当局应向其提供免费的法律援助"。[3]在德国、意大利和英国，患者对强制住院治疗决定不服的，均可向法院上诉或裁判所申请复核。[4]

我国《精神卫生法》在正文的最后一条以兜底形式赋予了精神障碍患者的司法救济权。该法第 82 条规定："精神障碍患者或者其监护人、近亲属认为行政机关、医疗机构或者其他有关单位和个人违反本法规定侵害患者合法权益的，可以依法提起诉讼。"从该条规定可知，我国精神障碍患者的诉权具有如下特点：第一，该项诉权的内容是精神障碍患者的合法权益。只要患者或者相关权益人认为自己的合法权益受到侵害的就可以依法提起诉讼。第二，可以依法提起诉讼的法律主体不仅是精神障碍患者，还包括其监护人、近亲

---

〔1〕 信春鹰主编：《中华人民共和国精神卫生法解读》，中国法制出版社 2012 年版，第 93~94 页。

〔2〕《世界卫生组织精神卫生、人权与立法资源手册》（世界卫生组织 2006 年），第 147~168 页。

〔3〕 中国精神卫生政策研究资源中心：《联合国保护精神疾病患者与改善精神保健的原则》（Principles for the protection of persons with mental illness and the improvement of mental health care），载 http://www.who.int/mental_health/policy/en/UN_Resolution_on_protection_of_persons_with_mental_illness.pdf，最后访问时间：2017 年 6 月 5 日。

〔4〕 World Health Organization, *WHO Resource Book on Mental Heal-th*: *Human Rights and Legislation*, Geneva: World Health Or-ganization Press, 2006, p. 254.

属。第三，该条规定的诉讼救济，因诉讼的对象和权益侵害的性质不同，可以分为民事诉讼、行政诉讼和刑事诉讼三种类型。如果起诉行政机关，如公安机关滥用职权进行违法强制送诊，那么应当按照行政诉讼法的要求提起行政诉讼。如果医疗机构、精神科执业医师或者其他人员在非自愿留院观察诊断期间造成疑似精神障碍患者受到伤害或者强迫其劳动的，应按照民事诉讼法的有关规定进行救济。如果行政机关、医疗机构或者其他有关单位和个人对精神障碍患者合法权益的侵害构成犯罪的，应当按照刑事诉讼法的有关程序进行处理。当然，这里的个人也包括患者的监护人或者其他家庭成员，如果他们虐待、遗弃精神障碍患者，可以引起刑事自诉案件。遗憾的是，此诉讼救济的合法性判断限定在"违反本法规定侵害患者合法权益"的严格条件不利于精神障碍患者诉权的充分实现。

六、结论：设置合理的内部纠错机制

（一）《精神卫生法》第 29 条的立法不足

非自愿留院诊断制度并没有引起全社会的关注，是因为"非自愿住院治疗制度肩负着防止正常人'被精神病'的使命"。[1]事实上，非自愿留院诊断制度也可能产生"被精神病"现象，因其常采取一段时间的限制人身自由的强制留院观察诊断。但由于其实施时限较短，诊断的侵入性也没有住院治疗时间长，人们对该制度的关注也不大。但作为杜绝"被精神病"的入口，《精神卫生法》对非自愿留院观察诊断制度规定了严格的程序。该法从非自愿诊断的送诊主体、送诊对象、送诊条件、诊断主体、诊断标准、诊断原则、救济机制等方面作了详细的规定。不同的是，非自愿留院诊断制度没有像非自愿住院治疗制度一样设置再次诊断、鉴定纠错机制。因为公共安全、患者的人身安全和患者的精神卫生需求三因素决定的该制度的紧急性特征，要求其实施必须讲究效率，减少了其设置内部纠错机制的必要。但是，以下因素决定了该制度的实施需要设置必要的内部纠错机制：一是对患者人身自由的侵害；二是精神疾病诊断的非科学性和非规律性；三是诊断过程不可避免地产生外部环境因素的影响；四是非自愿留院观察诊断对当事人可能造成严重

---

〔1〕　李晓宏："聚焦·关注精神卫生（上）：终结'被精神病'"，载 http://cpc.people.com.cn/n/2013/0426/c83083-21289047.html，最后访问时间：2014 年 4 月 11 日。

的心理、生理、名誉等的伤害；五是诉讼救济是最后一道防线，不利于及时挽救患者造成的伤害。

（二）嵌入诊断回避制度

医疗诊断回避制度源于以"自己不得做自己法官"为理念的司法审判回避制度，是指与精神疾病患者有人身或者财产利害关系的医师，不得为其进行诊断、诊断复核、会诊和治疗；对精神疾病进行诊断的医师，不得为同一精神疾病患者进行诊断复核和会诊。我国《精神卫生法》只规定了对非自愿住院治疗的诊断有异议的情况及其监护人申请再次诊断、鉴定时可以申请回避，没有设置初次诊断申请回避的规定。[1]由于非自愿留院观察诊断制度涉嫌对患者人身自由的侵犯，如果在患者进入非自愿的关口设置诊断回避制度，作为其源头的纠错机制，既有利于消除诊断的主观因素，又有利于维护患者的合法权益。当然，要设计好回避申请人、回避被申请人、回避内容、回避程序、回避申请复核等程序，不影响非自愿留院观察诊断制度实施的紧急性要求。实践中，《北京市精神卫生条例》（2006年）、《无锡市精神卫生条例》（2007年）、《武汉市精神卫生条例》（2015年修订）等都规定了诊断回避内容，只是缺乏详尽的回避主体、程序、复核等方面的规定。[2]

---

〔1〕 我国《精神卫生法》第32条第2款规定："……承担再次诊断的医疗机构应当在接到再次诊断要求后指派二名初次诊断医师以外的精神科执业医师进行再次诊断，并及时出具再次诊断结论……"

〔2〕《北京市精神卫生条例》（2006年）第28条规定，与精神疾病患者有人身或者财产利害关系的医师，不得为其进行诊断、诊断复核、会诊和治疗；不得为同一精神疾病患者进行诊断诊断复核和会诊。《武汉市精神卫生条例》（2015年修订）第27条第2、3款规定，精神科执业医师与精神障碍者有亲属关系或者其他利害关系的，不得为其进行诊断和诊断复核；不得为同一精神障碍者进行诊断、诊断复核。《无锡市精神卫生条例》（2007年）第24条规定，精神科执业医师与精神疾病患者有人身、财产利害关系的，不得为其进行诊断、诊断复核、会诊和治疗；不得为同一精神疾病患者进行诊断、诊断复核和会诊。

第九章

精神障碍医疗诊断回避制度及其实践

一、我国精神卫生法规中的医疗诊断回避制度

（一）问题的提出

随着现代社会正当程序观念的增强，"任何人都不能成为自己案件的法官"的自然正义原则调整领域不断扩大，由最初的司法领域逐渐进入行政、仲裁、调解乃至社会生活的其他领域。同时，为追求此程序正义的回避制度也从审判回避扩展到行政回避、仲裁回避、调解回避，甚至医疗领域的诊断回避。2001年首部精神卫生法规《上海市精神卫生条例》（第27条）开启了我国医疗诊断回避制度的立法先河。随后，北京、武汉、杭州、宁波、无锡各地的精神卫生法规相继设置了医疗诊断回避制度。2012年我国首部《精神卫生法》确立了再次诊断回避制度（第32条），出现了法律首次设置医疗诊断回避制度的规定。那么，什么是医疗诊断回避制度？它有哪些特征？其实施情况如何？什么原因造成该制度适用率较低？它将如何发展和完善？这些问题的研究和回答对该制度实施、发展和完善具有一定的理论和实践意义。

（二）医疗诊断回避制度的内涵

1. 医疗诊断回避制度的概念

医疗诊断回避制度概念在立法和学理上目前都缺乏明确的表述，且相关理论研究较少。在我国现行的法规中，医疗诊断回避规定以特定的医疗主体的诊断消极不作为义务呈现，没有出现诊断回避的名称。其立法形式不像审判回避制度在我国民事、刑事、行政三大诉讼法中以明确的名称专章规定回避内容。一般地，这种诊断消极不作为义务以禁止性规范要求特定医疗诊断

主体不得进行特定的精神障碍诊断行为。理论研究上，在中国知网以"回避制度"为主题进行搜索可得到的文章约 3128 篇，内容大都是司法审判回避、行政裁决回避、官员任职回避等相关研究（截至 2017 年 6 月 25 日），几乎没有涉及诊断回避的概念。尽管我国法规没有明确的医疗诊断回避制度的表述，但有明确的医学鉴定回避的规定，如《精神卫生法》第 33 条和《职业病防治法》第 54 条，要求鉴定人本人或者其近亲属与鉴定事项有利害关系、可能影响其独立、客观、公正进行的应回避。实质上，医学鉴定也是一种医疗诊断，是医疗诊断的一种事后救济机制。但医学鉴定回避是为了保障当事人在医学鉴定这种事后救济过程中的程序权利，其不能代替诊断回避制度这种在开始或者过程中而采取的事前或者事中救济中的程序正义。

2. 医疗诊断回避制度的含义

医疗诊断回避制度是指在精神障碍的诊断治疗方面，包括初次诊断、再次诊断、复核、会诊、治疗等不同阶段的诊疗行为，与精神障碍患者有利害关系的精神科执业医师不得进行上述诊疗行为，或者不得为同一精神障碍患者进行上述两个以上阶段的诊疗行为。在我国现行的精神卫生法律法规中，医疗诊断回避内容都是这种诊断主体的消极不作为义务。其不像审判回避制度的以积极的义务性规范形式，要求回避主体以职权自行申请回避或者接受当事人的申请回避。实质上，这些禁止性规定是对精神障碍患者诊断过程的程序性权利的保护设置，其背后是正当程序理念。医疗诊断回避制度是患者的一项程序性权利，不同于患者在诊疗过程中享有的知情同意权，因为"知情同意权是一项对医护人员的诊疗措施和治疗手段进行理性的权衡后做出接受、部分接受或者拒绝的实体性权利"。[1]我国精神卫生法律法规大都规定了上述两类诊断回避的情形，只是对精神障碍诊断阶段的划分和表述存在差异。目前，我国规定诊断回避制度的精神卫生法律法规（含已失效的）包括《精神卫生法》（2012 年）、《上海市精神卫生条例》（2001 年）（已废止）、《上海市精神卫生条例》（2014 年修订）、《宁波市精神卫生条例》（2005 年）、《北京市精神卫生条例》（2006 年）、《杭州市精神卫生条例》（2006 年）（已废止）、《武汉市精神卫生条例》（2010 年）（已废止）、《武汉市精神卫生条例》（2015

---

〔1〕 梅春英、王晓波："患者知情同意权保护中的权利冲突与协调"，载《中国卫生事业管理》2017 年第 5 期，第 364~366 页。

年修正）和《无锡市精神卫生条例》（2007 年）。纵观这九部法律法规中的诊断主体消极不作为义务，共有以下几种划分和表述：一是诊断回避；二是再次诊断回避；三是诊断复核回避；四是会诊回避；五是治疗回避；六是出具医学诊断证明回避；七是医学鉴定回避。不同的是，现行有效的每一部法律法规根据其对精神障碍诊断的不同划分设置了不同的利害关系回避和同一患者不同诊断阶段的回避。

（三）医疗诊断回避制度的特征

与司法审判回避制度相比较而言，医疗诊断回避制度具有如下特征：

1. 立法价值和立法地位不高

诊断回避制度的立法价值和立法地位不及审判回避制度定位高。支撑审判回避制度的回避原则是我国民事、行政、刑事三大诉讼法共有的基本原则，贯穿于整个诉讼活动过程和阶段。[1]而医疗诊断回避制度定位于精神障碍诊断领域程序正义的立法价值和一般原则的立法地位。诊断回避制度是现代社会程序正义原则在医疗领域的应用。在人类漫长地追求健康的进程中，没有出现医疗诊断回避制度。其主要原因如下：一是在医疗资源匮乏时代医疗诊断回避制度不具有实际可行性；二是以美德、关怀为核心的现代医学伦理原则统摄正义的制高点，可以忽略不计个体医疗过程的程序正义。19 世纪 70 年代，《生命医学伦理原则》一书提出的尊重自主、有利、不伤害和公正四个医学伦理学原则被世界医学界广泛应用。[2]在引入国外医学伦理原则时，有的提出了以善行为主导并兼顾公正的当代中国临床医学的基本伦理原则；[3]有的提出了受儒家文化影响的规则导向与美德导向并重医学伦理原则；[4]有的提出了医学伦理决策中四项道德原则的冲突及排序规则：医疗决策涉及患者之外的其他利益或者群体乃至社会利益时公正原则优先于其他三项，医疗决

---

〔1〕　姜明安主编：《行政法与行政诉讼法》，北京大学出版社、高等教育出版社 2007 年版，第 458~461 页。

〔2〕　王延光："论比彻姆和邱卓思生命伦理学的共同道德观"，载《医学与哲学（A）》2016 年第 2 期，第 2~6 页。

〔3〕　崔健民："自主的时代业已到来？——当代中国临床医学伦理原则批判"，载《医学与哲学》1996 年第 8 期，第 417~419 页。

〔4〕　罗秉祥："传统中国医疗伦理对当代美德医疗伦理学可作的贡献"，载《中国医学伦理学》2010 年第 4 期，第 4~6、16 页。

策涉及患者个人利益时自主原则优先于行善原则和无害原则，而无害原则和行善原则的道德优先性通过具体境遇下的利害权衡确定。[1]质言之，现代医学伦理追求的公正原则是群体之间的公正，无害原则是个体实体利益的无害，可以忽略不计个体医疗过程的程序正义。如果在公正、自主、行善三原则多数优先的情况下个体追求医疗过程中的程序正义是对医师人格的怀疑和不信任，则与现代医学伦理精神相背离。诊断回避制度没有定位为精神卫生服务的基本原则。《经济、社会及文化权利国际公约》（1966 年）、《联合国保护精神疾病患者与改善精神保健的原则》（1991 年）、《精神卫生健康立法：十项基本原则》（1996 年）等国际性规范没有直接规定诊断回避制度。[2]在国内精神卫生立法上，诊断回避定位为诊断主体与精神障碍患者有利害关系或者同一患者不同诊断阶段两类情形下的一个具体诊断原则。

2. 适用领域和适用情形不广

诊断回避制度目前只适用于精神障碍诊断领域，不像审判回避制度适用于整个诉讼过程和阶段。在人类通过医疗行为维护生命健康的过程中，最初是漫长的体质疾病预防与治疗的探索，其并没有出现医疗诊断回避制度，因为以美德、关怀为核心的现代医学伦理原则统摄正义的制高点，人们在追求个体生命健康的实体正义过程中可以忽略不计个体医疗过程的程序正义。随着现代社会程序正义观念的增强，加之精神障碍疾病诊断的非规律性、长期性、侵袭性的特征，在涉及患者非自愿留院观察诊断或住院治疗时，为保障患者的基本权利，反映个体医疗过程程序正义的诊断回避制度诞生了。目前，医疗诊断回避只适用于利害关系回避和同一患者不同诊断阶段的回避两类情形。这里的利害关系回避是指精神科执业医师与患者之间的利害关系，不包括参与诊治的其他医务人员或者患者的近亲属、代理人等，不像审判回避利害关系的各方主体的范围在逐渐扩大。同一精神障碍患者不同诊断阶段的回避一般分为诊断、诊断复核和会诊，但也有分诊断和诊断复核两阶段的，如《武汉市精神卫生条例》（2010 年），也有分为诊断、复核、会诊和医学鉴定

---

[1] 肖健等："医学伦理决策中的道德原则冲突及其排序"，载《中国医学伦理学》2010 年第 2 期，第 64~65、67 页。

[2] World Health Organization, *WHO Resource Book on Mental Heal-th: Human Rights and Legislation*, Geneva: World Health Or-ganization Press, 2006, pp. 16~32.

四阶段的，如《上海市精神卫生条例》（2014 年）。

3. 利害关系回避仅限两方关系的情形

医疗诊断利害关系回避仅限诊断主体与患者之间构成的利害关系情形，不像审判回避是在三方或者多方利害关系之间形成的。回避主体不是在原被告双方形成的两造关系中形成三方或者多方利害关系是诊断回避与审判回避的主要区别。如果精神科执业医师与患者涉有利关系，可能在诊断过程中出现偏私，符合法定条件而不让其接受非自愿诊治；如果精神科执业医师与患者涉有害关系，可能在诊断过程中报复患者，故意不让患者接受"非自愿"诊治。尽管医疗诊断利害关系回避不是在两造关系中形成的，但在医师、患者和其他人之间形成了隐形的两造关系：如果医师偏袒患者，患者流落社会，可能给患者之外的其他人带来安全隐患；如果医师报复患者，患者"被精神病"，患者之外其他的人担心也有可能"被精神病"。

4. 设置特殊的诊断阶段回避

设置特殊的诊断阶段回避是医疗诊断回避的重要特征。诊断回避制度根据精神障碍的诊治特点设置了初次诊断、再次诊断、复核诊断、会诊、治疗等同一患者不同诊断环节的回避制度。这是由于医疗诊断没有层级的特性决定的，有资质的医疗机构都可以单独或者同时进行不同阶段的诊断，"独立分析、判断、提出诊断意见，任何单位和个人都无权干预"（《职业病防治法》第 29 条），而且掌握了患者病情的医师一般因先入优势会参加其下个阶段的复核或者会诊。但由于精神障碍的诊断可能限制患者的人身自由且误诊率较高的特点，为了避免有害产生须设置同一患者不同诊断阶段的回避，与有明确审级分工的审判制度不同。

（四）医疗诊断回避制度的实施

1. 医疗诊断回避制度的回避主体

我国精神卫生法规把医疗诊断回避的对象仅限定为精神科执业医师。从 2001 年我国最早的精神卫生法规《上海市精神卫生条例》开始，到宁波、无锡、武汉、杭州各地的精神卫生法规，再到 2012 年我国第一部《精神卫生法》的出台，都把诊断回避的对象限定为精神科执业医师。不同的是，2006 年的《北京市精神卫生条例》把诊断回避的对象扩大到执业医师，但其与《精神卫生法》相冲突，按照《立法法》的规定其自动无效。因而，精神科执业医师是目前医疗诊断回避的唯一对象。

2. 医疗诊断回避制度的回避理由

与司法审判领域广泛而严密的回避理由相比，医疗领域的诊断回避理由立法单一而稀疏，仅限定利害关系回避和同一患者的不同诊断环节回避。我国首部《精神卫生法》仅规定了"非自愿"住院治疗异议情形下的再次诊断回避。这是该法规定诊断回避的唯一理由，实质上是同一患者不同诊断阶段的回避。其他较早的规定来自地方性精神卫生条例，它们规定的回避理由都限定在利害关系回避和同一患者的不同诊断环节回避，只是表述和分类存在差异而已。显然，我国地方性法规规定的诊断回避理由虽比《精神卫生法》宽，但与司法审判的回避理由相比仍属于一个狭小的范围。

3. 医疗诊断回避制度的回避程序

医疗诊断回避还处于立法初级阶段，仅设置了一个禁止性制度，没有具体规定回避的方式、申请主体、申请期间、决定权、救济机制等程序性规定。精神障碍患者及其监护人申请回避还是精神科执业医师自行回避，在哪个阶段提出回避申请，申请期限多长，回避决定权及其回避救济机制等程序问题都应属诊断回避必须明确的问题。实践中，由于医疗诊断回避制度缺乏基本的程序规定，导致其处于僵尸状态。这种缺乏启动、决定、实施、救济等基本程序性规定的回避制度有些形同虚设。

（五）医疗诊断回避制度的完善

1. 医疗诊断回避制度的发展

在医疗资源匮乏、专业人才稀少和回避程序缺失的情况下，医疗诊断回避制度基本上属于僵尸条款。其不像我国三大诉讼法确立的已深入人心的回避制度，是诉讼过程中双方当事人和审判人员必须考虑而且实施的程序。自2001年制定的第一部地方性法规《上海市精神卫生条例》设置诊断回避制度以来，该制度不仅没有引起理论和实践的关注，而且立法也进入了混乱状态。其表现如下：①设置该制度的八个法规（包括修改废止的）表述和阶段划分各不相同；②上海市、武汉市已修订的法规对该制度规定也各不相同，且杭州市修订的法规删除了该制度；③2012年我国首部《精神卫生法》的出台不仅没有为该制度正名，而且仅设置了同一患者再次诊断阶段回避的唯一情形；④深圳市、长春市、甘肃省出台的精神卫生法规没有规定诊断回避制度，给该制度的发展带来了不确定性。

2. 医疗诊断回避制度的完善

完善医疗诊断回避制度的内容和程序既符合世界精神卫生立法的发展趋势，也符合我国精神卫生法的立法目的。目前，绝大多数国家对非自愿留院观察诊断、住院治疗或者其他权利的限制采取司法或准司法监督机制，一般通过权威的复核机构如复核机关、专门法庭或者法院审批非自愿住院和治疗，充分保护患者权利。[1]尽管《联合国保护精神疾病患者与改善精神保健的原则》（MI 原则，1991 年）没有规定具体的诊断回避制度，但其原则 17 复核机关要求国内法履行其程序职能，原则 18 要求程序上的安全保障，维护患者的程序性权利。[2]《精神卫生健康立法十项基本原则》强调建立自动定期复核机制和有效复核程序保障精神卫生保健服务的程序要求。[3]质言之，追求个体医疗诊治过程中的程序正义和防止诊治偏私是世界各国精神卫生立法的价值目标之一。同时，完善我国精神卫生法规诊断回避制度的内容和程序也符合我国"规范精神卫生服务"和"维护精神障碍患者合法权益"的立法目的。我国精神卫生法把精神障碍的诊断及住院治疗作为一个医学的专业判断，即使对诊断结论产生异议申请第三方进行鉴定的，其性质仍属于精神障碍医学鉴定，而不是司法鉴定。[4]也即是说，我国精神卫生服务既缺乏独立的第三方复核机构，也缺乏对个体精神卫生服务过程中程序正义保障的有效制度。为此，建议从以下方面完善诊断回避制度：①通过修订《精神卫生法》或者制定《精神卫生条例》，进而修订各地精神卫生条例，统一规范医疗诊断回避制度，明确回避理由和对象，统一利害关系回避和同一患者不同诊断阶段回避，以免出现不同的法律设置不同规定的乱象。②规范诊断回避制度的程序，

---

〔1〕　World Health Organization, *WHO Resource Book on Mental Heal-th：Human Rights and Legislation*, Geneva：World Health Or-ganization Press, 2006, pp. 91~95.

〔2〕　UN Principles for the Protection of Persons with Mental Illness the Improvement of Mental Health Care《联合国保护精神疾病患者与改善精神保健的原则》，载 http://www. who. int/mental_ health/policy/en/UN_ Resolution_ on_ protection_ of_ persons_ with_ mental_ illness. pdf，最后访问时间：2017 年 6 月 12 日。

〔3〕　WHO Mental Health Care Law：Ten Basic Principles《世界卫生组织精神健康立法：十项基本原则》，载 http://www. who. int/mental_ health/policy/legislation/ten_ basic_ principles. pdf，最后访问时间：2017 年 6 月 12 日。

〔4〕　信春鹰主编：《中华人民共和国精神卫生法解读》，中国法制出版社 2012 年版，第 100~104 页。

包括申请主体、申请时间、决定形式、救济途径等，避免出现当前诊断回避制度由谁启动、何时启动、启动形式、决定形式、救济途径都缺失的现象。③发展诊断回避制度的医疗条件，培养充足的精神科执业医师，设置符合中国医疗资源发展现状的回避条件，增强制度实施的可行性。

综上所述，医疗诊断回避制度是指在精神障碍的诊治领域要求特定医疗诊断主体不得为与其有利害关系的患者进行相关的诊疗行为，或者不得为同一精神障碍患者进行两个以上阶段的诊疗行为。该制度源于司法审判回避制度，是程序正义原则在医疗领域的发展。与审判回避制度相比，该制度具有立法价值和定位不高、适用领域和情形不广、利害关系回避仅限两方关系情形、设置特殊的诊断阶段回避等特征。统一医疗诊断回避制度并完善其内容和程序才能激活其"僵尸"状态以恢复预设功能。

二、再论精神障碍医疗诊断回避制度——与审判回避制度的比较视角

（一）研究的背景和意义

随着现代社会的发展和人们程序观念的增强，回避制度已逐渐从司法审判领域延伸到医疗、行政、调解等非诉讼领域。我国《精神卫生法》（2012年）设置了危害他人或社会的非自愿住院治疗情形要求再次诊断的必须实施诊断回避制度（第32条），开启了以法律设置医疗诊断回避制度的先河。实际上，在此之前我国各地制定并实施多年的地方性法规，如北京、上海、杭州、宁波、武汉等地的精神卫生条例，早已制定并实施了精神障碍医疗诊断回避制度。那么，医疗诊断回避制度与司法审判回避制度的性质是否相同？其在各自领域的立法价值和立法定位如何？二者的回避内容和回避程序有何区别？为什么回避制度进入医疗领域这么晚且仅限精神疾病诊断领域？医疗诊断回避制度的发展趋势会怎样？这些问题的比较研究以及探索非诉领域回避制度的特性对该制度的健全与实施具有一定的价值。

（二）精神障碍医疗诊断回避制度的概念和内涵

1. 医疗诊断回避制度的概念

医疗诊断回避概念尚处于学理上的探讨阶段，立法上也不明晰。在我国现行的法律规范中，出现了要求特定医生不得参与诊断、诊断复核、治疗特定患者医疗诊治活动的规定，而且仅限部分医事法律法规中。具体地说，从

2001 年我国首部实施的《上海市精神卫生条例》开始，北京、杭州、武汉等地的精神卫生法规随后，直至 2012 年的全国精神卫生法，都出现了禁止精神科医师参与特定诊治活动的规定（详见表 9-2）。这些诊断回避制度的规定都以"禁止性法律规范"形式命令特定主体不得进行特定患者的诊治、复核、再次诊断等诊疗行为，或者不得为同一精神障碍患者进行上述两个以上阶段的诊疗行为。这些禁止性法律规范实质是防止精神科执业医师在诊治精神障碍患者的过程中出现"人为偏私"而设置的程序性纠错机制，其背后是"任何人都不能成为自己案件的法官"的正义理念。值得强调的是，我国《精神卫生法》规定的再次诊断回避制度仅限于"非自愿住院治疗"情形中对社会"有害"的情形，对于不同意实施住院治疗的，可以要求再次诊断，承担再次诊断的医疗机构应当实施再次诊断回避制度。也即是说，我国精神卫生法把该制度限定在一个特殊的适用情形，其作用仅相当于一个程序性纠错机制，通过设置初诊医生回避措施来最大限度地减少"非自愿住院治疗"制度实施时对患者人身自由可能产生的"故意伤害"。因为该法再次诊断回避制度后面还连接一个"精神障碍医学鉴定制度"[1]——一种借助司法鉴定的原则、内容和程序的医学鉴定，作为是否需要"非自愿住院治疗"的终极判断，对再次诊断回避制度起到了缓冲阀作用。相比较而言，我国精神卫生法中的医疗诊断回避制度已没有各地精神卫生条例中的应用广泛，呈收窄趋势，而且设置制度作用的期望也相对减小（因为后面还有一个医学鉴定制度）。另外，目前关于医疗诊断回避制度的理论研究颇少，在中国知网上相关研究的文章仅几篇（截至 2019 年 12 月 31 日）。

　　而审判回避制度在三大诉讼法及其相关的法律规范中均有明确的概念和完善的规定，而且理论研究也颇成熟。《民事诉讼法》（2012 年）在总则第四章以"回避"专章标题且共 4 条内容的篇幅规定了民事审判回避制度。《刑事诉讼法》（2021 年）在总则第三章以"回避"专章标题且共 4 条内容的篇幅规定了刑事审判回避制度。《行政诉讼法》（2017 年）虽然仅用第 55 条规定了行政审判回避制度，但其第 101 条规定了人民法院审理行政案件有关程序性规定可以适用《民事诉讼法》的相关规定。质言之，三大诉讼法对审判回

---

〔1〕 信春鹰主编：《中华人民共和国精神卫生法解读》，中国法制出版社 2012 年版，第 99~107 页。

避制度的概念不仅明确而且完善，包括回避原则、内容、程序、方式等规定十分详尽。同时，审判回避制度的理论研究颇丰，在中国知网上相关研究的文章达70多篇（截至2019年12月31日）。

2. 医疗诊断回避制度的内涵

医疗诊断回避制度是指在精神障碍的诊治过程中，包括初次诊断、再次诊断、诊断复核、治疗等不同阶段，诊断主体与精神障碍患者有亲属关系或者其他利害关系的不得进行或参与不同阶段的诊疗行为，或者不得为同一患者进行或参与两个及其两个以上阶段的诊疗行为。与审判回避制度相比，诊断回避制度具有如下特点。一是诊断回避仅限两类情形。第一类情形是利害关系回避。各地法规规定的目的基本相同，但表述各异，适用也不同。有的规定为人身或者财产利害关系，如《北京市精神卫生条例》（2006年）和《无锡市精神卫生条例》（2007年）；有的规定为亲属关系或者其他利害关系，如《上海市精神卫生条例》（2001年）、《宁波市精神卫生条例》（2005年）等；有的规定为利害关系，如《上海市精神卫生条例》（2014年）。从范围上看，利害关系范围最大，人身或财产利害关系次之，亲属关系或者其他利害关系最小；从利害关系回避的诊疗活动看，地方性法规也各不相同，上海市从2001年规定为"诊断、诊断复核和会诊"到2014年修订为"诊断和出具医学诊断证明"，北京市和无锡市规定为"诊断、诊断复核、会诊和治疗"，杭州市和宁波市规定为"诊断、诊断复核和会诊"，武汉市规定为"诊断和诊断复核"，这些都不符合立法的规范性特性（详见表9-2）。第二类情形是同一精神障碍患者不同诊断阶段的回避。此种情形各地规定差异也比较大。北京、宁波、无锡、杭州（2006年）等地都把此种情形回避适用"诊断复核和会诊"两种情形，武汉市仅把此种情形的回避适用"诊断复核"，上海市把此种情形的回避从开始的"诊断复核和会诊"修订为"再次诊断、复核、会诊、医学鉴定"四种情形（详见表9-2）。各地精神卫生立法关于同一患者不同诊断阶段的回避阶段划分、名称、适用情形的差异凸显其只是一个非规范性制度，不符合立法的基本要求。二是利害关系回避的范围很小。具体地说，医疗诊断回避仅限精神科执业医师与被其诊断的精神障碍患者之间的利害关系。其不仅比审判回避的范围小得多，而且不是建立在双方的对立基础上（审判回避是建立在原被告双方对立的基础关系上）。尽管医疗诊断回避之利害关系回避不存在双方对立的基础关系，但诊断主体、患者（含疑似）和其他社会公众之间内含相互制约的逻辑思维：如果诊断主体与患者（含疑似）之间产生有利关系，可能会偏袒患者，本应属于非自愿住院治疗的而故意不让，可能造成社会公众的安全隐患；如果诊断主体与患者之间产生有害关系，可能会报复患者，让不符合非自愿住院治疗的患者进行住院治疗，借机限制其人身自由（如图1所示）。质言之，立法设置诊断回避制度的目的就是预防"传统道德人格信任的失灵而设计的基于替代程序的算法信任"，使人们增强"系统信任"。[1]三是设置不同诊疗阶段的回避情形。各地精神卫生法规根据精神障碍的诊疗规范设置了不同的诊疗阶段，规定了相应的诊疗阶段回避情形。由于目前对精神障碍的诊断缺乏统一的诊疗规范，各地精神卫生法规划分的阶段也不完全相同，设置的诊疗阶段回避也就各异，没有诉讼审判回避规范统一。四是回避主体主要是指医疗机构的精神科执业医师。这种把医疗诊断参与人员排除在回避主体之外的做法缘于精神障碍诊治的特殊性，受我国精神障碍的医学判断标准、精神科执业医师诊断负责制、精神障碍诊断误诊率高、精神科医务人员缺乏等因素影响。值得强调的是，我国《精神卫生法》也规定了患者及其监护人可申请初次诊断以外的具有合法资质的医疗机构再次诊断，出现了原医疗机构"整体回避"的实际情形。五是诊断回避制度仅限精神障碍的诊断领域。医疗诊断行为涵盖整个医疗过程，但诊断回避制度适用范围非常小，仅限精神障碍患者的诊断情形，不像审判回避制度适用于整个诉讼阶段。六是要求诊断主体与患者之间有实际利害关系。诊断回避没有审判回避要求严格，仅限医生和患者之间有人身或财产等实际利害关系，而审判回避不仅要求实际利害关系要回避，对于有其他关系可能影响案件公正审判的，或者临时产生的关系如请客送礼或违规会见的，都属于法定回避的情形（见图9-1）。

---

〔1〕　郝国强："从人格信任到算法信任：区块链技术与社会信用体系建设研究"，载《南宁师范大学学报（哲学社会科学版）》2020年第1期，第1~7页。

（说明：实线代表实际利害关系，虚线代表隐形利害关系）

图9-1　审判回避与诊断回避利害关系情形对比图

审判回避是一种规范性的诉讼程序回避制度，兼具规范统一、要求严格、运行完善、失灵补救等特征。与诊断回避制度相比，审判回避制度具有如下特点。一是审判回避一般涉及与案件有关的四类情形中的人员：是当事人或者当事人的近亲属（广义理解）；涉及利害关系；涉及其他关系（可能影响案件公正审判的）；审判人员涉及此案的违纪违法情形（审判人员包括法官、书记员、翻译人员、鉴定人等参与审判活动的所有人员）。二是回避情形是回避主体即在原告与被告形成的两造关系中形成的。在原被告构成两造的基础关系中，审判人员与任何一方有利害关系，或者可能影响对案件公正审理的其他关系，都构成回避的理由。三是审判回避设置了明确的审级回避制度。因为我国法院实行两审终审制，不同层级的审判机构、审判人员都有明确的分工，各级人民法院依照法律独立行使审判权，一个审级的法院审判人员不能参加另一个审级的法院审判。但在每一个审级，如果审判人员与本案或者原被告任何一方有利害关系，必须遵守回避规定。四是审判回避制度适用范围广泛。审判回避适用于所有审判领域和整个审判阶段，是诊断回避不可比拟的。五是审判回避的理由十分严格。不仅实际利害关系要求回避，而且可能利害关系将产生案件公正审判的，或者审判主体道德不洁或违规的，都属于法定回避的理由。

（三）精神障碍医疗诊断回避制度的性质和地位

1. 法律性质

回避制度是人类为了追求程序公正而设计的制度之一。程序正义被视为"看得见的正义"，源于普通法系的法律传统，强调正义还要以"看得见的方式"实现。随着社会的发展，今天的回避制度已被赋予通过追求程序正义而实现公正理念的期望。[1]审判回避制度追求法官在审判中保持中立,不得存在任何偏私,排除一般人的合理怀疑。实质上,审判回避制度不仅追求程序正义,还以规范性程序选定"保持客观中立"的法官来追求实体正义。也即,规范性的审判回避制度肩负着实现程序正义和实体正义的双重目的。在中华法系中,由于受重实体轻程序观念的影响,非诉法领域的回避比审判回避发展得更早。早在东汉时期,我国就有了任职回避制度,唐宋以来不断推行,明清最为完备。[2]随着现代社会追求程序正义的呼声增强,诉讼领域的规范性回避理念逐渐影响到非诉讼领域回避的发展,呈现出适用范围不断扩大和适用程序逐渐规范的发展趋势。发展到今天,对于像任职回避、诊断回避等非规范性回避制度的设计倾向于以程序性纠错机制追求实体正义的目的。

医疗诊断回避制度是在临床医疗普遍追求实体正义的场域中设置的一项程序正义制度。现代临床医疗对个体而言追求的是实体正义,其背后以关怀、美德为理念的现代医学伦理可以忽略不计医疗机构提供个体医疗服务过程的程序正义。而医疗诊断回避制度是在临床医疗普遍追求实体正义为基础的场域中设计的一项最低限度的程序要求,其立法价值远不及审判回避制度的期望高,"包含着利益价值和程序价值之间的权衡、渗透和妥协",[3]是追求"程序正义和利益立法价值的统一"。[4]正如我国《医师法》《基本医疗卫生与健康促进法》都要求医务人员发扬人道主义精神和救死扶伤的职业道德,根据疾病的基本分类、诊断标准和治疗规范进行服务。这些职业道德和诊疗规范尽管上升为法律规范,由于其模糊性和缺乏操作性,而且诊疗规范和评判标准随着医疗事业的发展和科技的进步在不断地变化,可以说诊断过程的合法性最终是由圈内专家的权威职业评判决定的。更重要的是,个体疾病的具体诊疗程序受当前的医疗技术发展水平、病人病情、医师执业能力、执业

---

〔1〕　程延军、李湃:"中国古代官员任职回避之辩:历史、制度与价值",载《时代法学》2018年第6期,第77~84页。

〔2〕　温晋锋、汪自成:"我国司法回避的制度检视",载《政法论坛》2004年第6期,第124~130页。

〔3〕　江国华:"论立法价值——从'禁鞭尴尬'说起",载《法学评论》2005年第6期,第82~89页。

〔4〕　李林:"试论立法价值及其选择",载《天津社会科学》1996年第3期,第102~107页。

道德等复杂条件制约。因此，只要是为了患者的健康需要而采取专业的、科学的、敬业的、人道的诊疗服务，个体医疗过程的程序正义一般是不容患者怀疑的。这也是诊断回避制度在几乎伴随人类发展进程的临床医疗领域出现得这么晚且应用范围狭窄的缘由。

2. 法律地位

审判回避制度背后的回避原则是我国三大诉讼领域共有的基本原则，可能发生于诉讼活动的全过程。[1]一般地，法律原则是法律规范背后的理念，表现为整体法或部门法的根基性理念，是整体法律要素提供基础性或本源性的综合原理。[2]而法律基本原则体现着整体法或者部门法核心价值的法律理念，指导整个法律活动的价值和方向，构成法律体系的"硬核"。[3]回避原则是整个诉讼领域的基本原则之一，本意是无论从事审判的法官还是与审判有关的相关工作人员，都不得与当事人及其诉讼代理人、案件存在可能影响案件公正审判的偏私和利害关系，必须保持中立。反之，审判人员就失去了道德上的正当性和程序上的合法性。其源于英国法的"自然公正"理念，后发展成为建构法律秩序的必要因素。

但诊断回避原则既不是医疗领域的基本原则，也不是精神卫生服务的基本原则，只是精神障碍诊断方面的一个一般原则。事实上，诊断回避制度是近现代社会才出现的，需要一定的社会条件和道德基础。19世纪70年代的汤姆·比彻姆和詹姆士·邱卓思在《生命医学伦理原则》中提出的对患者的自愿、有利、不伤害及对社会的公正等医学伦理学原则被国内外生命伦理学界广泛应用（我国称生命伦理学）。[4]同时，我国学者也积极探索了既符合国情又能指导我国医疗实践的医学伦理原则，如"以善行为主导并兼顾公正"，[5]还有强调中华文化对世界性美德医疗伦理学贡献的规则与美德并重的医学伦理

---

〔1〕 姜明安主编：《行政法与行政诉讼法》，北京大学出版社、高等教育出版社2007年版，第458~461页。

〔2〕 *See Black's Law Dictionary*, West Publishing Co., 1983, p.1047.

〔3〕 张文显主编：《法理学》，高等教育出版社2003年版，第97页。

〔4〕 王延光："论比彻姆和邱卓思生命伦理学的共同道德观"，载《医学与哲学（A）》2016年第2期，第2~6页。

〔5〕 崔健民："自主的时代业已到来？——当代中国临床医学伦理原则批判"，载《医学与哲学》1996年第8期，第417~419页。

学原则。[1]值得强调的是，肖健等学者提出了医学伦理决策中自愿、有利、不伤害、公正四项道德原则的价值排序及其冲突解决之道：现代医疗伦理追求的公正原则是群体间的公正优先，自主原则在涉及个人利益时优先，无害和行善原则是具体情景下的利害权衡。[2]只要医生从事的行为是为了医治患者疾病的救死扶伤，行善和无害理念就伴随医疗行为的始终，因而个体医疗过程的程序无害是忽略不计的。如果一个医疗行为在实质上是行善和无害的，符合基本的诊疗规范，患者却苛求医疗服务程序正义则与"爱与奉献"为根基的现代医疗伦理精神相悖。此外，诊断回避不是精神卫生服务的基本原则。世界卫生组织（MI原则，1991年）规定的基础自由和基本权利、保健标准、精神疾病的确定等25项保护精神疾病患者与改善精神保健的原则中没有涉及诊断回避的规定。[3]《精神卫生健康立法：十项基本原则》（1996年）也没有诊断回避原则。[4]值得强调的是，我国《精神卫生法》只把诊断回避规定为适用范围单一的具体制度。在理论上，我国学者提炼的精神卫生法基本原则不涉及诊断回避原则。彭少慧认为精神卫生法的基本原则应包括促进精神健康与预防精神障碍、保障精神障碍者基本权利、自愿住院、最小限制、无歧视与平等保护五项原则。[5]王勇等学者认为，精神卫生法的基本原则应包括自愿与免于恐惧、社会保障与救济、无歧视、参与和均衡等原则。[6]最后，诊断回避也不是精神障碍诊断的基本原则。我国现行《精神卫生法》规定的精神障碍诊断基本原则主要包括：维护患者合法权益、尊重患者人格尊严原则（第26条）、获得活动良好的精神卫生服务原则（第26条）、以精神健康状况为依据原则（第27条）、禁止违背本人意志的医学检查原则（第27条）、自

---

〔1〕 罗秉祥："传统中国医疗伦理对当代美德医疗伦理学可作的贡献"，载《中国医学伦理学》2010年第4期，第4~6、16页。

〔2〕 肖健等："医学伦理决策中的道德原则冲突及其排序"，载《中国医学伦理学》2010年第2期，第64~65、67页。

〔3〕 World Health Organization, *WHO Resource Book on Mental Heal-th*: *Human Rights and Legislation*, Geneva: World Health Or-ganization Press, 2006, pp.172~180.

〔4〕 《世界卫生组织精神卫生、人权与立法资源手册》（世界卫生组织2006年），第29~30页。

〔5〕 彭少慧："论精神卫生法的基本原则"，载《湖南公安高等专科学校学报》2010年第6期，第114~119页。

〔6〕 王勇、万磊："论我国精神卫生法基本原则的构建"，载《行政与法》2014年第11期，第76~81页。

愿原则（第 30 条第 1 款）、精神科执业医师诊断原则（第 29 条）、知情原则（第 39 条）、禁止利用约束、隔离等保护性医疗措施惩罚精神障碍患者原则（第 40 条）和及时诊断原则（第 29 条）。总之，诊断回避制度只是我国精神卫生法规确立的精神障碍诊断的一项具体制度，其法律地位和价值远不及司法审判领域基本原则之一的回避原则。

（四）精神障碍医疗诊断回避制度内容和程序

1. 回避理由

国司法领域的回避理由的立法规定既严又密，凡是可能影响审判活动客观、公正进行的人或事都属于回避之列。我国三大诉讼法规定的回避理由大体上相同。如上文所述，不仅包括本案当事人及其近亲属回避的直接利害关系，还包括可能影响案件公正审理的间接利害关系；不仅包括与本案有利害关系情形，还包括审判人员牵涉此案的道德瑕疵情形（见表 9-1）。值得强调的是，最高人民法院还对回避理由作了严格的司法解释，将近亲属的范围扩展至与当事人有直系血亲、三代以类旁系血亲及近姻亲关系的血亲。[1]另外，还有审判人员职业回避限制，《法官法》《检察官法》规定，法官或者检察官的配偶、子女不得担任该法官或者检察官所任职法院或者检察院办理案件的诉讼代理人或者辩护人。[2]可以说，审判回避制度已形成一套规范性的运行机制。

而医疗领域的诊断回避理由的立法规定既单一又稀疏，仅限定于精神科执业医师与患者之间有直接利害关系和同一患者的不同诊疗阶段的两类情形。我国《精神卫生法》仅规定了对"有害社会"的非自愿住院治疗有异议的要求再次诊断时原诊断主体必须回避的唯一情形。其他较早的规定来自一些地方性精神卫生条例，包括北京、上海、杭州、武汉、无锡、宁波等地。除诊疗阶段的名称和划分不同外，其主要包括两类情形：一是直接利害关系回避；二是不同诊断阶段回避（见表 9-1）。

---

〔1〕 参见《最高人民法院关于审判人员严格执行回避制度的若干规定》。

〔2〕 参见《中华人民共和国法官法》(2001 年修正)、《中华人民共和国检察官法》(2019 年修订)。

表 9-1　三大诉讼法和精神卫生法规的回避理由、适用对象的比较

	三大诉讼法			精神卫生法规
	民事诉讼法（2021年修正）	行政诉讼法（2017年修正）	刑事诉讼法（2018年修正）	精神卫生法（2012年）北京、上海、杭州、武汉、无锡、宁波等地精神卫生条例
回避理由	1. 是本案当事人及其近亲属 2. 与本案有利害关系 3. 有可能影响案件公正审理的其他关系 4. 审判人员涉及此案的法纪瑕疵	1. 与本案有利害关系 2. 有其他关系可能影响公正审判 3. 审判人员涉及此案的法纪瑕疵	1. 是本案当事人及其近亲属 2. 与本案有利害关系 3. 担任过本案的诉讼参与人 4. 有可能影响案件公正审理的其他关系人 5. 审判人员牵涉的违纪违法瑕疵	1. 利害关系 2. 同一患者不同诊断阶段
适用对象	所有审判人员及其相关人员	所有审判人员及其相关人员	审判人员、侦查人员、检察人员及其相关人员	精神科执业医师或者执业医师

2. 回避主体

在回避对象上，《民事诉讼法》和《行政诉讼法》规定的回避适用对象包括所有审判人员及其相关参与人员，《刑事诉讼法》规定的回避对象包括所有审判人员、侦查人员、检察人员及其相关参与人员，都排除了所有可能引起审判不公的人员。精神科执业医师是我国精神卫生法规限定的医疗诊断回避的唯一对象。只有《北京市精神卫生条例》（2006年）把其规定为执业医师，显然比精神科执业医师的范围要大。由于地方精神卫生法规的法律位阶较低，按照其与法律相冲突无效原则，其他主体没有精神障碍的诊断资格，因此精神科执业医师是医疗诊断回避制度法定的唯一对象（见表9-2）。

3. 回避程序

一般地，司法审判回避的方式有两种：自行回避和申请回避。我国三大诉讼法都规定了自行回避和申请回避的情形。两类情形的审判回避可以在诉讼程序开始后审判终结前的任何阶段提出。为了节约诉讼资源，一般要求在案件开始审理时提出申请，但特殊情况下也可在法庭辩论终结前提出。值得强调的是，在审判回避作出决定前，被申请回避的人员应当暂停参与本案的工作，但不影响其已经进行的诉讼程序效力。

但医疗诊断回避制度的立法规定比较粗糙，没有具体规定回避的方式、申请回避的期间及决定程序。实践中，还是本人或其监护人申请回避，或者医疗诊断主体自行申请回避，在哪个阶段提出回避申请，由谁决定回避，有怎样的决定程序，是医疗卫生机构负责人决定回避（包括科室主任决定还是医院院长决定），还是医院诊疗委员会决定，以及申请回避的时限、救济途径等细节问题都没有明确的规定。但法律设置诊断回避制度，如果其完全缺乏程序运行机制，缺乏基本的启动、决定、实施、救济程序，会与该制度设置的初衷相悖，致其形同虚设。只有这些规定明确后，医疗诊断回避制度的顺利实施才有可能。

4. 救济途径

司法审判回避决定权采取上级决定下级的原则，因回避的对象不同，回避的决定权不同，而且设置了复议救济途径。根据我国《民事诉讼法》的规定，在审判过程中，人民法院应当在 3 日内对当事人提出的回避申请作出决定并立即产生法律效力，申请人不服的，可以对回避决定申请复议救济，而且复议人民法院应当 3 日内作出决定并通知申请人。但复议期间被申请回避的人员不停止参加本案的工作。另外，审判回避决定权坚持上级决定下级的原则，比如审判委员会决定院长、院长决定审判人员等，层级分明，严格规范。

而我国医疗诊断回避制度没有规定回避的具体决定权及其救济机制，只把相关回避的情形作为医疗机构的法定义务，具体是医疗机构负责人、科室主任、主治医师还是伦理委员会会议决定不得而知。医疗诊断回避缺乏规范性的回避程序，回避启动、回避决定、回避救济等都不完善。严格地说，其并不是一个运行完整的制度。

（五）精神障碍医疗诊断回避制度的发展和健全

1. 医疗诊断回避制度的发展

我国的诉讼审判回避制度已深入人心，是诉讼过程中随时可能启动的程序。而在临床医疗诊断领域，诊断回避制度多数情况下是处于冬眠状态的僵尸条款，有悖制度设置的初衷。精神障碍诊断的回避制度最先来自我国上海市于2001年制定的地方性法规——《上海市精神卫生条例》（已修订）。但该法规在2014年修订时，利害关系回避理由从"亲属或其它利害关系"扩大为"利害关系"，但回避情形从"诊断、诊断复核、会诊"三阶段缩小为"诊断、出具医学诊断证明"两阶段；同一患者不同诊断阶段回避从"诊断复核、会诊"扩大为"再次诊断、复核、会诊、医学鉴定"四阶段。从规定医疗诊断回避制度的8个法规及其近二十年的"冬眠"实施现状和一些新出现地方性法规不设置该制度的立法趋势看（详见表9-2），该制度发展到了必须给出严肃的思考阶段，首先拷问该制度是否存在设置的价值，然后是反思其立法混乱的原因及其实施的困境。对第一个问题进行思考，笔者认为，一项法律制度的设置与否取决于现实社会法益保护的需要，只要精神卫生法规承担平衡人们自由权与精神障碍健康权保护的任务，医疗诊断回避制度就有存在的必要，因为其不仅可以发挥程序机制排除人们的合理怀疑，而且可缓解精神障碍诊断的复杂性难题。第二个问题，回顾精神卫生法规设置两类诊断回避的情形，利害关系的回避情形各不相同，不同诊断阶段的划分和表述比较混乱，就可窥见一斑。上文也已探讨，在利害关系回避理由方面，主要存在亲属关系或者其他利害关系与人身或者财产利害关系的区别，各法规规定比较混乱；针对同一个患者在不同的诊疗阶段的回避规定主要有诊断、诊断复核、会诊、出具医学诊断证明等七种情形，亦存在着设置名称、划分阶段、规定不统一等乱象（见表9-2）。值得强调的是，我国于2012年制定的首部《精神卫生法》只有非自愿住院治疗情形的同一精神障碍患者再次诊断环节的回避规定，没有利害关系诊断回避的规定。从立法趋势看，具有标志性的精神卫生法对该制度设置窄化和新进制定的地方精神卫生法规不设置该制度预设了其发展的式微。

表 9-2 我国精神卫生法规有关诊断回避的规定及其特点

法规	条目	回避主体	回避理由	
			利害关系的回避	同一个患者在不同的诊断阶段的回避
精神卫生法（2012 年制定）	32	精神科执业医师	无	再次诊断回避
上海市精神卫生条例（2001 年制定）	27	精神科执业医师	亲属关系或者其他利害关系（禁止诊断、诊断复核和会诊）	诊断复核、会诊
上海市精神卫生条例（2014 年修订）	45	精神科执业医师	利害关系（禁止诊断和出具医学诊断证明）	再次诊断、复核、会诊、医学鉴定
宁波市精神卫生条例（2005 年）	25	精神科执业医师	亲属关系或者其他利害关系（禁止诊断、诊断复核和会诊）	诊断复核、会诊
北京市精神卫生条例（2006 年制定）	28	医师	有人身或者财产利害关系（禁止诊断、诊断复核、会诊、治疗）	诊断复核、会诊
无锡市精神卫生条例（2007 年制定）	24	精神科执业医师	有人身、财产利害关系的（禁止诊断、诊断复核、会诊和治疗）	诊断复核、会诊
武汉市精神卫生条例（2015 年修正）	27	精神科执业医师	有亲属关系或者其他利害关系的（禁止诊断、诊断复核）	诊断复核
杭州市精神卫生条例（2006 年制定）	27	精神科执业医师	有亲属关系或者有其他利害关系的（禁止诊断、诊断复核和会诊）	诊断复核、会诊
杭州市精神卫生条例（2016 年修订）			删除了 2007 年的诊断回避规定，按照精神卫生法规定	
深圳经济特区心理卫生条例（2011 年制定，已废止）			没有诊断回避规定	
长春市精神卫生条例（2015 年施行）			没有诊断回避规定	

续表

法规	条目	回避主体	回避理由	
			利害关系的回避	同一个患者在不同的诊断阶段的回避
甘肃省精神卫生条例（2016 年制定）			没有诊断回避规定	
山东省精神卫生条例（2019 年制定）			没有诊断回避规定	
浙江省精神卫生条例（2019 年制定）			按照精神卫生法规定	
苏州市精神卫生条例（2019 年制定）			没有诊断回避规定	
深圳经济特区健康条例（2020 年制定）			没有诊断回避规定	

2. 医疗诊断回避制度的健全

健全医疗诊断回避制度符合世界精神卫生立法的发展方向。目前，多数国家一般通过权威的复核机构采取评估、受理上诉、定期复核、定期监察非自愿住院案例以及接受投诉、允许上诉等措施保护精神障碍患者的合法权益。[1]世界卫生组织有关精神障碍规范没有规定具体的诊断回避制度，但 1991年 MI 原则 18 是程序上的安全保障，规定了患者有权选择和指定一名律师代其申诉或上诉，保护其程序上的权利。《精神卫生健康立法十项基本原则》中包括两项强调精神卫生保健服务的程序要求：有效的复核程序和自动定期复核的机制。追求程序正义和防止诊断偏私是世界各国精神卫生立法的价值目标之一。

完善诊断回避制度的内容和程序也符合我国维护精神障碍患者合法权益的立法目的。不寻求司法机关或其他第三方机构作为终局裁决，把精神障碍诊断定性为专业的医疗判断符合我国的国情和文化。依赖此种建构路径必须健全精神卫生服务的各项制度，完善保护精神障碍患者合法权益的机制，从立法源头上着手。就医疗诊断回避制度的完善而言，建立统一、规范的诊断回避机制建议应从以下几个方面着手。[2]第一，修订法律和法规，统一规定诊断回避制度，明确诊断回避的理由和对象，避免出现同一制度不同的法律法规有不同规定情形。第二，完善诊断回避制度的程序，包括申请主体、决

---

〔1〕　World Health Organization，*WHO Resource Book on Mental Heal-th*：*Human Rights and Legislation*，Geneva：World Health Or-ganization Press，2006，pp. 91~95.

〔2〕　万传华："论医疗诊断回避制度及其实施——以我国精神卫生法规为对象"，载《中国卫生事业管理》2018 年第 4 期，第 282~284 页。

定主体、决定形式和救济方式等，学习诉讼领域审判回避的规范性特性，便于制度实施。第三，根据我国医疗资源发展的实际情况设置符合中国医疗资源发展现状的回避制度。我国精神卫生服务体系在 70 多年间发生了巨大变化，但仍存在医疗资源短缺、专业精神科医师不足、普通人群精神卫生知识匮乏等现状。[1]在当前"每 10 万人不到 3 名精神科医师和全国儿童精神科医生不足 500 人的低于世界平均水平的背景下"，[2]如果按照 MI 原则（《保护精神疾病患者与改善精神保健的原则》）建议由两年独立的精神科执业医师分别进行独立的诊断和评估，医疗诊断回避制度是很难执行的。[3]随着中国人均国内生产总值（GDP）超过 1 万美元、人民对各个方面美好生活需求不断提高和健康中国国家战略的启动，以国家基本医疗卫生制度为根基，建立健全医疗卫生服务体系，"探索政府和社会力量共同参与的公私合作新医改政策"，[4]建设适合国民心理健康需求的医疗卫生机构，培育充足的精神科医师，为精神卫生服务的各项制度实施创造出基础条件。

综上所述，医疗诊断回避制度源于司法审判回避制度，是程序正义理念在非诉讼领域的发展。与追求程序与实体双重目的的司法审判回避制度相比，医疗诊断回避制度实质是一种事前程序性纠错机制，旨在通过禁止性规定达致理想的实体正义。在人类漫长的医疗实践中，诊断回避制度出现较晚且限于特定的精神障碍诊断领域缘于其以美德、关怀为核心的现代医学伦理原则可以忽略不计个体接受医疗服务过程的程序正义。就各自适用的领域而言，诊断回避制度不及审判回避制度的立法定位和价值高、适用领域和范围广、内容和程序完善、理论和实践成熟。医疗诊断回避制度只有在现代临床医疗伦理的基础上汲取审判回避制度中的合理成分才能激活其"僵尸"状态以恢复预设功能。

---

〔1〕 栗克清等："中国精神卫生服务及其政策：对 1949~2009 年的回顾与未来 10 年的展望"，载《中国心理卫生杂志》2012 年第 5 期，第 321~326 页。

〔2〕 屈婷、田晓航等："卫生健康'基本法'将带来哪些民生新获得"，载《新华每日电讯》2019 年 12 月 31 日。

〔3〕 World Health Organization, *WHO Resource Book on Mental Heal-th*：*Human Rights and Legislation*, Geneva：World Health Or-ganization Press, 2006, p. 69.

〔4〕 刘海、任淑红："新医改以来公私合作办医政策效果分析"，载《南宁师范大学学报（哲学社会科学版）》2019 年第 5 期，第 73~80 页。

第十章

精神障碍患者优先医疗救助制度及其实施

一、问题的提出

一般地，医疗救助（medical assistance）是社会救助的一部分，是指政府通过资金、政策与技术支持对患病而无经济能力治疗的贫困人群实施的一定程度的满足其基本卫生需求的医疗保障制度。医疗救助的实质是通过国民收入的再分配实现健康公平和效率两大目标，因而其成为国家承担的面向弱势人群实施的低水平的多层次医疗保障体系中的最后一道医疗屏障。[1]我国有关医疗救助的规范性文件很多，基本上县区级以上的地方政府都制定了医疗救助的规范性文件。在百度搜索引擎中输入"医疗救助法律法规"，可以找到相关结果约 19 800 000 个涉及全国大部分县区级以上各级政府制度的规章或规范性文件。但是从法律位阶上看，除《宪法》第 45 条关于公民获得救济的权利外（包括医疗救助），我国目前没有关于医疗救助的基本法律，只有国务院制定的《社会救助暂行办法》行政法规。精神障碍患者的优先医疗救助制度是我国《精神卫生法》从单行法律方面规定的第一个以疾病为救助对象的救济制度。它突破了我国实践中以人的"经济身份"即"贫困或特困"作为医疗救助标准的界限。那么，优先救助的精神障碍患者的标准是什么？是以急病优先还是以贫困优先？抑或是急病加贫困二者合一才优先？如果是二者合一才优先，那如何理解该条第 3 款中"不能通过基本医疗保险支付医疗费

---

[1]　李小华、董军："医疗救助的内涵、特点与实质"，载《卫生经济研究》2005 年第 7 期，第 9~10 页。

用后"的优先医疗救助？如果精神障碍患者没有达到困难标准能否优先医疗救助？这些优先是与谁比较而言体现出优先的？等等。因此，研究我国《精神卫生法》的优先医疗救助制度的内涵、特征及其实施将具有一定的现实意义。

二、精神障碍患者优先医疗救助制度的内涵

（一）精神障碍患者优先医疗救助制度的规范分析

我国有关精神障碍患者的优先医疗救助制度规定在《精神卫生法》第五章保障措施的第68条。具体规定如下：

第六十八条　县级以上人民政府卫生行政部门应当组织医疗机构为严重精神障碍患者免费提供基本公共卫生服务。

精神障碍患者的医疗费用按照国家有关社会保险的规定由基本医疗保险基金支付。医疗保险经办机构应当按照国家有关规定将精神障碍患者纳入城镇职工基本医疗保险、城镇居民基本医疗保险或者新型农村合作医疗的保障范围。县级人民政府应当按照国家有关规定对家庭经济困难的严重精神障碍患者参加基本医疗保险给予资助。人力资源社会保障、卫生、民政、财政等部门应当加强协调，简化程序，实现属于基本医疗保险基金支付的医疗费用由医疗机构与医疗保险经办机构直接结算。

精神障碍患者通过基本医疗保险支付医疗费用后仍有困难，或者不能通过基本医疗保险支付医疗费用的，民政部门应当优先给予医疗救助。

该条第1款是关于地方政府组织医疗机构为严重精神障碍患者免费提供基本公共卫生服务；第2款是关于精神障碍患者的医疗费用由基本医疗保险基金支付；第3款是关于精神障碍患者优先医疗救助制度。这三款内容不仅反映了我国医疗保障的多层次性，而且凸显出我国的"医疗救助在医疗保障体系中处于最底层且从属于社会医疗保险的地位"。[1]具体地说，我国对精神障碍患者采取三道医疗保障，首先是由国家卫生和计划生育委员会、财政部等

─────────

〔1〕 王保真、李琦："医疗救助在医疗保障体系中的地位和作用"，载《中国卫生经济》2006年第1期，第40~43页。

部门主管的基本公共卫生服务，主要依据是国家和省两级的《基本公共卫生服务项目》等政策，对象是为严重精神障碍患者提供免费精神卫生服务，不包含一般精神障碍患者；第二层是国家社会保险部门主管的基本医疗保险服务，主要依据是《社会保险法》等法规，对象包括城镇职工保、城镇居民保和新农合保三类参保人员；最后一层是民政部门提供的医疗救助，主要依据是《精神卫生法》和国务院颁布的《社会救助暂行条例》（2019 年修订）及规范性文件等，内容是给予符合条件的精神障碍患者提供优先医疗救助。

（二）精神障碍患者优先医疗救助制度的定义

剖析我国《精神卫生法》优先医疗救助制度，必须梳理我国一般医疗救助的对象特征，弄清与哪些救助对象相比才能优先。我国在 20 世纪 90 年代末建立了政府主导型的贫困人口医疗救助制度。2003 年，民政部、原卫生部和财政部制定并颁发了《关于实施农村医疗救助的意见》（现已废止），其救助对象包括：农村五保户，农村贫困户家庭成员；地方政府规定的其他符合条件的农村贫困农民。2005 年，民政部、原卫生部、原劳动保障部、财政部制定并颁发了《关于建立城市医疗救助制度试点工作的意见》（已失效），其救助对象是：城市居民最低生活保障对象中未参加城镇职工基本医疗保险人员；已参加城镇职工基本医疗保险但个人负担仍然较重的人员；其他特殊困难群众。二者都要求救助对象的具体条件由地方民政部门会同相关部门制订并报同级人民政府批准。2014 年 5 月 1 日实施的《社会救助暂行办法》规定的三类医疗救助对象是：最低生活保障家庭成员；特困供养人员；县级以上人民政府规定的其他特殊困难人员。也即是说，我国确立城乡医疗救助对象的标准是人的"经济身份"——贫困，也成为该制度设置的初衷——实现贫困人口的基本医疗救助。而且，这种医疗救助仅限两种情况：一是对救助对象参加城镇居民基本医疗保险或者新型农村合作医疗的个人缴费部分，给予补贴；二是对救助对象经基本医疗保险、大病保险和其他补充医疗保险支付后，个人及其家庭难以承担的符合规定的基本医疗自负费用，给予补助。实质上，《精神卫生法》出台前，精神障碍患者并没有被明确为我国医疗救助的对象，只有达到贫困标准才符合条件。而《精神卫生法》以罹患精神障碍疾病作为确定医疗救助的对象必然与我国传统上以贫困作为医疗救助的对象产生矛盾。

《精神卫生法》第 68 条第 3 款规定的优先医疗救助的情形包括两类：第

一类是通过基本医疗保险支付医疗费用后仍有困难的；第二类是不能通过基本医疗保险支付医疗费用的。该款首先必须厘清的是这两类对象不包括该条第1款中的严重精神障碍患者，因为其享受政府提供的免费的基本公共卫生服务。其次，该款的优先医疗救助对象是指不严重的精神障碍患者还是经济困难的不严重精神障碍患者？第二类不能通过基本医疗保险支付的优先医疗救助对象是否必须达到贫困的标准？从立法的整体上理解，此处的第二类医疗救助对象应具备贫困的条件，因为第一类对象必须符合贫困标准，两类优先医疗救助对象的性质一致才符合立法的本意。从我国设置医疗救助制度的初衷看，对该法优先医疗救助制度的理解不能违背我国已形成的医疗救助的贫困条件，应采取"贫困"与"疾病"相结合标准。这也是立法机关对该法第68条有待解释清楚的地方。笔者认为，精神障碍患者优先医疗救助制度是指精神障碍患者（非严重精神障碍患者）通过基本医疗保险支付医疗费用后仍有困难或者不能通过基本医疗保险支付医疗费用而有困难的，与其他医疗救助对象相比较，民政部门应当优先给予的医疗救济。

三、精神障碍患者优先医疗救助制度的特征

与其他对象的医疗救助相比，精神障碍患者优先医疗救助制度具有如下特征：

（一）保护层次高

我国现行《宪法》第45条第1款规定："中华人民共和国公民在年老、疾病或者丧失劳动能力的情况下，有从国家和社会获得物质帮助的权利。国家发展为公民享受这些权利所需要的社会保险、社会救济和医疗卫生事业。"这是我国医疗救助的宪法依据。除国务院于2014年制定的《社会救助暂行办法》（2019年修订）这一行政法规外，我国有大量的有关社会救助方面的规章及规范性文件。但是缺乏这方面的基本法律《社会救助法》，[1]也缺乏这方面的单行法律规范。因此，《精神卫生法》优先医疗救助制度是我国首次从法律层面确立的对脆弱人群医疗救助的特殊保护，因而成为该法的亮点之一。

---

〔1〕 "《社会救助法》酝酿八年有望出台"，载 http://gongyi.qq.com/a/20121112/000016.htm，最后访问时间：2022年5月31日。

（二）以疾病确定救助对象

与以往不同的是，《精神卫生法》的优先医疗救助制度是以疾病确立医疗救助对象。我国设立针对贫困人口的基本医疗救助，因而"贫困"是确立救助对象的基本条件。而优先医疗救助制度是以"精神障碍疾病"确立救助对象，凡是罹患精神障碍疾病且符合贫困的都应当优先救助，这既体现了救助力度和政府的兜底责任，也体现了党和国家对精神卫生事业的重视和对精神障碍患者的关爱。实践中，一些地方出现了以疾病确立救助对象的先例，如成都在全国首创"重性精神疾病患者阳光救助工程"，并建立了全国首个城市全覆盖报病系统；[1]西安市出台的《城乡医疗救助暂行办法》规定的救助范围为八类人群中的包括重性精神病的 23 种重特大疾病。[2]

（三）救助对象特殊

维护精神障碍患者的合法权益是《精神卫生法》的立法目的之一。精神障碍患者属于社会上的弱势群体，既因罹患精神疾病而身心遭受痛苦，又因此而受到社会上一些人的歧视，对其正常的工作、学习、生活等造成影响。同时，精神疾病属于慢性疾病，治疗时间长，康复任务重，又易于复发，所以其疾病负担居各类疾病之首，约占疾病总负担的 20%，给患者及其家庭带来沉重的负担[3]。因此，《精神卫生法》确立精神障碍患者优先医疗救助制度既体现了法律对社会弱势群体权益的保护，也彰显了社会的文明和进步。[4]

（四）救助力度大

我国《精神卫生法》实施前，精神障碍诊疗的财政支援力度是远远不够的，例如，患者在广州的综合医院精神科住院却无法得到医保报销，治疗费用成为大多数患者难以承受的负担。[5]即使精神障碍患者的医疗费用按照国家有关社会保险的规定由基本医疗保险金支付，但我国依附于城乡社会医疗

---

〔1〕　刘宇男："政府掏钱治病让重性精神病患者静下来"，载《四川日报》2010 年 9 月 14 日。

〔2〕　"三类人住院及门诊全额救助"，载《西安日报》2012 年 12 月 19 日。

〔3〕　信春鹰主编：《中华人民共和国精神卫生法解读》，中国法制出版社 2012 年版，第 1~5 页。

〔4〕　马力："《精神卫生法》是衡量一个国家文明程度的重要标志"，载 http://legal.gmw.cn/2011-06/23/content_ 2128515. htm，最后访问时间：2022 年 5 月 31 日。

〔5〕　张灿城："《精神卫生法》开启全民精神卫生防治新篇章"，载 http://zl. 39. net/a/130508/4169825. html，最后访问时间：2022 年 5 月 31 日。

保险的医疗救助制度提供的服务内容仍十分有限，"表现在初级健康服务、门诊服务、康复性锻炼以及精神障碍等疾病的救助方面，从而导致尽管有医疗救助制度，但仍有大量脆弱人群无法获得医疗服务的现状"。[1]为了克服上述弊病，我国《精神卫生法》规定了医疗保险救助，采取了资助参合（参保）费用的补助，且对于通过基本医疗保险支付医疗费用后仍有困难或者不能通过基本医疗保险支付医疗费用的民政部门应当优先给予医疗救助。这种制度设计具有不完全依附基本医疗保险的特性，对于不能通过医疗保险支付的政府采取兜底责任，因而比传统的救助力度大。值得强调的是，这种救助基本上能达到群体范围内的广泛覆盖，因为只要是罹患精神障碍疾病有困难的，都应当施行优先医疗救助。

（五）普惠型保护

人们日益认识到精神障碍在全球范围内对个人、社会和经济造成的负担在显著提高，对精神卫生立法的需要也相应增加。[2]世界卫生组织（WHO）估计，全球约有 4.5 亿神经精神疾病患者，占全球疾病负担的近 11%。前 10 位造成功能残缺的疾病中有 5 个属于精神障碍。神经精神疾病在我国疾病负担中排名首位，约占疾病总负担的 20%。因此，精神障碍患者的医疗费用负担也成为《精神卫生法》的立法重点。所以，该法第 68 条不仅确立了所有的精神障碍患者在困难的情况卜都可以享受医疗救助，而且享受的是一种普惠型的优先医疗救助。

四、精神障碍患者优先医疗救助制度的实施

一项法律制度的生命在于实施，否则等于形同虚设。而我国《精神卫生法》的制定和实施"被赋予了太多的功能和作用，许多现实中的难题都希望通过这部法律来解决"，以致"立法目的虚高而与我国的现实脱节"。[3]精神障碍患者优先医疗救助制度也面临着同样的问题。

---

〔1〕 杨玲、刘远立："美国医疗救助制度及其启示"，载《武汉大学学报（哲学社会科学版）》2010 年第 5 期，第 698~704 页。

〔2〕 orld Health Organization, *WHO Resource Book on Mental Heal-th: Human Rights and Legislation*, Geneva: World Health Or-ganization Press, 2006, p. 3.

〔3〕 刘鑫："精神卫生法的理想与现实"，载《中国卫生法制》2013 年第 5 期，第 25~34 页。

（一）精神障碍患者优先医疗救助制度的实施问题

第一，非确定性法律规则，需借助相关法规才能实施。从作用上看，精神障碍患者优先医疗救助制度是一种宣示性保障措施，目的是促进精神障碍患者合法权益的实现，所以其规定在该法第五章保障措施内容中。从法律规范性质上看，精神障碍患者优先医疗救助制度是一种非确定性法律规则，"无具体的行为模式和法律后果，须援引或参照其他规范"才能实施。[1]尽管作为民政部门的法定义务，精神障碍患者优先医疗救助制度只是一种保障措施，需要借助相关地方性法规才能有效实施。第二，与现行《社会救助暂行办法》不衔接。2014年5月1日实施的《社会救助暂行办法》（2019年修订）是目前效力最高的专门性社会救助行政法规。该法规不但没有把精神障碍患者作为优先医疗救助对象，而且其救助的基本标准就是"贫困"。于是，《精神卫生法》与《社会救助暂行条例》之间出现了以"贫困"作为救助对象与以"疾病"作为救助对象的矛盾。即使精神障碍患者符合该法规"贫困"的标准，应当实施医疗救助，但在该行政法规中反映不出任何"优先"的措施。第三，以职权实施的医疗救助启动难。从我国医疗救助的启动程序看，绝大部分是依申请的行政行为。在上述《社会救助暂行办法》规定的四类救助对象中，前三类是依申请行为，第四类既可是依申请行为也可是依职权行为。由于《精神卫生法》对精神障碍患者在"送""诊""治""出"四个环节采取自愿原则，民政部门对依职权实施的住院医疗救助启动更难，谨防发生"被精神病"现象。

（二）精神障碍患者优先医疗救助制度的实施方案

第一，制订《精神卫生法实施条例》，明确该制度的实施程序。对于精神障碍患者优先医疗救助制度没有实施的程序法规保障的现象，又加之我国医疗救助通常以贫困或特困作为基本条件，如果把精神障碍患者加入《社会救助暂行条例》，会出现类似的混同现象；反之，对非贫困的精神障碍患者实施医疗救助有悖该制度设置的初衷。因此，建议制订《精神卫生法实施条例》，明确该制度的实施程序。第二，通过立法解释实施，以后写入《社会救助法》。通过全国人大常委会的法律解释明确精神障碍患者优先医疗救助制度的

---

〔1〕　魏振瀛主编：《民法》，北京大学出版社、高等教育出版社2000年版，第93~95页。

实施程序，待时机成熟写入未来的《社会救助法》。目前，我国社会救助缺少一部全国性的法律。有关医疗救助的规章及规范性文件很多，出现医疗救助的对象和程序非常混乱。尽管《社会救助暂行条例》已出台，还不能实施精神障碍患者优先医疗救助制度。经过几年的实践，《社会救助法》出台时机成熟时，建议把精神障碍患者优先医疗救助制度写入其中。[1]从网上看到的《社会救助法（草案）》可以看出，其设计的社会救助对象包括九大类：一是最低生活保障家庭；二是特困人员；三是低收入家庭；四是支出型贫困家庭；五是受灾人员；六是生活无着落的流浪乞讨人员；七是临时遇困家庭或者人员；八是需要急救，但身份不明或者无力支付费用的人员；九是省、自治区、直辖市人民政府确定的其他特殊困难家庭或者人员。这里不仅有兜底条款，而且通过"需要急救但身份不明或者无力支付费用的人员"表述把所有因体质健康原因需要急救的人列入医疗救助对象。如果该法通过的话将是医疗救助制度的一个进步。值得强调的是，作为医疗卫生健康领域第一部基础性、综合性的法律，2020 年 6 月 1 日实施的《基本医疗卫生与健康促进法》对紧急医疗救助作出了"以人民健康为中心"的顶层设计。该法第 27 条规定，国家建立健全院前急救体系，为急危重症患者提供及时、规范、有效的急救服务。卫生健康主管部门、红十字会等有关部门、组织应当积极开展急救培训，普及急救知识，鼓励医疗卫生人员、经过急救培训的人员积极参与公共场所急救服务。公共场所应当按照规定配备必要的急救设备、设施。急救中心（站）不得以未付费为由拒绝或者拖延为急危重症患者提供急救服务。也即是说，在遇到危机重症患者时，"120"不得以患者不交钱而拒绝救治或者拖延救治，这突出了公众生命健康权的重要性，而且有利于为急危重症患者提供及时、规范、有效的急救服务。院前急救虽然是一种特殊的诊疗行为，但在法律上与一般的诊疗行为的性质相同，要求院前急救人员在将患者送至医疗机构的过程中，应尽到高度注意义务，一旦发现患者出现病情加重的情况，应及时实施紧急救治措施，延缓患者病情危重的状况。若院前急救人员一旦拖延或者拒绝治疗而未尽到合理注意义务，最终导致患者损害的，根据《民法典》的规定承担相应的赔偿责任。

---

〔1〕余湛奕、郭金超："全国人大已将《社会救助法》列入立法工作计划"，载 http://www.chi-nanews.com/fz/2012/10-24/4274203.shtml，最后访问时间：2016 年 5 月 31 日。

　　综上所述，通过分析我国《精神卫生法》优先医疗救助制度的内涵、特征及其实施，采用规范分析和文献研究的方法，对我国有关医疗救助的法律法规进行综述，研究发现优先医疗救助制度是我国首次从法律层面规定的以疾病确立医疗救助对象的特殊保护，因而成为《精神卫生法》的亮点之一，完善建议是因缺乏相关程序法规保障该制度的实施，建议暂时可通过立法解释或者制定《精神卫生法实施条例》实现，或者将来通过制定《社会救助法》完善。

第十一章

精神卫生法规的合法性突变、
修正与未来立法趋势

在 2013 年 5 月 1 日《精神卫生法》实施之前，我国已有七部地方性精神卫生法规制定并实施。按照时间顺序，它们分别是：2001 年的《上海市精神卫生条例》（以下简称《上海条例》）、2005 年的《宁波市精神卫生条例》（以下简称《宁波条例》）、2006 年的《杭州市精神卫生条例》（以下简称《杭州条例》）、2006 年的《北京市精神卫生条例》（以下简称《北京条例》）、2007 年的《无锡市精神卫生条例》（以下简称《无锡条例》）、2010年的《武汉市精神卫生条例》（以下简称《武汉条例》）和 2011 年的《深圳经济特区心理卫生条例》（以下简称《深圳条例》）。这七部地方性精神卫生法规的实施不仅促进了国家《精神卫生法》的出台，而且开了地方精神卫生立法之先河，具有极大的创新性。但在《精神卫生法》生效后，这七部条例面临着部分内容与上位法相抵触、性质变化及其与原有形式相矛盾等问题。

一、内容抵触：七部条例与《精神卫生法》冲突内容之比较

根据《立法法》第 64 条的规定，2013 年 5 月 1 日《精神卫生法》生效后，七部条例中与其相抵触的规定无效，制定机关应当及时予以修改或废止。但何谓"相抵触的规定"，立法或其解释上都没有明确的定义，只能从常识上来理解即"相互矛盾和冲突的内容"。[1] 当然，"相互矛盾和冲突的内容"不

---

〔1〕 中国社会科学院语言研究所词典编辑室编：《现代汉语词典》（第 5 版），商务印书馆 2005 年版，第 293 页。

仅包含具体条款还涉及法律的理念和原则。一般地，新法对旧法的超越包含两个方面：确立新的内容和矫正旧的内容。被矫正的旧的内容应属相抵触的规定，但确立新的内容是否划入抵触无效的规定存在争议，因为其在旧法中找不到相抵触的靶子。如果把它们都归入相抵触的内容，七部条例在《精神卫生法》实施后大部分条款都面临无效的后果，因为新法确立了很多不同于七部条例的制度和内容，不仅涉及具体条款，还有立法理念和原则的变化。下面列举一些相抵触的内容。

（一）立法理念和原则的变化

《精神卫生法》贯彻保护患者权益、减少"被精神病"的立法原则，[1]确立了诊、治、出实行患者自愿原则，以具有危害他人或危害自身的行为及危险性为例外，设置了严格的非自愿住院治疗的条件和程序及双重纠错机制。[2]同时，《精神卫生法》明确了是否患有精神障碍以及是否达到需要住院治疗的程度，是一个医学的专业判断，应当由精神科执业医师以就诊者的精神健康状况为依据，严格按照精神障碍诊断标准和治疗规范出具诊断结论。[3]而七部条例在非自愿入院、非自愿住院治疗的标准、批准机构、复核机构、程序、监督审查机制及司法救济途径方面都没有明确的规定。[4]《精神卫生法》的最大贡献是确立了"非自愿住院的危险性原则"，以此取代了原来的"自知力标准"，据此原则，除非达到"危险性"程度，精神障碍患者有权拒绝住院；第二个贡献在于对于因有"危害他人安全的危险"而住院的，患者或其监护人可要求再次诊断和鉴定；第三个贡献在于明确赋予患者在认为自身合法权益受到侵害时向法院提起诉讼的权利。[5]除住院治疗实行自愿原则外，《精神卫生法》确立了以下与七部条例不同的原则，如预防、治疗和康复相结合的原则（第3条），保障精神障碍患者基本权益保护原则（第4条），无歧视和平等保护原则（第5条），保障患者在现有条件下获得良好的精神卫生服务原

---

〔1〕　刘星、高四维："《精神卫生法》终结'被精神病'"，载《中国青年报》2012年10月29日。

〔2〕　滑璇："一条原则的27年论证"，载《中国新闻周刊》2012年12月24日。

〔3〕　信春鹰主编：《中华人民共和国精神卫生法解读》，中国法制出版社2012年版，第3~4页。

〔4〕　狄晓康、肖水源："我国大陆地区六部地方性精神卫生条例内容的评估"，载《中国心理卫生杂志》2012年第1期，第1~5页。

〔5〕　黄雪涛："《精神卫生法》的贡献和缺陷"，载http://www.dfdaily.com/html/63/2012/10/29/886862.shtml，最后访问时间：2013年12月15日。

则（第 26 条），自愿原则（第 27 条、第 30 条、第 44 条），最小限制原则（第 38 条），等等。

（二）相抵触的具体内容

在工作方针上，《精神卫生法》确立了预防为主的方针和预防、治疗和康复相结合的原则，有别于七部条例中的预防为主、防治结合；在管理机制上，《精神卫生法》新增了家庭和单位尽力尽责，明确了家庭和各有关单位的相关义务。另外，还新增了精神障碍患者监护人的职责和精神卫生工作人员培养、科学研究和国际合作的规定。在心理健康促进和精神障碍预防方面，《精神卫生法》新增了心理援助和家庭在精神障碍的预防、治疗责任的规定，厘清了用人单位、学校、监狱、看守所等在精神障碍预防方面的具体义务及其相关监督部门的职责，矫正了心理咨询方面的规定，强调了心理咨询执业要求和范围及对客户隐私的保密义务。在精神障碍的诊断和治疗方面，精神障碍的送、诊、治、出程序特别是非自愿住院治疗制度是《精神卫生法》的热点和亮点之一，与七部条例的规定有很大的不同。在精神障碍的康复方面，新增了精神障碍患者的监护人对患者康复所承担的具体义务。在精神卫生工作的保障措施方面，《精神卫生法》新增的一章内容，七部条例均没有单列专章规定此项内容，其目的为解决目前精神卫生医疗机构不足、义务人员缺乏、非精神科医务人员对精神障碍的识别能力不强，患者得不到及时诊断、治疗、康复等突出问题，从人、财、物三个方面加强了精神障碍预防、治疗和康复服务能力建设，保障和促进了精神卫生事业的发展。[1]在精神障碍患者的合法权益保护方面，《精神卫生法》作了详细的规定：患者的人格尊严、人身和财产安全不受侵犯；患者的教育、劳动、医疗以及从国家和社会获得物质帮助等方面的合法权益受法律保护；有关单位和个人应当对精神障碍患者的姓名、肖像、住址、工作单位、病历资料以及其他可能推断出其身份的信息予以保密；任何组织或者个人不得歧视、侮辱、虐待精神障碍患者，不得非法限制精神障碍患者的人身自由。

二、身份尴尬：七部条例的性质与形式相矛盾

《精神卫生法》实施后，七部条例不仅在性质上突变，而且原有形式与性

---

〔1〕 信春鹰主编：《中华人民共和国精神卫生法解读》，中国法制出版社 2012 年版，第 3~4 页。

质相矛盾，面临着身份的尴尬。根据《立法法》第 64 条第 2 款的规定，七部条例是在缺乏上位法的情况下根据地方具体情况和实际需要先行制定的地方性法规（除法律保留的事项外），性质上属于创制性地方性法规。在《精神卫生法》生效后，七部条例的性质发生了变化，由创制性地方性法规变为实施性地方性法规。所谓实施性地方性法规，是指为执行法律、行政法规的规定有立法权的地方国家权力机关制定的地方性法规，是对法律、行政法规的规定作出适合本行政区域实际需要的深化、细化和补充，立法根据缘于《立法法》第 64 条第 1 款的规定。七部条例变为实施性地方性法规后，与现有的结构形式也不匹配。法的形式是指法的具体的外部表现形态，表明法由何种国家机关制定或认可、效力等级、调整的社会关系和技术特点等特征。[1]地方性法规是我国法的形式之一，立法上没有区分创制性法规与实施性法规的形式差别。但实践上，创制性地方性法规与实施性地方性法规在形式上的首要区别就是结构要件的不同。创制性地方性法规的结构要件主要有法规名称（含题注）、目录、总则、分则、法律责任及附则，常常采用章、节、条、款、项、目的形式结构，其名称一般为《××省（市）××条例》。实施性地方性法规的结构要件相对来说比较简略，甚至简略到只有条款，没有章节，其名称一般为《××省实施〈中华人民共和国××法〉办法》。究其缘由，创制性地方立法是一个从"无"到"有"的过程，结构要件比较齐全；而实施性地方性法规主要是对已施行的法律、行政法规的有些实质性的条款进行必要的补充和细化，是一个从"粗"到"细"的过程，其结构相对简单。[2]

　　设置行政许可与行政处罚的不同也是创制性立法与实施性立法的另一重要区别。在设定行政许可方面，实施性地方性法规只能在法律、法规设定的行政许可事项的范围内对其作出具体规定，且不得增设新的行政许可和违反上位法的其他条件；创制性地方性法规是可以创设新的行政许可的，不过要受到《行政许可法》等基本法律的限制。在设定行政处罚方面，无论是创制性地方性法规还是实施性地方性法规，都无权规定限制人身自由、吊销企业营业执照的行政处罚。这就是七部条例设置的非自愿住院治疗制度涉嫌对公

---

〔1〕　张文显主编：《法理学》，高等教育出版社 2003 年版，第 71~73 页。
〔2〕　刘锦森："创制性地方性法规与实施性地方性法规的异同"，载《新疆人大（汉文）》2009年第 4 期，第 34~35 页。

民人身自由的限制从而被人们诟病的原因。[1]实施性地方性法规在设置行政处罚的规定时，只能根据所实施的法律、行政法规对违法行为已经作出的行政处罚，在规定的给予行政处罚行为的种类和幅度内设定。创制性地方性法规应当可以设定除限制人身自由、吊销企业营业执照以外的行政处罚，但需要对设定行政处罚的行为、种类和幅度作出明确规定。

由此可见，七部条例在解决性质变化后与原有形式的矛盾问题要从法规结构要件和行政许可、行政处罚设置方面作出重大调整。七部条例的现有结构都属于创制性地方性法规的要求，在行政许可与行政处罚设置方面与《精神卫生法》有不同的规定。如七部条例设置的行政处罚与现行《精神卫生法》有很多地方不一致，如《深圳条例》的罚款幅度在1万元至10万元之间，远远超过《精神卫生法》5千元至1万元的幅度，又如《北京条例》《上海条例》《宁波条例》《深圳条例》等设置的心理咨询机构行政许可制度与现行上位法相矛盾。

三、修订或废止：七部条例的合法性矫正

一般地，地方性法规与上位法"相抵触"从内容上可分为立法理念相抵触和具体条款相抵触，从时间上可分为生效前抵触和生效后抵触。立法理念、原则及具体条款相抵触上文已讨论过。生效前抵触就是在法规没有生效的情况下发现其与宪法、法律、行政法规相矛盾，一般通过事前备案、批准及审查等监督方式促使其不能通过。也即是说，生效前抵触一般导致地方性立法不能通过，影响整部法规的生效进程。《立法法》第63条规定，制定地方性法规的前提是不同宪法、法律、行政法规相抵触，只有不抵触才能通过审查、批准和备案，法规也才能诞生。生效后抵触就是指已生效的地方性法规与后来制定的法律、行政法规相冲突，相抵触的规定无效，应予及时修改或废止。法规生效后抵触通常导致相抵触的规定无效，不相抵触的规定继续有效，一般通过事后监督的方式予以矫正。《立法法》第64条规定，除本法第8条规定的事项外，其他事项国家尚未制定法律或者行政法规的，省、自治区、直辖市和较大的市根据本地方的具体情况和实际需要，可以先制定地方性法规。

---

[1] 张步峰："强制治疗精神疾病患者的程序法研究——基于国内六部地方性法规的实证分析"，载《行政法学研究》2010年第4期，第37~44页。

在国家制定的法律或者行政法规生效后，地方性法规同法律或者行政法规相抵触的规定无效，制定机关应当及时予以修改或者废止。显然，七部条例属于生效后相抵触，《立法法》规定了及时修改或废止的要求，并没有具体提出选择何种修改或废止的方式，笔者提出如下建议：

（一）重新制定，明示废止

因七部条例与《精神卫生法》相抵触内容较多，建议重新制定，明示旧法废止。与七部条例的内容相比，《精神卫生法》对其既有吸收又有超越。说其吸收，因为《精神卫生法》制定前各地地方性精神卫生条例最长的已实施十多年，积累了一些理论和实践经验，为其制定提高了宝贵的参考价值。论其超越，应是《精神卫生法》的主要亮点。精神卫生问题既是公共卫生问题，又是重大的社会问题，还是个全球性问题。由此决定了精神卫生立法既要有国际视野，也要考虑我国的文化传统和社会发展的现实水平，遵循循序渐进的立法原则。[1]这种以适合中国的本土性和接轨国际的世界性立法理念确立了《精神卫生法》的界碑地位。另外，七部条例在上位法生效后性质发生了变化，结构形式和相关内容都要发生很大的变化才能适合实施性地方性法规的要求。

法律废止有广义和狭义两种：狭义是指有权机关或人员，依法定程序将现行有效的法律予以明确废弃，使之失去法律效力的活动，实质是一种立法活动；广义是指除了包括狭义的法律废止，还包括法律的当然废止，即法律规定有施行期限届满或者其他施行条件消失时就当然废止，不必经由全部立法程序，只须由立法机关审查公布即可。[2]七部条例选择立新废旧（以新顶旧）是因为新法规变化的内容和形式变化很大，但新旧法规调整的社会关系相同，所以在新法规中规定新法生效的同时旧法同时废止，给以明确的指引。[3]

（二）修订

根据我国的立法实践，法律修改主要有三种形式：修订、修改决定和修正案。无论从法理还是从实践看，这三种法律修改的形式各有其使用特点和

---

〔1〕　谢斌、唐宏宇、马弘："精神卫生立法的国际视野和中国现实——来自中国医师协会精神医师分会的观点"，载《中国心理卫生杂志》2011年第10期，第721~724页。

〔2〕　李林："试论法律废止"，载《宁夏社会科学》1991年第4期，第66~71页。

〔3〕　杨斐："法律清理与法律修改、废止的关系评析"，载《太平洋学报》2009年第8期，第25~30页。

适用范围，不可混为一谈。法律的修订，通常是基于法律的调整对象发生重大变化，或者人们对法律的认识和要求有明显转变，以致法律的基本原则和主要条款需要修改，或需要对条文作全面修改，以适应变化较大的新情况，如 1997 年《刑法》的修订。地方立法也是如此，如《北京市制定地方性法规技术规范》规定：修订适用于修改内容较多、修改量较大的法规，有时法规体例、结构需要变动。修改决定形式的使用前提是，法律的基本原则和主要条款基本适应需要，法律的表现形式和内部结构基本合理，但法律的某些方面、某个部分或者某些条款、词句不能适应经济社会发展和法治建设的需要。这是最为常用的修改法律的形式。《北京市制定地方性法规技术规范》也规定：它适用于对法规作部分修改，一般法规体例、结构不作变动。修正案的形式在中央适用于法典化程度较高、稳定性较强的宪法和基本法律的部分修改，在地方一般规定为"法规修改较少，法规体例、结构不作变动的情况"。[1]根据七部条例在上位法生效后性质和结构形式都发生了变化，修改的内容和范围比较大，选用修订方式既可以是对指导思想和基本原则进行更新，也可以是对调整对象和重要制度进行调整，还可以是框架结构和具体条文的变化。

（三）通过单项废止案的形式废止

因为其主要内容已经基本制定在其他的法律中，而没有存在的必要了，通过单项废止的形式废止该项立法。如果《精神卫生法》及其配套法规规定得比较完善，各省、自治区、直辖市又制定了具体的地方性法规，那么除北京、上海以外的市级地方性精神卫生法规完全可以直接废止，不需要制定新的来代替。

值得强调的是，七部条例无论选择哪种合法性矫正方式，都应在《精神卫生法》配套法规如精神障碍分类、诊断标准和治疗规范与心理治疗的技术规范制定之后按照《立法法》和各地制定法规条例规定的程序进行。但七部条例与上位法相抵触的部分在其合法性修正之前处于无效而不明的状态，守法和适法主体应查明而用之。

四、七部地方性精神卫生法规的合法性矫正实践

《精神卫生法》实施前我国已制定并实施了七部地方精神卫生法规。2013

---

〔1〕 李正斌："'修正案'、'修订'与'修改决定'应用之辨"，载《检察日报》2012 年 6 月 11 日。

年 5 月 1 日，我国首部《精神卫生法》实施，导致七部精神卫生法规面临着合法性问题，需要进行修订或者废止，完成其合法性矫正。但是，我国《精神卫生法》实施已十年了，这七部精神卫生法规有的解决了合法性问题如修订或废止，有的还没有解决其合法性问题，或进入修法规划或者等待时机。现就实际情况总结如下。

（一）修订完善

通过修订完善的有《上海条例》《杭州条例》《武汉条例》三个地方性法规。《上海条例》是 2001 年 12 月 28 日上海市第十一届人大常委会第三十五次会议审议通过的我国第一部地方性精神卫生法规。该法规实施十多年来对上海市精神卫生事业发展和心理健康促进起到了巨大的作用。2013 年我国《精神卫生法》实施后面临着理念更新与合法性修正。上海市立法机关非常及时，2014 年 11 月 20 日上海市第十四届人大常委会第十六次会议修订，2014 年 11 月 20 日上海市人民代表大会常务委员会公告第 18 号公布，自 2015 年 3 月 1 日起施行。根据修订草案说明，其主要遵循了两项原则：一是法制统一原则。从贯彻《精神卫生法》的角度出发，确保修改的内容与上位法保持一致，对于上位法尚无明文规定的内容，确保修改的内容符合上位法的立法精神。二是坚持问题导向和从实际出发的原则。坚持从本市实际情况出发，重点解决精神卫生事业发展面临的突出问题，例如加强心理危机干预，强化对心理咨询机构的管理，细化精神障碍患者的看护、诊断与治疗的要求等。值得关注的是，修订后的新条例将突出预防为主，强化心理健康促进；一旦市民出现抑郁症、灾后心理危机等精神卫生问题，本市卫生计生部门设立的心理危机干预服务平台，将免费提供心理咨询服务。[1]《上海条例》及时进行的合法性修订与精神的优化升级为其他地方树立了榜样。随后《武汉条例》于 2015 年 5 月 20 日武汉市第十三届人民代表大会常务委员会第二十九次会议进行全面修订，《杭州条例》于 2016 年 6 月 24 日杭州市第十二届人民代表大会常务委员会第三十八次会议进行全面修订。

（二）废止旧法，制定新法

在我国《精神卫生法》实施前，2011 年 8 月 30 日，深圳市第五届人民代

---

〔1〕 施捷、潘新华："《上海市精神卫生条例》年内'升级'"，载《新民晚报》2014 年 10 月 9 日。

表大会常务委员会第十次会议通过了《深圳条例》，自 2012 年 1 月 1 日实施。该条例对深圳经济特区精神卫生事业发展和市民心理健康促进起到了很大作用。该条例不仅名称为"心理卫生条例"，而且立法目的比较有创新性，确立了"提高市民的心理健康水平，保障心理咨询来访者、精神障碍患者的合法权益，规范心理咨询和医疗服务，有效预防和治疗精神障碍，促进心理卫生事业发展，建设和谐社会"立法目的。该条例在与我国《精神卫生法》并行实施的近十年时间也没有提出修订。2020 年 4 月 29 日，深圳市第六届人民代表大会常务委员会发布了一个第 186 号公告——《关于废止〈深圳经济特区心理卫生条例〉的决定》经深圳市第六届人民代表大会常务委员会第四十一次会议于 2020 年 4 月 29 日通过。2020 年 8 月，深圳市公布《深圳经济特区健康条例（征求意见稿）》向公众征求意见，其中提出"强制休假"制度，引发公众热议。2020 年 10 月 29 日，深圳市第六届人民代表大会常务委员会第四十五次会议通过《深圳经济特区健康条例》，自 2021 年 1 月 1 日起施行。其立法目的进行了提升，主要是为了贯彻实施健康中国战略，推进健康深圳建设，提高居民健康水平，把体质健康与心理健康进行一并纳入调整，正如其第 2 条对健康的规定即包括人的生理健康、心理健康和良好的社会适应能力。《深圳经济特区健康条例》立法具有很大的创新性，开了地方性法规健康条例的先河。

（三）待修订

目前还有《宁波条例》《北京条例》《无锡条例》三个地方精神卫生法规仍没有进行修订。《宁波条例》是全国第二家立法的地区，对提高市民精神卫生防治意识，全面提升精神卫生服务水平，维护该市精神患者的合法权益发挥了重要作用。《北京条例》于 2007 年 3 月 1 日实施，开创了许多立法亮点和制度实践，如计划在 100 个街道建 100 个职业康复站、贫困患者可享受医疗救助、重性精神疾病患者将建档案，对北京市精神卫生事业和市民心理健康水平的提升起到了重要作用。《无锡条例》自 2007 年 11 月 1 日起正式施行，是江苏省第一部、全国第五部关于精神卫生工作的地方性法规。该条例的出台旨在加强无锡市的精神卫生工作，提高市民的精神健康水平，维护精神疾病患者的合法权益，立法亮点包括明确了精神卫生工作是公共卫生的重要组成部分，应当纳入国民经济和社会发展规划；确定了受害人公益补偿制度；明确了政府部门、医疗机构、学校等其他相关单位，以及精神疾病患者监护人的权利与义务。遗憾的是，这三个地方精神卫生法规仍处于"待修订"状态，也没有列入地方人大近两年的立法规划中。

五、地方精神卫生法规或者健康条例的立法趋势

我国地方精神卫生法规立法进程亟须加强，否则很难跟上我国正实施的健康中国战略步伐，也很难满足地方精神卫生事业的发展和人民群众对心理健康服务的需求。到目前为止，除了上述我国《精神卫生法》实施前制定的七个精神卫生法规，在我国《精神卫生法》实施后又制定了七个精神卫生法规（详见我国地方精神卫生条例统计表）。在我国《精神卫生法》实施十多年、《基本医疗卫生与健康促进法》制定实施和国家实施"健康中国战略"和"大卫生、大健康"理念的情况下，在2015年3月十二届全国人大三次会议通过关于修改立法法并依法赋予设区的市地方立法权的情况下，[1]这个比例是很小的，省级已制定约占21.8%，市级（到现在已有322个设区的市享有地方立法权）已制定占约2.2%，跟不上党和国家的健康中国战略发展要求，既不能满足我国《关于加强心理健康服务的指导意见》确定的"最大限度地满足人民群众心理健康服务需求"，也不符合全面推进依法治国背景下国民心理健康保护上位法已确立（《精神卫生法》《基本医疗卫生与健康促进法》）而下位法缺位的法治要求。有的城市如北京、上海、杭州、无锡等早已制定了精神卫生条例，有的地方已实践十多年并积累了丰富的经验，并在上位法实施后进行修订与完善，而有的一线城市如广州、重庆等至今仍没有制定。构建"基本法律（《基本医疗卫生与健康促进法》《精神卫生法》）+省级精神卫生法规+市级精神卫生法规"三级健康法治保障体系是促进我国精神卫生事业有序发展和国民心理健康权实现的趋势。

当前我国地方精神卫生事业发展及其法治保障做得比较好的有两个范例。一个是《上海条例》立法模式。它开创了我国第一个地方精神卫生法规，并随着国家健康理念的更新和上位法的变化不断修订完善，对上海市精神卫生事业和市民心理健康促进起到了重要的保障作用。另一个是深圳市首创的

---

〔1〕　蒲晓磊："立法法颁布实施20周年　5年新赋予273个设区的市地方立法权"，载https://baijiahao.baidu.com/s？id=1682936432497236165&wfr=spider&for=pc，最后访问时间：2022年7月18日。

《深圳经济特区健康条例》立法模式。在我国《精神卫生法》实施前，深圳市制定了《深圳条例》，极大地促进了深圳精神卫生事业的发展和市民心理健康素养的提高。在国家实施"健康中国战略"、重拾我国传统的"大卫生、大健康"理念、卫生健康领域的基本法《基本医疗卫生与健康促进条例》制定并实施、体质健康和心理健康共同保护、构建全人群和全生命周期的全民健康的背景下，[1]深圳市经济特区紧跟形势，废止了《深圳条例》，重新制定《深圳经济特区健康条例》，开创了许多立法亮点，立法理念、称谓、形式等是各地精神卫生法规立法发展的趋势。《深圳经济特区健康条例》把以前精神事业和市民心理健康促进纳入了健康条例之中，又贯彻落实了习近平总书记2016年8月19日在全国卫生与健康大会上的重要讲话、《基本医疗卫生与健康促进法》《"健康中国2030"规划纲要》《健康中国行动（2019—2030年）》等新时代卫生与健康的新理念、新精神，打造了健康中国"深圳样板"，提高了全体市民健康水平和健康素养。该法包括总则、健康城市、健康促进、健康服务、健康保障、法律责任、附则7章133条，健康城市包括了健康规划、健康环境、健康社区、健康评估四个环环相扣的制度，健康促进包括健康教育、健康生活、心理健康、职业健康，健康服务包括健康服务体系、基本健康服务、居民健康管理、居民电子健康档案管理、重点人群健康管理和重点疾病防治，健康保障包括财政、人才、技术、产业等。《深圳经济特区健康条例》紧跟国家政策形势，贯彻落实健康中国战略，贯彻落实习近平总书记关于健康中国建设的重要论述，贯彻落实《基本医疗卫生与健康促进法》理念，实施"大健康、大卫生"战略，推进健康深圳建设，提高居民健康水平，根据有关法律、行政法规的基本原则，结合深圳经济特区实际制定，开创了许多立法亮点，实施了许多切实可行的推进健康深圳建设的制度。但纵观整部法规，围绕我国《精神卫生法》实施的发展深圳精神卫生事业、规范精神卫生服务、维护和增进市民心理健康、预防和治疗精神障碍、促进精神障碍患者康复活动等内容减少了，对于经济比例落后、市民心理健康问题严重、精神障碍患者预防、治疗和康复需求大的地市，上海市的专业精神卫生立法模式是一个恰当的选择。

---

〔1〕蒲晓磊："立法法颁布实施20周年　5年新赋予273个设区的市地方立法权"，载 https://baijiahao.baidu.com/s? id=1682936432497236165&wfr=spider&for=pc，最后访问时间：2022年7月18日。

我国地方精神卫生条例统计表　（截止时间 2022 年 7 月 21 日）

序号	名称	制定和实施时间	修订和实施时间	级别	全国制定排序	所占比
1	上海市精神卫生条例	2001 年 12 月 28 日上海市第十一届人大常委会第三十五次会议通过；2002 年 4 月 7 日起施行。	2014 年 11 月 20 日上海市第十四届人大常委会第十六次会议修订；2015 年 3 月 1 日起施行。	直辖市（省级）	我国第一部地方性精神卫生法规，比我国《精神卫生法》提前 12 年制定并实施。	已制定省级精神卫生条例的省份约占大陆 32 个省级行政单位的 21.8%
2	北京市精神卫生条例	2006 年 12 月 8 日北京市第十二届人民代表大会常务委员会第三十三次会议通过；2007 年 3 月 1 日起施行。	没有修订	直辖市（省级）	我国第三部地方性精神卫生法规，比我国《精神卫生法》提前 6 年制定并实施。	
3	甘肃省精神卫生条例	2016 年 9 月 29 日甘肃省第十二届人民代表大会常务委员会第二十六次会议于通过；2016 年 11 月 1 日起施行。	没有修订	省级	我国第九部地方精神卫生法规，我国《精神卫生法》实施后制定并实施。	
4	山东省精神卫生条例	2019 年 3 月 29 日山东省第十三届人民代表大会常务委员会第十一次会议通过；2019 年 6 月 1 日起施行。	没有修订	省级	我国第十部地方精神卫生法规，我国《精神卫生法》实施后制定并实施。	
5	浙江省精神卫生条例	2019 年 9 月 27 日经浙江省第十三届人民代表大会常务委员会第十四次会议通过；2019 年 12 月 1 日起施行。	没修修订	省级	我国第十一部地方精神卫生法规，我国《精神卫生法》实施后制定并实施。	
6	江苏省精神卫生条例	2022 年 5 月 31 日，江苏省第十三届人大常委会第三十次会议审议通过；2022 年 9 月 1 日起施行。	没有修订	省级	我国第十三部地方精神卫生法规，我国《精神卫生法》实施后制定并实施。	
7	辽宁省精神卫生条例	2022 年 5 月 31 日，辽宁省第十三届人大常委会第三十四次会议表决通过；2022 年 10 月 1 日起施行。	没有修订	省级	我国第十四部地方精神卫生法规，我国《精神卫生法》实施后制定并实施。	

序号	名称	制定和实施时间	修订和实施时间	级别	全国制定排序	所占比
8	宁波市精神卫生条例	2005年9月29日宁波市第十二届人民代表大会常务委员会第二十三次会议通过；2006年4月1日起施行。	没有修订	市级	我国第二部、浙江省第一部地方精神卫生法规；我国《精神卫生法》实施6年前制定。	已制定市级精神卫生条例占大陆地级市（到现在已有322个设区的市享有地方立法权）比例约2.2%
9	杭州市精神卫生条例	2006年8月24日杭州市第十届人民代表大会常务委员会第三十三次会议审议通过；2007年3月1日起施行。	2016年6月24日杭州市第十二届人民代表大会常务委员会第三十八次会议修订；2016年12月1日起施行。	市级	我国第四部、浙江省第二部地方精神卫生法规；我国《精神卫生法》实施6年前制定。	
10	无锡市精神卫生条例	2007年6月29日无锡市第十三届人民代表大会常务委员会第三十一次会议制定，2007年11月1日起施行。	没有修订	市级	我国第五部、江苏省第一部地方精神卫生法规；我国《精神卫生法》实施前制定。	
11	武汉市精神卫生条例	2008年11月20日武汉市第十二届人民代表大会常务委员会第十二次会议通过；2010年9月1日起施行。	2015年5月20日武汉市第十三届人民代表大会常务委员会第二十九次会议修订	市级	我国第六部、湖北省第一部地方精神卫生法规；我国《精神卫生法》实施前制定。	
12	深圳经济特区心理卫生条例	2011年8月30日深圳市第五届人民代表大会常务委员会第十次会议通过，2012年1月1日起施行。	已废止（深圳市第六届人民代表大会常务委员会168号公告）	市级	我国第七部、经济特区第一部心理卫生条例。	
	深圳经济特区健康条例	2020年10月29日深圳市第六届人民代表大会常务委员会第四十五次会议通过，自2021年1月1日起施行。	没有修订	市级	我国第一部、经济特区第一部的健康条例	

序号	名称	制定和实施时间	修订和实施时间	级别	全国制定排序	所占比
13	长春市精神卫生条例	2014年12月15日长春市十四届人大常委会第十四次会议审议通过，2015年5月1日期施行。	没有修订	市级	我国第八部精神卫生条例，我国《精神卫生法》实施后制定并实施。	
14	苏州市精神卫生条例	2019年12月31日年苏州市第十六届人民代表大会常务委员会第二十三次会议通过，2020年5月1日起施行。	没有修订	市级	我国第十二部地方精神卫生法规，我国《精神卫生法》实施后制定并实施。	

中华人民共和国精神卫生法

中华人民共和国精神卫生法

(2012 年 10 月 26 日第十一届全国人民代表大会常务委员会第二十九次会议通过 根据2018 年 4 月 27 日第十三届全国人民代表大会常务委员会第二次会议《关于修改〈中华人民共和国国境卫生检疫法〉等六部法律的决定》修正)

目 录

第一章 总则

第一条 为了发展精神卫生事业，规范精神卫生服务，维护精神障碍患者的合法权益，制定本法。

第二条 在中华人民共和国境内开展维护和增进公民心理健康、预防和治疗精神障碍、促进精神障碍患者康复的活动，适用本法。

第三条 精神卫生工作实行预防为主的方针，坚持预防、治疗和康复相结合的原则。

第四条 精神障碍患者的人格尊严、人身和财产安全不受侵犯。

精神障碍患者的教育、劳动、医疗以及从国家和社会获得物质帮助等方面的合法权益受法律保护。

有关单位和个人应当对精神障碍患者的姓名、肖像、住址、工作单位、病历资料以及其他可能推断出其身份的信息予以保密；但是，依法履行职责需要公开的除外。

第五条 全社会应当尊重、理解、关爱精神障碍患者。

任何组织或者个人不得歧视、侮辱、虐待精神障碍患者，不得非法限制精神障碍患者的人身自由。

新闻报道和文学艺术作品等不得含有歧视、侮辱精神障碍患者的内容。

第六条 精神卫生工作实行政府组织领导、部门各负其责、家庭和单位尽力尽责、全社会共同参与的综合管理机制。

第七条 县级以上人民政府领导精神卫生工作，将其纳入国民经济和社会发展规划，建设和完善精神障碍的预防、治疗和康复服务体系，建立健全精神卫生工作协调机制和工作责任制，对有关部门承担的精神卫生工作进行考核、监督。

乡镇人民政府和街道办事处根据本地区的实际情况，组织开展预防精神障碍发生、促进精神障碍患者康复等工作。

第八条 国务院卫生行政部门主管全国的精神卫生工作。县级以上地方人民政府卫生行政部门主管本行政区域的精神卫生工作。

县级以上人民政府司法行政、民政、公安、教育、医疗保障等部门在各自职责范围内负责有关的精神卫生工作。

第九条 精神障碍患者的监护人应当履行监护职责，维护精神障碍患者的合法权益。

禁止对精神障碍患者实施家庭暴力，禁止遗弃精神障碍患者。

第十条 中国残疾人联合会及其地方组织依照法律、法规或者接受政府委托，动员社会力量，开展精神卫生工作。

村民委员会、居民委员会依照本法的规定开展精神卫生工作，并对所在地人民政府开展的精神卫生工作予以协助。

国家鼓励和支持工会、共产主义青年团、妇女联合会、红十字会、科学技术协会等团体依法开展精神卫生工作。

第十一条 国家鼓励和支持开展精神卫生专门人才的培养，维护精神卫生工作人员的合法权益，加强精神卫生专业队伍建设。

国家鼓励和支持开展精神卫生科学技术研究，发展现代医学、我国传统医学、心理学，提高精神障碍预防、诊断、治疗、康复的科学技术水平。

国家鼓励和支持开展精神卫生领域的国际交流与合作。

第十二条 各级人民政府和县级以上人民政府有关部门应当采取措施，鼓励和支持组织、个人提供精神卫生志愿服务，捐助精神卫生事业，兴建精神卫生公益设施。

对在精神卫生工作中作出突出贡献的组织、个人，按照国家有关规定给予表彰、奖励。

第二章　心理健康促进和精神障碍预防

第十三条 各级人民政府和县级以上人民政府有关部门应当采取措施，加强心理健康促进和精神障碍预防工作，提高公众心理健康水平。

第十四条 各级人民政府和县级以上人民政府有关部门制定的突发事件应急预案，应当包括心理援助的内容。发生突发事件，履行统一领导职责或者组织处置突发事件的人民政府应当根据突发事件的具体情况，按照应急预案的规定，组织开展心理援助工作。

第十五条 用人单位应当创造有益于职工身心健康的工作环境，关注职工的心理健康；对处于职业发展特定时期或者在特殊岗位工作的职工，应当有针对性地开展心理健康教育。

第十六条 各级各类学校应当对学生进行精神卫生知识教育；配备或者聘请心理健康教育教师、辅导人员，并可以设立心理健康辅导室，对学生进行心理健康教育。学前教育机构应当对幼儿开展符合其特点的心理健康教育。

发生自然灾害、意外伤害、公共安全事件等可能影响学生心理健康的事件，学校应当及时组织专业人员对学生进行心理援助。

教师应当学习和了解相关的精神卫生知识，关注学生心理健康状况，正确引导、激励学生。地方各级人民政府教育行政部门和学校应当重视教师心理健康。

学校和教师应当与学生父母或者其他监护人、近亲属沟通学生心理健康情况。

第十七条　医务人员开展疾病诊疗服务，应当按照诊断标准和治疗规范的要求，对就诊者进行心理健康指导；发现就诊者可能患有精神障碍的，应当建议其到符合本法规定的医疗机构就诊。

第十八条　监狱、看守所、拘留所、强制隔离戒毒所等场所，应当对服刑人员，被依法拘留、逮捕、强制隔离戒毒的人员等，开展精神卫生知识宣传，关注其心理健康状况，必要时提供心理咨询和心理辅导。

第十九条　县级以上地方人民政府人力资源社会保障、教育、卫生、司法行政、公安等部门应当在各自职责范围内分别对本法第十五条至第十八条规定的单位履行精神障碍预防义务的情况进行督促和指导。

第二十条　村民委员会、居民委员会应当协助所在地人民政府及其有关部门开展社区心理健康指导、精神卫生知识宣传教育活动，创建有益于居民身心健康的社区环境。

乡镇卫生院或者社区卫生服务机构应当为村民委员会、居民委员会开展社区心理健康指导、精神卫生知识宣传教育活动提供技术指导。

第二十一条　家庭成员之间应当相互关爱，创造良好、和睦的家庭环境，提高精神障碍预防意识；发现家庭成员可能患有精神障碍的，应当帮助其及时就诊，照顾其生活，做好看护管理。

第二十二条　国家鼓励和支持新闻媒体、社会组织开展精神卫生的公益性宣传，普及精神卫生知识，引导公众关注心理健康，预防精神障碍的发生。

第二十三条　心理咨询人员应当提高业务素质，遵守执业规范，为社会公众提供专业化的心理咨询服务。

心理咨询人员不得从事心理治疗或者精神障碍的诊断、治疗。

心理咨询人员发现接受咨询的人员可能患有精神障碍的，应当建议其到符合本法规定的医疗机构就诊。

心理咨询人员应当尊重接受咨询人员的隐私，并为其保守秘密。

第二十四条 国务院卫生行政部门建立精神卫生监测网络，实行严重精神障碍发病报告制度，组织开展精神障碍发生状况、发展趋势等的监测和专题调查工作。精神卫生监测和严重精神障碍发病报告管理办法，由国务院卫生行政部门制定。

国务院卫生行政部门应当会同有关部门、组织，建立精神卫生工作信息共享机制，实现信息互联互通、交流共享。

第三章　精神障碍的诊断和治疗

第二十五条 开展精神障碍诊断、治疗活动，应当具备下列条件，并依照医疗机构的管理规定办理有关手续：

（一）有与从事的精神障碍诊断、治疗相适应的精神科执业医师、护士；

（二）有满足开展精神障碍诊断、治疗需要的设施和设备；

（三）有完善的精神障碍诊断、治疗管理制度和质量监控制度。

从事精神障碍诊断、治疗的专科医疗机构还应当配备从事心理治疗的人员。

第二十六条 精神障碍的诊断、治疗，应当遵循维护患者合法权益、尊重患者人格尊严的原则，保障患者在现有条件下获得良好的精神卫生服务。

精神障碍分类、诊断标准和治疗规范，由国务院卫生行政部门组织制定。

第二十七条 精神障碍的诊断应当以精神健康状况为依据。

除法律另有规定外，不得违背本人意志进行确定其是否患有精神障碍的医学检查。

第二十八条 除个人自行到医疗机构进行精神障碍诊断外，疑似精神障碍患者的近亲属可以将其送往医疗机构进行精神障碍诊断。对查找不到近亲属的流浪乞讨疑似精神障碍患者，由当地民政等有关部门按照职责分工，帮助送往医疗机构进行精神障碍诊断。

疑似精神障碍患者发生伤害自身、危害他人安全的行为，或者有伤害自身、危害他人安全的危险的，其近亲属、所在单位、当地公安机关应当立即采取措施予以制止，并将其送往医疗机构进行精神障碍诊断。

医疗机构接到送诊的疑似精神障碍患者，不得拒绝为其作出诊断。

第二十九条 精神障碍的诊断应当由精神科执业医师作出。

医疗机构接到依照本法第二十八条第二款规定送诊的疑似精神障碍患者，应当将其留院，立即指派精神科执业医师进行诊断，并及时出具诊断结论。

第三十条 精神障碍的住院治疗实行自愿原则。

诊断结论、病情评估表明，就诊者为严重精神障碍患者并有下列情形之一的，应当对其实施住院治疗：

（一）已经发生伤害自身的行为，或者有伤害自身的危险的；

（二）已经发生危害他人安全的行为，或者有危害他人安全的危险的。

第三十一条 精神障碍患者有本法第三十条第二款第一项情形的，经其监护人同意，医疗机构应当对患者实施住院治疗；监护人不同意的，医疗机构不得对患者实施住院治疗。监护人应当对在家居住的患者做好看护管理。

第三十二条 精神障碍患者有本法第三十条第二款第二项情形，患者或者其监护人对需要住院治疗的诊断结论有异议，不同意对患者实施住院治疗的，可以要求再次诊断和鉴定。

依照前款规定要求再次诊断的，应当自收到诊断结论之日起三日内向原医疗机构或者其他具有合法资质的医疗机构提出。承担再次诊断的医疗机构应当在接到再次诊断要求后指派二名初次诊断医师以外的精神科执业医师进行再次诊断，并及时出具再次诊断结论。承担再次诊断的执业医师应当到收治患者的医疗机构面见、询问患者，该医疗机构应当予以配合。

对再次诊断结论有异议的，可以自主委托依法取得执业资质的鉴定机构进行精神障碍医学鉴定；医疗机构应当公示经公告的鉴定机构名单和联系方式。接受委托的鉴定机构应当指定本机构具有该鉴定事项执业资格的二名以上鉴定人共同进行鉴定，并及时出具鉴定报告。

第三十三条 鉴定人应当到收治精神障碍患者的医疗机构面见、询问患者，该医疗机构应当予以配合。

鉴定人本人或者其近亲属与鉴定事项有利害关系，可能影响其独立、客观、公正进行鉴定的，应当回避。

第三十四条 鉴定机构、鉴定人应当遵守有关法律、法规、规章的规定，尊重科学，恪守职业道德，按照精神障碍鉴定的实施程序、技术方法和操作规范，依法独立进行鉴定，出具客观、公正的鉴定报告。

鉴定人应当对鉴定过程进行实时记录并签名。记录的内容应当真实、客观、准确、完整，记录的文本或者声像载体应当妥善保存。

第三十五条 再次诊断结论或者鉴定报告表明，不能确定就诊者为严重精神障碍患者，或者患者不需要住院治疗的，医疗机构不得对其实施住院治疗。

再次诊断结论或者鉴定报告表明，精神障碍患者有本法第三十条第二款第二项情形的，其监护人应当同意对患者实施住院治疗。监护人阻碍实施住院治疗或者患者擅自脱离住院治疗的，可以由公安机关协助医疗机构采取措施对患者实施住院治疗。

在相关机构出具再次诊断结论、鉴定报告前，收治精神障碍患者的医疗机构应当按照诊疗规范的要求对患者实施住院治疗。

第三十六条 诊断结论表明需要住院治疗的精神障碍患者，本人没有能力办理住院手续的，由其监护人办理住院手续；患者属于查找不到监护人的流浪乞讨人员的，由送诊的有关部门办理住院手续。

精神障碍患者有本法第三十条第二款第二项情形，其监护人不办理住院手续的，由患者所在单位、村民委员会或者居民委员会办理住院手续，并由医疗机构在患者病历中予以记录。

第三十七条 医疗机构及其医务人员应当将精神障碍患者在诊断、治疗过程中享有的权利，告知患者或者其监护人。

第三十八条 医疗机构应当配备适宜的设施、设备，保护就诊和住院治疗的精神障碍患者的人身安全，防止其受到伤害，并为住院患者创造尽可能接近正常生活的环境和条件。

第三十九条 医疗机构及其医务人员应当遵循精神障碍诊断标准和治疗规范，制定治疗方案，并向精神障碍患者或者其监护人告知治疗方案和治疗方法、目的以及可能产生的后果。

第四十条 精神障碍患者在医疗机构内发生或者将要发生伤害自身、危害他人安全、扰乱医疗秩序的行为，医疗机构及其医务人员在没有其他可替代措施的情况下，可以实施约束、隔离等保护性医疗措施。实施保护性医疗措施应当遵循诊断标准和治疗规范，并在实施后告知患者的监护人。

禁止利用约束、隔离等保护性医疗措施惩罚精神障碍患者。

第四十一条　对精神障碍患者使用药物，应当以诊断和治疗为目的，使用安全、有效的药物，不得为诊断或者治疗以外的目的使用药物。

医疗机构不得强迫精神障碍患者从事生产劳动。

第四十二条　禁止对依照本法第三十条第二款规定实施住院治疗的精神障碍患者实施以治疗精神障碍为目的的外科手术。

第四十三条　医疗机构对精神障碍患者实施下列治疗措施，应当向患者或者其监护人告知医疗风险、替代医疗方案等情况，并取得患者的书面同意；无法取得患者意见的，应当取得其监护人的书面同意，并经本医疗机构伦理委员会批准：

（一）导致人体器官丧失功能的外科手术；

（二）与精神障碍治疗有关的实验性临床医疗。

实施前款第一项治疗措施，因情况紧急查找不到监护人的，应当取得本医疗机构负责人和伦理委员会批准。

禁止对精神障碍患者实施与治疗其精神障碍无关的实验性临床医疗。

第四十四条　自愿住院治疗的精神障碍患者可以随时要求出院，医疗机构应当同意。

对有本法第三十条第二款第一项情形的精神障碍患者实施住院治疗的，监护人可以随时要求患者出院，医疗机构应当同意。

医疗机构认为前两款规定的精神障碍患者不宜出院的，应当告知不宜出院的理由；患者或者其监护人仍要求出院的，执业医师应当在病历资料中详细记录告知的过程，同时提出出院后的医学建议，患者或者其监护人应当签字确认。

对有本法第三十条第二款第二项情形的精神障碍患者实施住院治疗，医疗机构认为患者可以出院的，应当立即告知患者及其监护人。

医疗机构应当根据精神障碍患者病情，及时组织精神科执业医师对依照本法第三十条第二款规定实施住院治疗的患者进行检查评估。评估结果表明患者不需要继续住院治疗的，医疗机构应当立即通知患者及其监护人。

第四十五条　精神障碍患者出院，本人没有能力办理出院手续的，监护人应当为其办理出院手续。

第四十六条　医疗机构及其医务人员应当尊重住院精神障碍患者的通讯

和会见探访者等权利。除在急性发病期或者为了避免妨碍治疗可以暂时性限制外，不得限制患者的通讯和会见探访者等权利。

第四十七条 医疗机构及其医务人员应当在病历资料中如实记录精神障碍患者的病情、治疗措施、用药情况、实施约束、隔离措施等内容，并如实告知患者或者其监护人。患者及其监护人可以查阅、复制病历资料；但是，患者查阅、复制病历资料可能对其治疗产生不利影响的除外。病历资料保存期限不得少于三十年。

第四十八条 医疗机构不得因就诊者是精神障碍患者，推诿或者拒绝为其治疗属于本医疗机构诊疗范围的其他疾病。

第四十九条 精神障碍患者的监护人应当妥善看护未住院治疗的患者，按照医嘱督促其按时服药、接受随访或者治疗。村民委员会、居民委员会、患者所在单位等应当依患者或者其监护人的请求，对监护人看护患者提供必要的帮助。

第五十条 县级以上地方人民政府卫生行政部门应当定期就下列事项对本行政区域内从事精神障碍诊断、治疗的医疗机构进行检查：

（一）相关人员、设施、设备是否符合本法要求；

（二）诊疗行为是否符合本法以及诊断标准、治疗规范的规定；

（三）对精神障碍患者实施住院治疗的程序是否符合本法规定；

（四）是否依法维护精神障碍患者的合法权益。

县级以上地方人民政府卫生行政部门进行前款规定的检查，应当听取精神障碍患者及其监护人的意见；发现存在违反本法行为的，应当立即制止或者责令改正，并依法作出处理。

第五十一条 心理治疗活动应当在医疗机构内开展。专门从事心理治疗的人员不得从事精神障碍的诊断，不得为精神障碍患者开具处方或者提供外科治疗。心理治疗的技术规范由国务院卫生行政部门制定。

第五十二条 监狱、强制隔离戒毒所等场所应当采取措施，保证患有精神障碍的服刑人员、强制隔离戒毒人员等获得治疗。

第五十三条 精神障碍患者违反治安管理处罚法或者触犯刑法的，依照有关法律的规定处理。

第四章　精神障碍的康复

第五十四条　社区康复机构应当为需要康复的精神障碍患者提供场所和条件，对患者进行生活自理能力和社会适应能力等方面的康复训练。

第五十五条　医疗机构应当为在家居住的严重精神障碍患者提供精神科基本药物维持治疗，并为社区康复机构提供有关精神障碍康复的技术指导和支持。

社区卫生服务机构、乡镇卫生院、村卫生室应当建立严重精神障碍患者的健康档案，对在家居住的严重精神障碍患者进行定期随访，指导患者服药和开展康复训练，并对患者的监护人进行精神卫生知识和看护知识的培训。县级人民政府卫生行政部门应当为社区卫生服务机构、乡镇卫生院、村卫生室开展上述工作给予指导和培训。

第五十六条　村民委员会、居民委员会应当为生活困难的精神障碍患者家庭提供帮助，并向所在地乡镇人民政府或者街道办事处以及县级人民政府有关部门反映患者及其家庭的情况和要求，帮助其解决实际困难，为患者融入社会创造条件。

第五十七条　残疾人组织或者残疾人康复机构应当根据精神障碍患者康复的需要，组织患者参加康复活动。

第五十八条　用人单位应当根据精神障碍患者的实际情况，安排患者从事力所能及的工作，保障患者享有同等待遇，安排患者参加必要的职业技能培训，提高患者的就业能力，为患者创造适宜的工作环境，对患者在工作中取得的成绩予以鼓励。

第五十九条　精神障碍患者的监护人应当协助患者进行生活自理能力和社会适应能力等方面的康复训练。

精神障碍患者的监护人在看护患者过程中需要技术指导的，社区卫生服务机构或者乡镇卫生院、村卫生室、社区康复机构应当提供。

第五章　保障措施

第六十条　县级以上人民政府卫生行政部门会同有关部门依据国民经济和社会发展规划的要求，制定精神卫生工作规划并组织实施。

精神卫生监测和专题调查结果应当作为制定精神卫生工作规划的依据。

第六十一条　省、自治区、直辖市人民政府根据本行政区域的实际情况，统筹规划，整合资源，建设和完善精神卫生服务体系，加强精神障碍预防、治疗和康复服务能力建设。

县级人民政府根据本行政区域的实际情况，统筹规划，建立精神障碍患者社区康复机构。

县级以上地方人民政府应当采取措施，鼓励和支持社会力量举办从事精神障碍诊断、治疗的医疗机构和精神障碍患者康复机构。

第六十二条　各级人民政府应当根据精神卫生工作需要，加大财政投入力度，保障精神卫生工作所需经费，将精神卫生工作经费列入本级财政预算。

第六十三条　国家加强基层精神卫生服务体系建设，扶持贫困地区、边远地区的精神卫生工作，保障城市社区、农村基层精神卫生工作所需经费。

第六十四条　医学院校应当加强精神医学的教学和研究，按照精神卫生工作的实际需要培养精神医学专门人才，为精神卫生工作提供人才保障。

第六十五条　综合性医疗机构应当按照国务院卫生行政部门的规定开设精神科门诊或者心理治疗门诊，提高精神障碍预防、诊断、治疗能力。

第六十六条　医疗机构应当组织医务人员学习精神卫生知识和相关法律、法规、政策。

从事精神障碍诊断、治疗、康复的机构应当定期组织医务人员、工作人员进行在岗培训，更新精神卫生知识。

县级以上人民政府卫生行政部门应当组织医务人员进行精神卫生知识培训，提高其识别精神障碍的能力。

第六十七条　师范院校应当为学生开设精神卫生课程；医学院校应当为非精神医学专业的学生开设精神卫生课程。

县级以上人民政府教育行政部门对教师进行上岗前和在岗培训，应当有精神卫生的内容，并定期组织心理健康教育教师、辅导人员进行专业培训。

第六十八条　县级以上人民政府卫生行政部门应当组织医疗机构为严重精神障碍患者免费提供基本公共卫生服务。

精神障碍患者的医疗费用按照国家有关社会保险的规定由基本医疗保险基金支付。医疗保险经办机构应当按照国家有关规定将精神障碍患者纳入城镇职工基本医疗保险、城镇居民基本医疗保险或者新型农村合作医疗的保障范围。县级人民政府应当按照国家有关规定对家庭经济困难的严重精神障碍患者参加基本医疗保险给予资助。医疗保障、财政等部门应当加强协调，简化程序，实现属于基本医疗保险基金支付的医疗费用由医疗机构与医疗保险经办机构直接结算。

精神障碍患者通过基本医疗保险支付医疗费用后仍有困难，或者不能通过基本医疗保险支付医疗费用的，医疗保障部门应当优先给予医疗救助。

第六十九条　对符合城乡最低生活保障条件的严重精神障碍患者，民政部门应当会同有关部门及时将其纳入最低生活保障。

对属于农村五保供养对象的严重精神障碍患者，以及城市中无劳动能力、无生活来源且无法定赡养、抚养、扶养义务人，或者其法定赡养、抚养、扶养义务人无赡养、抚养、扶养能力的严重精神障碍患者，民政部门应当按照国家有关规定予以供养、救助。

前两款规定以外的严重精神障碍患者确有困难的，民政部门可以采取临时救助等措施，帮助其解决生活困难。

第七十条　县级以上地方人民政府及其有关部门应当采取有效措施，保证患有精神障碍的适龄儿童、少年接受义务教育，扶持有劳动能力的精神障碍患者从事力所能及的劳动，并为已经康复的人员提供就业服务。

国家对安排精神障碍患者就业的用人单位依法给予税收优惠，并在生产、经营、技术、资金、物资、场地等方面给予扶持。

第七十一条　精神卫生工作人员的人格尊严、人身安全不受侵犯，精神卫生工作人员依法履行职责受法律保护。全社会应当尊重精神卫生工作人员。

县级以上人民政府及其有关部门、医疗机构、康复机构应当采取措施，加强对精神卫生工作人员的职业保护，提高精神卫生工作人员的待遇水平，并按照规定给予适当的津贴。精神卫生工作人员因工致伤、致残、死亡的，其工伤待遇以及抚恤按照国家有关规定执行。

第六章　法律责任

第七十二条　县级以上人民政府卫生行政部门和其他有关部门未依照本法规定履行精神卫生工作职责，或者滥用职权、玩忽职守、徇私舞弊的，由本级人民政府或者上一级人民政府有关部门责令改正，通报批评，对直接负责的主管人员和其他直接责任人员依法给予警告、记过或者记大过的处分；造成严重后果的，给予降级、撤职或者开除的处分。

第七十三条　不符合本法规定条件的医疗机构擅自从事精神障碍诊断、治疗的，由县级以上人民政府卫生行政部门责令停止相关诊疗活动，给予警告，并处五千元以上一万元以下罚款，有违法所得的，没收违法所得；对直接负责的主管人员和其他直接责任人员依法给予或者责令给予降低岗位等级或者撤职、开除的处分；对有关医务人员，吊销其执业证书。

第七十四条　医疗机构及其工作人员有下列行为之一的，由县级以上人民政府卫生行政部门责令改正，给予警告；情节严重的，对直接负责的主管人员和其他直接责任人员依法给予或者责令给予降低岗位等级或者撤职、开除的处分，并可以责令有关医务人员暂停一个月以上六个月以下执业活动：

（一）拒绝对送诊的疑似精神障碍患者作出诊断的；

（二）对依照本法第三十条第二款规定实施住院治疗的患者未及时进行检查评估或者未根据评估结果作出处理的。

第七十五条　医疗机构及其工作人员有下列行为之一的，由县级以上人民政府卫生行政部门责令改正，对直接负责的主管人员和其他直接责任人员依法给予或者责令给予降低岗位等级或者撤职的处分；对有关医务人员，暂停六个月以上一年以下执业活动；情节严重的，给予或者责令给予开除的处分，并吊销有关医务人员的执业证书：

（一）违反本法规定实施约束、隔离等保护性医疗措施的；

（二）违反本法规定，强迫精神障碍患者劳动的；

（三）违反本法规定对精神障碍患者实施外科手术或者实验性临床医疗的；

（四）违反本法规定，侵害精神障碍患者的通讯和会见探访者等权利的；

（五）违反精神障碍诊断标准，将非精神障碍患者诊断为精神障碍患者的。

第七十六条　有下列情形之一的，由县级以上人民政府卫生行政部门、工商行政管理部门依据各自职责责令改正，给予警告，并处五千元以上一万元以下罚款，有违法所得的，没收违法所得；造成严重后果的，责令暂停六个月以上一年以下执业活动，直至吊销执业证书或者营业执照：

（一）心理咨询人员从事心理治疗或者精神障碍的诊断、治疗的；

（二）从事心理治疗的人员在医疗机构以外开展心理治疗活动的；

（三）专门从事心理治疗的人员从事精神障碍的诊断的；

（四）专门从事心理治疗的人员为精神障碍患者开具处方或者提供外科治疗的。

心理咨询人员、专门从事心理治疗的人员在心理咨询、心理治疗活动中造成他人人身、财产或者其他损害的，依法承担民事责任。

第七十七条 有关单位和个人违反本法第四条第三款规定，给精神障碍患者造成损害的，依法承担赔偿责任；对单位直接负责的主管人员和其他直接责任人员，还应当依法给予处分。

第七十八条 违反本法规定，有下列情形之一，给精神障碍患者或者其他公民造成人身、财产或者其他损害的，依法承担赔偿责任：

（一）将非精神障碍患者故意作为精神障碍患者送入医疗机构治疗的；

（二）精神障碍患者的监护人遗弃患者，或者有不履行监护职责的其他情形的；

（三）歧视、侮辱、虐待精神障碍患者，侵害患者的人格尊严、人身安全的；

（四）非法限制精神障碍患者人身自由的；

（五）其他侵害精神障碍患者合法权益的情形。

第七十九条 医疗机构出具的诊断结论表明精神障碍患者应当住院治疗而其监护人拒绝，致使患者造成他人人身、财产损害的，或者患者有其他造成他人人身、财产损害情形的，其监护人依法承担民事责任。

第八十条 在精神障碍的诊断、治疗、鉴定过程中，寻衅滋事，阻挠有关工作人员依照本法的规定履行职责，扰乱医疗机构、鉴定机构工作秩序的，依法给予治安管理处罚。

违反本法规定，有其他构成违反治安管理行为的，依法给予治安管理处罚。

第八十一条 违反本法规定，构成犯罪的，依法追究刑事责任。

第八十二条 精神障碍患者或者其监护人、近亲属认为行政机关、医疗机构或者其他有关单位和个人违反本法规定侵害患者合法权益的，可以依法提起诉讼。

第七章 附 则

第八十三条　本法所称精神障碍，是指由各种原因引起的感知、情感和思维等精神活动的紊乱或者异常，导致患者明显的心理痛苦或者社会适应等功能损害。

本法所称严重精神障碍，是指疾病症状严重，导致患者社会适应等功能严重损害、对自身健康状况或者客观现实不能完整认识，或者不能处理自身事务的精神障碍。

本法所称精神障碍患者的监护人，是指依照民法通则的有关规定可以担任监护人的人。

第八十四条　军队的精神卫生工作，由国务院和中央军事委员会依据本法制定管理办法。

第八十五条　本法自 2013 年 5 月 1 日起施行。

中华人民共和国基本医疗卫生
与健康促进法

中华人民共和国基本医疗卫生与健康促进法

（2019 年 12 月 28 日第十三届全国人民代表大会常务委员会第十五次会议通过）

目 录

第一章 总 则

第一条 为了发展医疗卫生与健康事业，保障公民享有基本医疗卫生服务，提高公民健康水平，推进健康中国建设，根据宪法，制定本法。

第二条 从事医疗卫生、健康促进及其监督管理活动，适用本法。

第三条 医疗卫生与健康事业应当坚持以人民为中心，为人民健康服务。医疗卫生事业应当坚持公益性原则。

第四条 国家和社会尊重、保护公民的健康权。

国家实施健康中国战略，普及健康生活，优化健康服务，完善健康保障，建设健康环境，发展健康产业，提升公民全生命周期健康水平。

国家建立健康教育制度，保障公民获得健康教育的权利，提高公民的健康素养。

第五条 公民依法享有从国家和社会获得基本医疗卫生服务的权利。

国家建立基本医疗卫生制度，建立健全医疗卫生服务体系，保护和实现公民获得基本医疗卫生服务的权利。

第六条 各级人民政府应当把人民健康放在优先发展的战略地位，将健康理念融入各项政策，坚持预防为主，完善健康促进工作体系，组织实施健康促进的规划和行动，推进全民健身，建立健康影响评估制度，将公民主要健康指标改善情况纳入政府目标责任考核。

全社会应当共同关心和支持医疗卫生与健康事业的发展。

第七条 国务院和地方各级人民政府领导医疗卫生与健康促进工作。

国务院卫生健康主管部门负责统筹协调全国医疗卫生与健康促进工作。国务院其他有关部门在各自职责范围内负责有关的医疗卫生与健康促进工作。

县级以上地方人民政府卫生健康主管部门负责统筹协调本行政区域医疗卫生与健康促进工作。县级以上地方人民政府其他有关部门在各自职责范围内负责有关的医疗卫生与健康促进工作。

第八条 国家加强医学基础科学研究，鼓励医学科学技术创新，支持临床医学发展，促进医学科技成果的转化和应用，推进医疗卫生与信息技术融合发展，推广医疗卫生适宜技术，提高医疗卫生服务质量。

国家发展医学教育，完善适应医疗卫生事业发展需要的医学教育体系，大力培养医疗卫生人才。

第九条　国家大力发展中医药事业，坚持中西医并重、传承与创新相结合，发挥中医药在医疗卫生与健康事业中的独特作用。

第十条　国家合理规划和配置医疗卫生资源，以基层为重点，采取多种措施优先支持县级以下医疗卫生机构发展，提高其医疗卫生服务能力。

第十一条　国家加大对医疗卫生与健康事业的财政投入，通过增加转移支付等方式重点扶持革命老区、民族地区、边疆地区和经济欠发达地区发展医疗卫生与健康事业。

第十二条　国家鼓励和支持公民、法人和其他组织通过依法举办机构和捐赠、资助等方式，参与医疗卫生与健康事业，满足公民多样化、差异化、个性化健康需求。

公民、法人和其他组织捐赠财产用于医疗卫生与健康事业的，依法享受税收优惠。

第十三条　对在医疗卫生与健康事业中做出突出贡献的组织和个人，按照国家规定给予表彰、奖励。

第十四条　国家鼓励和支持医疗卫生与健康促进领域的对外交流合作。

开展医疗卫生与健康促进对外交流合作活动，应当遵守法律、法规，维护国家主权、安全和社会公共利益。

第二章　基本医疗卫生服务

第十五条　基本医疗卫生服务，是指维护人体健康所必需、与经济社会发展水平相适应、公民可公平获得的，采用适宜药物、适宜技术、适宜设备提供的疾病预防、诊断、治疗、护理和康复等服务。

基本医疗卫生服务包括基本公共卫生服务和基本医疗服务。基本公共卫生服务由国家免费提供。

第十六条　国家采取措施，保障公民享有安全有效的基本公共卫生服务，控制影响健康的危险因素，提高疾病的预防控制水平。

国家基本公共卫生服务项目由国务院卫生健康主管部门会同国务院财政部门、中医药主管部门等共同确定。

省、自治区、直辖市人民政府可以在国家基本公共卫生服务项目基础上，补充确定本行政区域的基本公共卫生服务项目，并报国务院卫生健康主管部门备案。

第十七条　国务院和省、自治区、直辖市人民政府可以将针对重点地区、重点疾病和特定人群的服务内容纳入基本公共卫生服务项目并组织实施。

县级以上地方人民政府针对本行政区域重大疾病和主要健康危险因素，开展专项防控工作。

第十八条　县级以上人民政府通过举办专业公共卫生机构、基层医疗卫生机构和医院，或者从其他医疗卫生机构购买服务的方式提供基本公共卫生服务。

第十九条　国家建立健全突发事件卫生应急体系，制定和完善应急预案，组织开展突发事件的医疗救治、卫生学调查处置和心理援助等卫生应急工作，有效控制和消除危害。

第二十条　国家建立传染病防控制度，制定传染病防治规划并组织实施，加强传染病监测预警，坚持预防为主、防治结合、联防联控、群防群控、源头防控、综合治理，阻断传播途径，保护易感人群，降低传染病的危害。

任何组织和个人应当接受、配合医疗卫生机构为预防、控制、消除传染病危害依法采取的调查、检验、采集样本、隔离治疗、医学观察等措施。

第二十一条　国家实行预防接种制度，加强免疫规划工作。居民有依法接种免疫规划疫苗的权利和义务。政府向居民免费提供免疫规划疫苗。

第二十二条　国家建立慢性非传染性疾病防控与管理制度，对慢性非传染性疾病及其致病危险因素开展监测、调查和综合防控干预，及时发现高危人群，为患者和高危人群提供诊疗、早期干预、随访管理和健康教育等服务。

第二十三条　国家加强职业健康保护。县级以上人民政府应当制定职业病防治规划，建立健全职业健康工作机制，加强职业健康监督管理，提高职业病综合防治能力和水平。

用人单位应当控制职业病危害因素，采取工程技术、个体防护和健康管理等综合治理措施，改善工作环境和劳动条件。

第二十四条　国家发展妇幼保健事业，建立健全妇幼健康服务体系，为妇女、儿童提供保健及常见病防治服务，保障妇女、儿童健康。

国家采取措施，为公民提供婚前保健、孕产期保健等服务，促进生殖健康，预防出生缺陷。

第二十五条　国家发展老年人保健事业。国务院和省、自治区、直辖市人民政府应当将老年人健康管理和常见病预防等纳入基本公共卫生服务项目。

第二十六条　国家发展残疾预防和残疾人康复事业，完善残疾预防和残疾人康复及其保障体系，采取措施为残疾人提供基本康复服务。

县级以上人民政府应当优先开展残疾儿童康复工作，实行康复与教育相结合。

第二十七条　国家建立健全院前急救体系，为急危重症患者提供及时、规范、有效的急救服务。

卫生健康主管部门、红十字会等有关部门、组织应当积极开展急救培训，普及急救知识，鼓励医疗卫生人员、经过急救培训的人员积极参与公共场所急救服务。公共场所应当按照规定配备必要的急救设备、设施。

急救中心（站）不得以未付费为由拒绝或者拖延为急危重症患者提供急救服务。

第二十八条　国家发展精神卫生事业，建设完善精神卫生服务体系，维护和增进公民心理健康，预防、治疗精神障碍。

国家采取措施，加强心理健康服务体系和人才队伍建设，促进心理健康教育、心理评估、心理咨询与心理治疗服务的有效衔接，设立为公众提供公益服务的心理援助热线，加强未成年人、残疾人和老年人等重点人群心理健康服务。

第二十九条　基本医疗服务主要由政府举办的医疗卫生机构提供。鼓励社会力量举办的医疗卫生机构提供基本医疗服务。

第三十条　国家推进基本医疗服务实行分级诊疗制度，引导非急诊患者首先到基层医疗卫生机构就诊，实行首诊负责制和转诊审核责任制，逐步建立基层首诊、双向转诊、急慢分治、上下联动的机制，并与基本医疗保险制度相衔接。

县级以上地方人民政府根据本行政区域医疗卫生需求，整合区域内政府举办的医疗卫生资源，因地制宜建立医疗联合体等协同联动的医疗服务合作机制。鼓励社会力量举办的医疗卫生机构参与医疗服务合作机制。

第三十一条　国家推进基层医疗卫生机构实行家庭医生签约服务，建立家庭医生服务团队，与居民签订协议，根据居民健康状况和医疗需求提供基本医疗卫生服务。

第三十二条 公民接受医疗卫生服务，对病情、诊疗方案、医疗风险、医疗费用等事项依法享有知情同意的权利。

需要实施手术、特殊检查、特殊治疗的，医疗卫生人员应当及时向患者说明医疗风险、替代医疗方案等情况，并取得其同意；不能或者不宜向患者说明的，应当向患者的近亲属说明，并取得其同意。法律另有规定的，依照其规定。

开展药物、医疗器械临床试验和其他医学研究应当遵守医学伦理规范，依法通过伦理审查，取得知情同意。

第三十三条 公民接受医疗卫生服务，应当受到尊重。医疗卫生机构、医疗卫生人员应当关心爱护、平等对待患者，尊重患者人格尊严，保护患者隐私。

公民接受医疗卫生服务，应当遵守诊疗制度和医疗卫生服务秩序，尊重医疗卫生人员。

第三章　医疗卫生机构

第三十四条 国家建立健全由基层医疗卫生机构、医院、专业公共卫生机构等组成的城乡全覆盖、功能互补、连续协同的医疗卫生服务体系。

国家加强县级医院、乡镇卫生院、村卫生室、社区卫生服务中心（站）和专业公共卫生机构等的建设，建立健全农村医疗卫生服务网络和城市社区卫生服务网络。

第三十五条 基层医疗卫生机构主要提供预防、保健、健康教育、疾病管理，为居民建立健康档案，常见病、多发病的诊疗以及部分疾病的康复、护理，接收医院转诊患者，向医院转诊超出自身服务能力的患者等基本医疗卫生服务。

医院主要提供疾病诊治，特别是急危重症和疑难病症的诊疗，突发事件医疗处置和救援以及健康教育等医疗卫生服务，并开展医学教育、医疗卫生人员培训、医学科学研究和对基层医疗卫生机构的业务指导等工作。

专业公共卫生机构主要提供传染病、慢性非传染性疾病、职业病、地方病等疾病预防控制和健康教育、妇幼保健、精神卫生、院前急救、采供血、食品安全风险监测评估、出生缺陷防治等公共卫生服务。

第三十六条　各级各类医疗卫生机构应当分工合作，为公民提供预防、保健、治疗、护理、康复、安宁疗护等全方位全周期的医疗卫生服务。

各级人民政府采取措施支持医疗卫生机构与养老机构、儿童福利机构、社区组织建立协作机制，为老年人、孤残儿童提供安全、便捷的医疗和健康服务。

第三十七条　县级以上人民政府应当制定并落实医疗卫生服务体系规划，科学配置医疗卫生资源，举办医疗卫生机构，为公民获得基本医疗卫生服务提供保障。

政府举办医疗卫生机构，应当考虑本行政区域人口、经济社会发展状况、医疗卫生资源、健康危险因素、发病率、患病率以及紧急救治需求等情况。

第三十八条　举办医疗机构，应当具备下列条件，按照国家有关规定办理审批或者备案手续：

（一）有符合规定的名称、组织机构和场所；

（二）有与其开展的业务相适应的经费、设施、设备和医疗卫生人员；

（三）有相应的规章制度；

（四）能够独立承担民事责任；

（五）法律、行政法规规定的其他条件。

医疗机构依法取得执业许可证。禁止伪造、变造、买卖、出租、出借医疗机构执业许可证。

各级各类医疗卫生机构的具体条件和配置应当符合国务院卫生健康主管部门制定的医疗卫生机构标准。

第三十九条　国家对医疗卫生机构实行分类管理。

医疗卫生服务体系坚持以非营利性医疗卫生机构为主体、营利性医疗卫生机构为补充。政府举办非营利性医疗卫生机构，在基本医疗卫生事业中发挥主导作用，保障基本医疗卫生服务公平可及。

以政府资金、捐赠资产举办或者参与举办的医疗卫生机构不得设立为营利性医疗卫生机构。

医疗卫生机构不得对外出租、承包医疗科室。非营利性医疗卫生机构不得向出资人、举办者分配或者变相分配收益。

第四十条 政府举办的医疗卫生机构应当坚持公益性质，所有收支均纳入预算管理，按照医疗卫生服务体系规划合理设置并控制规模。

国家鼓励政府举办的医疗卫生机构与社会力量合作举办非营利性医疗卫生机构。

政府举办的医疗卫生机构不得与其他组织投资设立非独立法人资格的医疗卫生机构，不得与社会资本合作举办营利性医疗卫生机构。

第四十一条 国家采取多种措施，鼓励和引导社会力量依法举办医疗卫生机构，支持和规范社会力量举办的医疗卫生机构与政府举办的医疗卫生机构开展多种类型的医疗业务、学科建设、人才培养等合作。

社会力量举办的医疗卫生机构在基本医疗保险定点、重点专科建设、科研教学、等级评审、特定医疗技术准入、医疗卫生人员职称评定等方面享有与政府举办的医疗卫生机构同等的权利。

社会力量可以选择设立非营利性或者营利性医疗卫生机构。社会力量举办的非营利性医疗卫生机构按照规定享受与政府举办的医疗卫生机构同等的税收、财政补助、用地、用水、用电、用气、用热等政策，并依法接受监督管理。

第四十二条 国家以建成的医疗卫生机构为基础，合理规划与设置国家医学中心和国家、省级区域性医疗中心，诊治疑难重症，研究攻克重大医学难题，培养高层次医疗卫生人才。

第四十三条 医疗卫生机构应当遵守法律、法规、规章，建立健全内部质量管理和控制制度，对医疗卫生服务质量负责。

医疗卫生机构应当按照临床诊疗指南、临床技术操作规范和行业标准以及医学伦理规范等有关要求，合理进行检查、用药、诊疗，加强医疗卫生安全风险防范，优化服务流程，持续改进医疗卫生服务质量。

第四十四条 国家对医疗卫生技术的临床应用进行分类管理，对技术难度大、医疗风险高，服务能力、人员专业技术水平要求较高的医疗卫生技术实行严格管理。

医疗卫生机构开展医疗卫生技术临床应用，应当与其功能任务相适应，遵循科学、安全、规范、有效、经济的原则，并符合伦理。

第四十五条 国家建立权责清晰、管理科学、治理完善、运行高效、监督有力的现代医院管理制度。

医院应当制定章程，建立和完善法人治理结构，提高医疗卫生服务能力和运行效率。

第四十六条 医疗卫生机构执业场所是提供医疗卫生服务的公共场所，任何组织或者个人不得扰乱其秩序。

第四十七条 国家完善医疗风险分担机制，鼓励医疗机构参加医疗责任保险或者建立医疗风险基金，鼓励患者参加医疗意外保险。

第四十八条 国家鼓励医疗卫生机构不断改进预防、保健、诊断、治疗、护理和康复的技术、设备与服务，支持开发适合基层和边远地区应用的医疗卫生技术。

第四十九条 国家推进全民健康信息化，推动健康医疗大数据、人工智能等的应用发展，加快医疗卫生信息基础设施建设，制定健康医疗数据采集、存储、分析和应用的技术标准，运用信息技术促进优质医疗卫生资源的普及与共享。

县级以上人民政府及其有关部门应当采取措施，推进信息技术在医疗卫生领域和医学教育中的应用，支持探索发展医疗卫生服务新模式、新业态。

国家采取措施，推进医疗卫生机构建立健全医疗卫生信息交流和信息安全制度，应用信息技术开展远程医疗服务，构建线上线下一体化医疗服务模式。

第五十条 发生自然灾害、事故灾难、公共卫生事件和社会安全事件等严重威胁人民群众生命健康的突发事件时，医疗卫生机构、医疗卫生人员应当服从政府部门的调遣，参与卫生应急处置和医疗救治。对致病、致残、死亡的参与人员，按照规定给予工伤或者抚恤、烈士褒扬等相关待遇。

第四章 医疗卫生人员

第五十一条 医疗卫生人员应当弘扬敬佑生命、救死扶伤、甘于奉献、大爱无疆的崇高职业精神，遵守行业规范，恪守医德，努力提高专业水平和服务质量。

医疗卫生行业组织、医疗卫生机构、医学院校应当加强对医疗卫生人员的医德医风教育。

第五十二条 国家制定医疗卫生人员培养规划，建立适应行业特点和社会需求的医疗卫生人员培养机制和供需平衡机制，完善医学院校教育、毕业后教育和继续教育体系，建立健全住院医师、专科医师规范化培训制度，建立规模适宜、结构合理、分布均衡的医疗卫生队伍。

国家加强全科医生的培养和使用。全科医生主要提供常见病、多发病的诊疗和转诊、预防、保健、康复，以及慢性病管理、健康管理等服务。

第五十三条 国家对医师、护士等医疗卫生人员依法实行执业注册制度。医疗卫生人员应当依法取得相应的职业资格。

第五十四条 医疗卫生人员应当遵循医学科学规律，遵守有关临床诊疗技术规范和各项操作规范以及医学伦理规范，使用适宜技术和药物，合理诊疗，因病施治，不得对患者实施过度医疗。

医疗卫生人员不得利用职务之便索要、非法收受财物或者牟取其他不正当利益。

第五十五条 国家建立健全符合医疗卫生行业特点的人事、薪酬、奖励制度，体现医疗卫生人员职业特点和技术劳动价值。

对从事传染病防治、放射医学和精神卫生工作以及其他在特殊岗位工作的医疗卫生人员，应当按照国家规定给予适当的津贴。津贴标准应当定期调整。

第五十六条 国家建立医疗卫生人员定期到基层和艰苦边远地区从事医疗卫生工作制度。

国家采取定向免费培养、对口支援、退休返聘等措施，加强基层和艰苦边远地区医疗卫生队伍建设。

执业医师晋升为副高级技术职称的，应当有累计一年以上在县级以下或者对口支援的医疗卫生机构提供医疗卫生服务的经历。

对在基层和艰苦边远地区工作的医疗卫生人员，在薪酬津贴、职称评定、职业发展、教育培训和表彰奖励等方面实行优惠待遇。

国家加强乡村医疗卫生队伍建设，建立县乡村上下贯通的职业发展机制，完善对乡村医疗卫生人员的服务收入多渠道补助机制和养老政策。

第五十七条 全社会应当关心、尊重医疗卫生人员，维护良好安全的医疗卫生服务秩序，共同构建和谐医患关系。

医疗卫生人员的人身安全、人格尊严不受侵犯，其合法权益受法律保护。禁止任何组织或者个人威胁、危害医疗卫生人员人身安全，侵犯医疗卫生人员人格尊严。

国家采取措施，保障医疗卫生人员执业环境。

第五章　药品供应保障

第五十八条　国家完善药品供应保障制度，建立工作协调机制，保障药品的安全、有效、可及。

第五十九条　国家实施基本药物制度，遴选适当数量的基本药物品种，满足疾病防治基本用药需求。

国家公布基本药物目录，根据药品临床应用实践、药品标准变化、药品新上市情况等，对基本药物目录进行动态调整。

基本药物按照规定优先纳入基本医疗保险药品目录。

国家提高基本药物的供给能力，强化基本药物质量监管，确保基本药物公平可及、合理使用。

第六十条　国家建立健全以临床需求为导向的药品审评审批制度，支持临床急需药品、儿童用药品和防治罕见病、重大疾病等药品的研制、生产，满足疾病防治需求。

第六十一条　国家建立健全药品研制、生产、流通、使用全过程追溯制度，加强药品管理，保证药品质量。

第六十二条　国家建立健全药品价格监测体系，开展成本价格调查，加强药品价格监督检查，依法查处价格垄断、价格欺诈、不正当竞争等违法行为，维护药品价格秩序。

国家加强药品分类采购管理和指导。参加药品采购投标的投标人不得以低于成本的报价竞标，不得以欺诈、串通投标、滥用市场支配地位等方式竞标。

第六十三条　国家建立中央与地方两级医药储备，用于保障重大灾情、疫情及其他突发事件等应急需要。

第六十四条　国家建立健全药品供求监测体系，及时收集和汇总分析药品供求信息，定期公布药品生产、流通、使用等情况。

第六十五条 国家加强对医疗器械的管理，完善医疗器械的标准和规范，提高医疗器械的安全有效水平。

国务院卫生健康主管部门和省、自治区、直辖市人民政府卫生健康主管部门应当根据技术的先进性、适宜性和可及性，编制大型医用设备配置规划，促进区域内医用设备合理配置、充分共享。

第六十六条 国家加强中药的保护与发展，充分体现中药的特色和优势，发挥其在预防、保健、医疗、康复中的作用。

第六章 健康促进

第六十七条 各级人民政府应当加强健康教育工作及其专业人才培养，建立健康知识和技能核心信息发布制度，普及健康科学知识，向公众提供科学、准确的健康信息。

医疗卫生、教育、体育、宣传等机构、基层群众性自治组织和社会组织应当开展健康知识的宣传和普及。医疗卫生人员在提供医疗卫生服务时，应当对患者开展健康教育。新闻媒体应当开展健康知识的公益宣传。健康知识的宣传应当科学、准确。

第六十八条 国家将健康教育纳入国民教育体系。学校应当利用多种形式实施健康教育，普及健康知识、科学健身知识、急救知识和技能，提高学生主动防病的意识，培养学生良好的卫生习惯和健康的行为习惯，减少、改善学生近视、肥胖等不良健康状况。

学校应当按照规定开设体育与健康课程，组织学生开展广播体操、眼保健操、体能锻炼等活动。

学校按照规定配备校医，建立和完善卫生室、保健室等。

县级以上人民政府教育主管部门应当按照规定将学生体质健康水平纳入学校考核体系。

第六十九条 公民是自己健康的第一责任人，树立和践行对自己健康负责的健康管理理念，主动学习健康知识，提高健康素养，加强健康管理。倡导家庭成员相互关爱，形成符合自身和家庭特点的健康生活方式。

公民应当尊重他人的健康权利和利益，不得损害他人健康和社会公共利益。

第七十条　国家组织居民健康状况调查和统计，开展体质监测，对健康绩效进行评估，并根据评估结果制定、完善与健康相关的法律、法规、政策和规划。

第七十一条　国家建立疾病和健康危险因素监测、调查和风险评估制度。县级以上人民政府及其有关部门针对影响健康的主要问题，组织开展健康危险因素研究，制定综合防治措施。

国家加强影响健康的环境问题预防和治理，组织开展环境质量对健康影响的研究，采取措施预防和控制与环境问题有关的疾病。

第七十二条　国家大力开展爱国卫生运动，鼓励和支持开展爱国卫生月等群众性卫生与健康活动，依靠和动员群众控制和消除健康危险因素，改善环境卫生状况，建设健康城市、健康村镇、健康社区。

第七十三条　国家建立科学、严格的食品、饮用水安全监督管理制度，提高安全水平。

第七十四条　国家建立营养状况监测制度，实施经济欠发达地区、重点人群营养干预计划，开展未成年人和老年人营养改善行动，倡导健康饮食习惯，减少不健康饮食引起的疾病风险。

第七十五条　国家发展全民健身事业，完善覆盖城乡的全民健身公共服务体系，加强公共体育设施建设，组织开展和支持全民健身活动，加强全民健身指导服务，普及科学健身知识和方法。

国家鼓励单位的体育场地设施向公众开放。

第七十六条　国家制定并实施未成年人、妇女、老年人、残疾人等的健康工作计划，加强重点人群健康服务。

国家推动长期护理保障工作，鼓励发展长期护理保险。

第七十七条　国家完善公共场所卫生管理制度。县级以上人民政府卫生健康等主管部门应当加强对公共场所的卫生监督。公共场所卫生监督信息应当依法向社会公开。

公共场所经营单位应当建立健全并严格实施卫生管理制度，保证其经营活动持续符合国家对公共场所的卫生要求。

第七十八条　国家采取措施，减少吸烟对公民健康的危害。

公共场所控制吸烟，强化监督执法。

烟草制品包装应当印制带有说明吸烟危害的警示。

禁止向未成年人出售烟酒。

第七十九条 用人单位应当为职工创造有益于健康的环境和条件，严格执行劳动安全卫生等相关规定，积极组织职工开展健身活动，保护职工健康。

国家鼓励用人单位开展职工健康指导工作。

国家提倡用人单位为职工定期开展健康检查。法律、法规对健康检查有规定的，依照其规定。

第七章 资金保障

第八十条 各级人民政府应当切实履行发展医疗卫生与健康事业的职责，建立与经济社会发展、财政状况和健康指标相适应的医疗卫生与健康事业投入机制，将医疗卫生与健康促进经费纳入本级政府预算，按照规定主要用于保障基本医疗服务、公共卫生服务、基本医疗保障和政府举办的医疗卫生机构建设和运行发展。

第八十一条 县级以上人民政府通过预算、审计、监督执法、社会监督等方式，加强资金的监督管理。

第八十二条 基本医疗服务费用主要由基本医疗保险基金和个人支付。国家依法多渠道筹集基本医疗保险基金，逐步完善基本医疗保险可持续筹资和保障水平调整机制。

公民有依法参加基本医疗保险的权利和义务。用人单位和职工按照国家规定缴纳职工基本医疗保险费。城乡居民按照规定缴纳城乡居民基本医疗保险费。

第八十三条 国家建立以基本医疗保险为主体，商业健康保险、医疗救助、职工互助医疗和医疗慈善服务等为补充的、多层次的医疗保障体系。

国家鼓励发展商业健康保险，满足人民群众多样化健康保障需求。

国家完善医疗救助制度，保障符合条件的困难群众获得基本医疗服务。

第八十四条 国家建立健全基本医疗保险经办机构与协议定点医疗卫生机构之间的协商谈判机制，科学合理确定基本医疗保险基金支付标准和支付方式，引导医疗卫生机构合理诊疗，促进患者有序流动，提高基本医疗保险基金使用效益。

第八十五条　基本医疗保险基金支付范围由国务院医疗保障主管部门组织制定，并应当听取国务院卫生健康主管部门、中医药主管部门、药品监督管理部门、财政部门等的意见。

省、自治区、直辖市人民政府可以按照国家有关规定，补充确定本行政区域基本医疗保险基金支付的具体项目和标准，并报国务院医疗保障主管部门备案。

国务院医疗保障主管部门应当对纳入支付范围的基本医疗保险药品目录、诊疗项目、医疗服务设施标准等组织开展循证医学和经济性评价，并应当听取国务院卫生健康主管部门、中医药主管部门、药品监督管理部门、财政部门等有关方面的意见。评价结果应当作为调整基本医疗保险基金支付范围的依据。

第八章　监督管理

第八十六条　国家建立健全机构自治、行业自律、政府监管、社会监督相结合的医疗卫生综合监督管理体系。

县级以上人民政府卫生健康主管部门对医疗卫生行业实行属地化、全行业监督管理。

第八十七条　县级以上人民政府医疗保障主管部门应当提高医疗保障监管能力和水平，对纳入基本医疗保险基金支付范围的医疗服务行为和医疗费用加强监督管理，确保基本医疗保险基金合理使用、安全可控。

第八十八条　县级以上人民政府应当组织卫生健康、医疗保障、药品监督管理、发展改革、财政等部门建立沟通协商机制，加强制度衔接和工作配合，提高医疗卫生资源使用效率和保障水平。

第八十九条　县级以上人民政府应当定期向本级人民代表大会或者其常务委员会报告基本医疗卫生与健康促进工作，依法接受监督。

第九十条　县级以上人民政府有关部门未履行医疗卫生与健康促进工作相关职责的，本级人民政府或者上级人民政府有关部门应当对其主要负责人进行约谈。

地方人民政府未履行医疗卫生与健康促进工作相关职责的，上级人民政府应当对其主要负责人进行约谈。

被约谈的部门和地方人民政府应当立即采取措施，进行整改。

约谈情况和整改情况应当纳入有关部门和地方人民政府工作评议、考核记录。

第九十一条 县级以上地方人民政府卫生健康主管部门应当建立医疗卫生机构绩效评估制度，组织对医疗卫生机构的服务质量、医疗技术、药品和医用设备使用等情况进行评估。评估应当吸收行业组织和公众参与。评估结果应当以适当方式向社会公开，作为评价医疗卫生机构和卫生监管的重要依据。

第九十二条 国家保护公民个人健康信息，确保公民个人健康信息安全。任何组织或者个人不得非法收集、使用、加工、传输公民个人健康信息，不得非法买卖、提供或者公开公民个人健康信息。

第九十三条 县级以上人民政府卫生健康主管部门、医疗保障主管部门应当建立医疗卫生机构、人员等信用记录制度，纳入全国信用信息共享平台，按照国家规定实施联合惩戒。

第九十四条 县级以上地方人民政府卫生健康主管部门及其委托的卫生健康监督机构，依法开展本行政区域医疗卫生等行政执法工作。

第九十五条 县级以上人民政府卫生健康主管部门应当积极培育医疗卫生行业组织，发挥其在医疗卫生与健康促进工作中的作用，支持其参与行业管理规范、技术标准制定和医疗卫生评价、评估、评审等工作。

第九十六条 国家建立医疗纠纷预防和处理机制，妥善处理医疗纠纷，维护医疗秩序。

第九十七条 国家鼓励公民、法人和其他组织对医疗卫生与健康促进工作进行社会监督。

任何组织和个人对违反本法规定的行为，有权向县级以上人民政府卫生健康主管部门和其他有关部门投诉、举报。

第九章　法律责任

第九十八条 违反本法规定，地方各级人民政府、县级以上人民政府卫生健康主管部门和其他有关部门，滥用职权、玩忽职守、徇私舞弊的，对直接负责的主管人员和其他直接责任人员依法给予处分。

第九十九条 违反本法规定，未取得医疗机构执业许可证擅自执业的，由县级以上人民政府卫生健康主管部门责令停止执业活动，没收违法所得和药品、医疗器械，并处违法所得五倍以上二十倍以下的罚款，违法所得不足一万元的，按一万元计算。

违反本法规定，伪造、变造、买卖、出租、出借医疗机构执业许可证的，由县级以上人民政府卫生健康主管部门责令改正，没收违法所得，并处违法所得五倍以上十五倍以下的罚款，违法所得不足一万元的，按一万元计算；情节严重的，吊销医疗机构执业许可证。

第一百条 违反本法规定，有下列行为之一的，由县级以上人民政府卫生健康主管部门责令改正，没收违法所得，并处违法所得二倍以上十倍以下的罚款，违法所得不足一万元的，按一万元计算；对直接负责的主管人员和其他直接责任人员依法给予处分：

（一）政府举办的医疗卫生机构与其他组织投资设立非独立法人资格的医疗卫生机构；

（二）医疗卫生机构对外出租、承包医疗科室；

（三）非营利性医疗卫生机构向出资人、举办者分配或者变相分配收益。

第一百零一条 违反本法规定，医疗卫生机构等的医疗信息安全制度、保障措施不健全，导致医疗信息泄露，或者医疗质量管理和医疗技术管理制度、安全措施不健全的，由县级以上人民政府卫生健康等主管部门责令改正，给予警告，并处一万元以上五万元以下的罚款；情节严重的，可以责令停止相应执业活动，对直接负责的主管人员和其他直接责任人员依法追究法律责任。

第一百零二条 违反本法规定，医疗卫生人员有下列行为之一的，由县级以上人民政府卫生健康主管部门依照有关执业医师、护士管理和医疗纠纷预防处理等法律、行政法规的规定给予行政处罚：

（一）利用职务之便索要、非法收受财物或者牟取其他不正当利益；

（二）泄露公民个人健康信息；

（三）在开展医学研究或提供医疗卫生服务过程中未按照规定履行告知义务或者违反医学伦理规范。

前款规定的人员属于政府举办的医疗卫生机构中的人员的，依法给予处分。

第一百零三条 违反本法规定，参加药品采购投标的投标人以低于成本的报价竞标，或者以欺诈、串通投标、滥用市场支配地位等方式竞标的，由县级以上人民政府医疗保障主管部门责令改正，没收违法所得；中标的，中标无效，处中标项目金额千分之五以上千分之十以下的罚款，对法定代表人、主要负责人、直接负责的主管人员和其他责任人员处对单位罚款数额百分之五以上百分之十以下的罚款；情节严重的，取消其二年至五年内参加药品采购投标的资格并予以公告。

第一百零四条 违反本法规定，以欺诈、伪造证明材料或者其他手段骗取基本医疗保险待遇，或者基本医疗保险经办机构以及医疗机构、药品经营单位等以欺诈、伪造证明材料或者其他手段骗取基本医疗保险基金支出的，由县级以上人民政府医疗保障主管部门依照有关社会保险的法律、行政法规规定给予行政处罚。

第一百零五条 违反本法规定，扰乱医疗卫生机构执业场所秩序，威胁、危害医疗卫生人员人身安全，侵犯医疗卫生人员人格尊严，非法收集、使用、加工、传输公民个人健康信息，非法买卖、提供或者公开公民个人健康信息等，构成违反治安管理行为的，依法给予治安管理处罚。

第一百零六条 违反本法规定，构成犯罪的，依法追究刑事责任；造成人身、财产损害的，依法承担民事责任。

第十章 附 则

第一百零七条 本法中下列用语的含义：

（一）主要健康指标，是指人均预期寿命、孕产妇死亡率、婴儿死亡率、五岁以下儿童死亡率等。

（二）医疗卫生机构，是指基层医疗卫生机构、医院和专业公共卫生机构等。

（三）基层医疗卫生机构，是指乡镇卫生院、社区卫生服务中心（站）、村卫生室、医务室、门诊部和诊所等。

（四）专业公共卫生机构，是指疾病预防控制中心、专科疾病防治机构、健康教育机构、急救中心（站）和血站等。

（五）医疗卫生人员，是指执业医师、执业助理医师、注册护士、药师（士）、检验技师（士）、影像技师（士）和乡村医生等卫生专业人员。

（六）基本药物，是指满足疾病防治基本用药需求，适应现阶段基本国情和保障能力，剂型适宜，价格合理，能够保障供应，可公平获得的药品。

第一百零八条　省、自治区、直辖市和设区的市、自治州可以结合实际，制定本地方发展医疗卫生与健康事业的具体办法。

第一百零九条　中国人民解放军和中国人民武装警察部队的医疗卫生与健康促进工作，由国务院和中央军事委员会依照本法制定管理办法。

第一百一十条　本法自 2020 年 6 月 1 日起施行。

关于加强心理健康服务的指导意见

关于加强心理健康服务的指导意见

2016年12月30日，国家卫生计生委、中宣部等22部门以国卫疾控发〔2016〕77号联合印发《关于加强心理健康服务的指导意见》。该《意见》分充分认识加强心理健康服务的重要意义、总体要求、大力发展各类心理健康服务、加强重点人群心理健康服务、建立健全心理健康服务体系、加强心理健康人才队伍建设、加强组织领导和工作保障7部分25条。

《意见》提出，要重视和发挥社会组织和社会工作者在心理危机干预和心理援助工作中的作用，在突发事件善后和恢复重建过程中，要依托各地心理援助专业机构、社会工作服务机构、志愿服务组织和心理援助热线，对高危人群持续开展心理援助服务。

中 文 名　关于加强心理健康服务的指导意见

印发机关　国家卫生计生委等22部门

文　　号　国卫疾控发〔2016〕77号

印发时间　2016年12月30日

目　　的　加强重点人群心理健康服务、建立健全心理健康服务体系

依托机构　心理援助专业机构、社会工作服务机构等

关于加强心理健康服务的指导意见

国卫疾控发〔2016〕77 号

各省、自治区、直辖市卫生计生委、党委宣传部、综治办、发展改革委、教育厅（委、局）、科技厅（委）、公安厅（局）、民政厅（局）、司法厅（局）、财政厅（局）、人力资源社会保障厅（局）、文化厅（局）、工商局、新闻出版广电局、科学院、中医药局、工会、共青团省委、妇联、科协、残联、老龄办，新疆生产建设兵团卫生局、党委宣传部、综治办、发展改革委、教育局、科技局、公安局、民政局、司法局、财政局、人力资源社会保障局、文化局、工商局、新闻出版广电局、工会、共青团团委、妇联、科协、残联、老龄办；教育部各直属高校：

心理健康是影响经济社会发展的重大公共卫生问题和社会问题。为深入贯彻落实党的十八届五中全会和习近平总书记在全国卫生与健康大会上关于加强心理健康服务的要求，根据《精神卫生法》《"健康中国2030"规划纲要》和相关政策，现就加强心理健康服务、健全社会心理服务体系提出如下指导意见。

一、充分认识加强心理健康服务的重要意义

心理健康是人在成长和发展过程中，认知合理、情绪稳定、行为适当、人际和谐、适应变化的一种完好状态。心理健康服务是运用心理学及医学的理论和方法，预防或减少各类心理行为问题，促进心理健康，提高生活质量，主要包括心理健康宣传教育、心理咨询、心理疾病治疗、心理危机干预等。心理健康是健康的重要组成部分，关系广大人民群众幸福安康、影响社会和谐发展。加强心理健康服务、健全社会心理服务体系是改善公众心理健康水平、促进社会心态稳定和人际和谐、提升公众幸福感的关键措施，是培养良好道德风尚、促进经济社会协调发展、培育和践行社会主义核心价值观的基本要求，是实现国家长治久安的一项源头性、基础性工作。

党中央、国务院高度重视心理健康服务和社会心理服务体系建设工作。

习近平总书记在 2016 年全国卫生与健康大会上提出，要加大心理健康问题基础性研究，做好心理健康知识和心理疾病科普工作，规范发展心理治疗、心理咨询等心理健康服务。《国民经济和社会发展第十三个五年规划纲要》明确提出要加强心理健康服务。《"健康中国 2030"规划纲要》要求加强心理健康服务体系建设和规范化管理。近年来，各地区各部门结合各自实际情况，从健全心理健康服务体系、搭建心理关爱服务平台、拓展心理健康服务领域、开展社会心理疏导和危机干预、建立专业化心理健康服务队伍等方面进行了积极探索，取得了一定成效，为进一步做好加强心理健康服务、健全社会心理服务体系工作奠定了基础。

当前，我国正处于经济社会快速转型期，人们的生活节奏明显加快，竞争压力不断加剧，个体心理行为问题及其引发的社会问题日益凸显，引起社会各界广泛关注。一方面，心理行为异常和常见精神障碍人数逐年增多，个人极端情绪引发的恶性案（事）件时有发生，成为影响社会稳定和公共安全的危险因素。另一方面，心理健康服务体系不健全，政策法规不完善，社会心理疏导工作机制尚未建立，服务和管理能力严重滞后。现有的心理健康服务状况远远不能满足人民群众的需求及经济建设的需要。加强心理健康服务、健全社会心理服务体系迫在眉睫。

加强心理健康服务，开展社会心理疏导，是维护和增进人民群众身心健康的重要内容，是社会主义核心价值观内化于心、外化于行的重要途径，是全面推进依法治国、促进社会和谐稳定的必然要求。各地区各部门要认真贯彻落实中央决策部署，从深化健康中国建设的战略高度，充分认识加强心理健康服务、健全社会心理服务体系的重要意义，坚持问题导向，增强责任意识，自觉履行促进群众心理健康责任，加强制度机制建设，为实现"两个一百年"奋斗目标和中华民族伟大复兴中国梦作出积极贡献。

二、总体要求

1. 指导思想

全面贯彻党的十八大和十八届三中、四中、五中、六中全会精神，深入学习贯彻习近平总书记系列重要讲话精神和治国理政新理念、新思想、新战略，按照《精神卫生法》《国民经济和社会发展第十三个五年规划纲要》等法律政策要求，落实健康中国建设战略部署，强化政府领导，明确部门职责，完善心理健康服务网络，加强心理健康人才队伍建设。加强重点人群心理健康服务，培育心理健康意识，最大限度满足人民群众心理健康服务需求，形成自尊自信、理性平和、积极向上的社会心态。

2. 基本原则

——预防为主，以人为本。全面普及和传播心理健康知识，强化心理健康自我管理意识，加强人文关怀和生命教育，消除对心理问题的偏见与歧视，预防和减少个人极端案（事）件发生。

——党政领导，共同参与。进一步强化党委政府加强心理健康服务、健全社会心理服务体系的领导责任，加强部门协调配合，促进全社会广泛参与，单位、家庭、个人尽力尽责。

——立足国情，循序渐进。从我国基本国情和各地实际出发，将满足群众需求与长远制度建设相结合，逐步建立健全心理健康和社会心理服务体系。

——分类指导，规范发展。坚持全民心理健康素养提高和个体心理疏导相结合，满足不同群体心理健康服务需求，促进心理健康服务科学、规范、有序发展。

3. 基本目标

到 2020 年，全民心理健康意识明显提高。各领域各行业普遍开展心理健康教育及心理健康促进工作，加快建设心理健康服务网络，服务能力得到有效提升，心理健康服务纳入城乡基本公共服务体系，重点人群心理健康问题得到关注和及时疏导，社会心理服务体系初步建成。

到 2030 年，全民心理健康素养普遍提升。符合国情的心理健康服务体系基本健全，心理健康服务网络覆盖城乡，心理健康服务能力和规范化水平进一步提高，常见精神障碍防治和心理行为问题识别、干预水平显著提高，心理相关疾病发生的上升势头得到缓解。

三、大力发展各类心理健康服务

4. 全面开展心理健康促进与教育。各地要结合培育和践行社会主义核心价值观，将提高公民心理健康素养作为精神文明建设的重要内容，充分发挥我国优秀传统文化对促进心理健康的积极作用。结合"世界精神卫生日"及心理健康相关主题活动等，广泛开展心理健康科普宣传。各级宣传和新闻出版广播电视部门要充分利用广播、电视、书刊、影视、动漫等传播形式，组织创作、播出心理健康宣传教育精品和公益广告，利用影视、综艺和娱乐节目的优势传播自尊自信、乐观向上的现代文明理念和心理健康意识。各地基层文化组织要采用群众喜闻乐见的形式，将心理健康知识融入群众文化生活。创新宣传方式，广泛运用门户网站、微信、微博、手机客户端等平台，传播心理健康知识，倡导健康生活方式，提升全民心理健康素养，培育良好社会心态。各类媒体要树立正确的舆论导向，在传播心理健康知识与相关事件报导中要注重科学性、适度性和稳定性，营造健康向上的社会心理氛围。倡导"每个人是自己心理健康第一责任人"的理念，引导公民在日常生活中有意识地营造积极心态，预防不良心态，学会调适情绪困扰与心理压力，积极自助。（国家卫生计生委、中宣部、文化部、新闻出版广电总局按职责分工负责）

5. 积极推动心理咨询和心理治疗服务。充分发挥心理健康专业人员的引导和支持作用，帮助公民促进个性发展和人格完善，更好地进行人生选择，发展自身潜能，解决生活、学习、职业发展、婚姻、亲子、人际交往等方面的心理困扰，预防心理问题演变为心理疾病，促进和谐生活，提升幸福感。

倡导大众科学认识心理行为问题和心理疾病对健康的影响，将提高心理健康意识贯穿终生，逐步消除公众对心理疾病的病耻感，引导心理异常人群积极寻求专业心理咨询和治疗。各级各类医疗机构和专业心理健康服务机构要主动发现心理疾病患者，提供规范的心理疾病诊疗服务，减轻患者心理痛苦，促进患者康复。（国家卫生计生委、国家中医药局按职责分工负责）

6. 重视心理危机干预和心理援助工作。建立和完善心理健康教育、心理热线服务、心理评估、心理咨询、心理治疗、精神科治疗等衔接递进、密切合作的心理危机干预和心理援助服务模式，重视和发挥社会组织和社会工作者的作用。将心理危机干预和心理援助纳入各类突发事件应急预案和技术方案，加强心理危机干预和援助队伍的专业化、系统化建设，定期开展培训和演练。在突发事件发生时，立即开展有序、高效的个体危机干预和群体危机管理，重视自杀预防。在事件善后和恢复重建过程中，依托各地心理援助专业机构、社会工作服务机构、志愿服务组织和心理援助热线，对高危人群持续开展心理援助服务。（国家卫生计生委牵头，中央综治办、民政部等相关部

门按职责分工负责)

四、加强重点人群心理健康服务

7. 普遍开展职业人群心理健康服务。各机关、企事业和其他用人单位要把心理健康教育融入员工思想政治工作，制定实施员工心理援助计划，为员工提供健康宣传、心理评估、教育培训、咨询辅导等服务，传授情绪管理、压力管理等自我心理调适方法和抑郁、焦虑等常见心理行为问题的识别方法，为员工主动寻求心理健康服务创造条件。对处于特定时期、特定岗位、经历特殊突发事件的员工，及时进行心理疏导和援助。(各部门分别负责)

8. 全面加强儿童青少年心理健康教育。学前教育机构应当关注和满足儿童心理发展需要，保持儿童积极的情绪状态，让儿童感受到尊重和接纳。特殊教育机构要针对学生身心特点开展心理健康教育，注重培养学生自尊、自信、自强、自立的心理品质。中小学校要重视学生的心理健康教育，培养积极乐观、健康向上的心理品质，促进学生身心可持续发展。高等院校要积极开设心理健康教育课程，开展心理健康教育活动；重视提升大学生的心理调适能力，保持良好的适应能力，重视自杀预防，开展心理危机干预。共青团等组织要与学校、家庭、社会携手，开展"培育积极的心理品质，培养良好的行为习惯"的心理健康促进活动，提高学生自我情绪调适能力，尤其要关心留守儿童、流动儿童心理健康，为遭受学生欺凌和校园暴力、家庭暴力、性侵犯等儿童青少年提供及时的心理创伤干预。(教育部牵头，民政部、共青团中央、中国残联按职责分工负责)

9. 关注老年人、妇女、儿童和残疾人心理健康。各级政府及有关部门尤其是老龄办、妇联、残联和基层组织要将老年人、妇女、儿童和残疾人心理健康服务作为工作重点。充分利用老年大学、老年活动中心、基层老年协会、妇女之家、残疾人康复机构、有资质的社会组织等宣传心理健康知识。通过培训专兼职社会工作者和心理工作者、引入社会力量等多种途径，为空巢、丧偶、失能、失智、留守老年人、妇女、儿童、残疾人和计划生育特殊家庭提供心理辅导、情绪疏解、悲伤抚慰、家庭关系调适等心理健康服务。鼓励有条件的地区适当扩展老年活动场所，组织开展健康有益的老年文体活动，丰富广大老年人精神文化生活，在老年人生病住院、家庭出现重大变故时及时关心看望。加强对孕产期、更年期等特定时期妇女的心理关怀，对遭受性侵犯、家庭暴力等妇女及时提供心理援助。加强对流动、留守妇女和儿童的心理健康服务。鼓励婚姻登记机构、婚姻家庭纠纷调解组织等积极开展婚姻家庭辅导服务。发挥残疾人社区康复协调员、助残社会组织作用，依托城乡社区综合服务设施，广泛宣传心理健康知识，为残疾儿童家长、残疾人及其亲友提供心理疏导、康复经验交流等服务。通过开展"志愿助残阳光行动"、"邻里守望"等群众性助残活动，为残疾人提供心理帮助。护理院、养老机构、残疾人福利机构、康复机构要积极引入社会工作者、心理咨询师等力量开展心理健康服务。（民政部、全国妇联、中国残联、全国老龄办按职责分工负责）

10. 重视特殊人群心理健康服务。健全政府、社会、家庭"三位一体"的帮扶体系，加强人文关怀和心理疏导，消除对特殊人群的歧视，帮助特殊人群融入社会。各地综治、公安、司法行政、民政、卫生计生等部门要高度关注流浪乞讨人员、服刑人员、刑满释放人员、强制隔离戒毒人员、社区矫正人员、社会吸毒人员、易肇事肇祸严重精神障碍患者等特殊人群的心理健康。加强心理疏导和危机干预，提高其承受挫折、适应环境能力，预防和减少极端案（事）件的发生。（中央综治办牵头，公安部、民政部、司法部、国家卫生计生委、中国残联按职责分工负责）

11. 加强严重精神障碍患者服务。各级综治、公安、民政、司法行政、卫生计生、残联等单位建立精神卫生综合管理小组，多渠道开展患者日常发现、登记、随访、危险性评估、服药指导等服务。动员社区组织、患者家属参与居家患者管理服务。做好基本医疗保险、城乡居民大病保险、医疗救助、疾病应急救助等制度的衔接，逐步提高患者医疗保障水平。做好贫困患者的社会救助工作。建立健全精神障碍社区康复服务体系，大力推广"社会化、综合性、开放式"的精神障碍康复模式，做好医疗康复和社区康复的有效衔接。（中央综治办、公安部、民政部、司法部、人力资源社会保障部、国家卫生计生委、中国残联按职责分工负责）

五、建立健全心理健康服务体系

12. 建立健全各部门各行业心理健康服务网络。各级机关和企事业单位依托本单位工会、共青团、妇联、人力资源部门、卫生室（或计生办），普遍设立心理健康辅导室，培养心理健康服务骨干队伍，配备专（兼）职心理健康辅导人员。教育系统要进一步完善学生心理健康服务体系，提高心理健康教育与咨询服务的专业化水平。每所高等院校均设立心理健康教育与咨询中心（室），按照师生比不少于1：4000配备从事心理辅导与咨询服务的专业教师。中小学校设立心理辅导室，并配备专职或兼职教师。学前教育和特殊教育机构要配备专（兼）职心理健康工作人员。公安、司法行政等部门要根据行业特点普遍设立心理服务机构，配备专业人员，成立危机干预专家组，对系统内人员和工作对象开展心理健康教育、心理健康评估和心理训练等服务。（各部门分别负责）

13. 搭建基层心理健康服务平台。将心理健康服务作为城乡社区服务的重要内容，依托城乡社区综合服务设施或基层综治中心建立心理咨询（辅导）室或社会工作室（站），配备心理辅导人员或社会工作者，协调组织志愿者，对社区居民开展心理健康宣传教育和心理疏导。各级政府及有关部门要发挥社会组织和社会工作者在婚姻家庭、邻里关系、矫治帮扶、心理疏导等服务方面的优势，进一步完善社区、社会组织、社会工作者三社联动机制，通过购买服务等形式引导社会组织、社会工作者、志愿者积极参与心理健康服务，为贫困弱势群体和经历重大生活变故群体提供心理健康服务，确保社区心理健康服务工作有场地、有设施、有保障。（中央综治办、民政部、国家卫生计生委按职责分工负责）

14. 鼓励培育社会化的心理健康服务机构。鼓励心理咨询专业人员创办社会心理健康服务机构。各级政府有关部门要积极支持培育专业化、规范化的心理咨询、辅导机构，通过购买社会心理机构的服务等形式，向各类机关、企事业单位和其他用人单位、基层组织及社区群众提供心理咨询服务，逐步扩大服务覆盖面，并为弱势群体提供公益性服务。社会心理咨询服务机构要加大服务技能和伦理道德的培训，提升服务能力和常见心理疾病的识别能力。（国家卫生计生委、民政部、工商总局按职责分工负责）

15. 加强医疗机构心理健康服务能力。卫生计生等部门要整合现有资源，进一步加强心理健康服务体系建设，支持省、市、县三级精神卫生专业机构提升心理健康服务能力，鼓励和引导综合医院开设精神（心理）科。基层医疗卫生机构普遍配备专职或兼职精神卫生防治人员。各级各类医疗机构在诊疗服务中加强人文关怀，普及心理咨询、治疗技术在临床诊疗中的应用。精神卫生专业机构要充分发挥引领示范作用，对各类临床科室医务人员开展心理健康知识和技能培训，注重提高抑郁、焦虑、老年痴呆、孤独症等心理行为问题和常见精神障碍的筛查识别、处置能力。要建立多学科心理和躯体疾病联络会诊制度，与高等院校和社会心理服务机构建立协作机制，实现双向转诊。妇幼保健机构要为妇女儿童开展心理健康教育，提供心理健康咨询与指导、心理疾病的筛查与转诊服务。各地要充分发挥中医药在心理健康服务中的作用，加强中医院相关科室建设和人才培养，促进中医心理学发展。基层医疗卫生机构和全科医师要大力开展心理健康宣传和服务工作，在专业机构指导下，探索为社区居民提供心理评估服务和心理咨询服务，逐步将儿童常见心理行为问题干预纳入儿童保健服务。监管场所和强制隔离戒毒场所的医疗机构应当根据需要积极创造条件，为被监管人员和强制隔离戒毒人员提供心理治疗、心理咨询和心理健康指导。(国家卫生计生委牵头，教育部、公安部、司法部、国家中医药局按职责分工负责)

六、加强心理健康人才队伍建设

16. 加强心理健康专业人才培养。教育部门要加大应用型心理健康专业人才培养力度，完善临床与咨询心理学、应用心理学等相关专业的学科建设，逐步形成学历教育、毕业后教育、继续教育相结合的心理健康专业人才培养制度。鼓励有条件的高等院校开设临床与咨询心理学相关专业，建设一批实践教学基地，探索符合我国特色的人才培养模式和教学方法。医学、教育、康复、社会工作等相关专业要加强心理学理论教学和实践技能培养，促进学生理论素养和实践技能的全面提升。依托具有资质和良好声誉的医疗机构、高等院校、科研院所及社会心理健康服务机构建立实践督导体系。(教育部牵头，民政部、国家卫生计生委、中科院配合)

17. 促进心理健康服务人才有序发展。人力资源社会保障部门要加强心理咨询师资格鉴定的规范管理，进一步完善全国统一的心理咨询师国家职业标准。加强对心理咨询师培训的管理，改进鉴定考核方式，加强实践操作技能考核。对理论知识考试和实践操作技能考核都合格的考生核发职业资格证书，

并将其信息登记上网，向社会提供查询服务，加强监督管理。（人力资源社会保障部牵头）

卫生计生部门要进一步加强心理健康专业人员培养和使用的制度建设。各级各类医疗机构要重视心理健康专业人才培养，鼓励医疗机构引进临床与咨询心理、社会工作专业的人才，加强精神科医师、护士、心理治疗师、心理咨询师、康复师、医务社会工作者等综合服务团队建设。积极培育医务社会工作者队伍，充分发挥其在医患沟通、心理疏导、社会支持等方面优势，强化医疗服务中的人文关怀。（国家卫生计生委牵头）

各部门、各行业对所属心理健康服务机构和人员加强培训、继续教育及规范管理，制定本部门本行业心理健康服务标准和工作规范，明确岗位工作要求，定期进行考评。（各部门分别负责）

18. 完善心理健康服务人才激励机制。各有关部门要积极设立心理健康服务岗位，完善人才激励机制，逐步将心理健康服务人才纳入专业技术岗位设置与管理体系，畅通职业发展渠道，根据行业特点分类制定人才激励和保障政策。在医疗服务价格改革中，要注重体现心理治疗服务的技术劳务价值。要加大专业人才的培训和继续教育工作力度，帮助专业人才实现自我成长和能力提升。鼓励具有相关专业背景并热心大众心理健康服务的组织和个人，积极参加心理健康知识宣传普及等志愿服务。（国家发展改革委、民政部、财政部、人力资源社会保障部、国家卫生计生委按职责分工负责）

19. 发挥心理健康服务行业组织作用。在卫生计生行政部门指导下，建立跨专业、跨部门的国家心理健康服务专家组，充分发挥心理健康服务行业组织作用，对各部门各领域开展心理健康服务提供技术支持和指导。依托专家组和行业组织，制订心理健康服务机构和人员登记、评价、信息公开等工作制度，建立国家和区域心理健康服务机构和人员信息管理体系，将相关信息纳入国家企业信用信息公示系统和国家统一的信用信息共享交换平台。对各类心理健康机构服务情况适时向社会公布，逐步形成"优胜劣汰"的良性运行机制。要建设一批心理健康服务示范单位。心理健康服务行业组织要充分发挥桥梁纽带作用，协助政府部门制定行业技术标准和规范，建立行规行约和行业自律制度，向行业主管部门提出违规者惩戒和退出建议。要开展心理健康服务机构管理者和从业人员的继续教育，不断提升心理健康服务行业整体服务水平。发挥心理健康相关协会、学会等社团组织作用，加强心理健康学术交流、培训、科学研究等工作，促进心理健康服务规范发展。（国家卫生计生委牵头，民政部、科协、中科院等相关部门配合）

七、加强组织领导和工作保障

20. 加强组织领导。各级党委、政府要将加强心理健康服务、健全社会心理服务体系作为健康中国建设重要内容，纳入当地经济和社会发展规划，并作为政府目标管理和绩效考核的重要内容。要建立健全党政领导、卫生计生牵头、综治协调、部门各负其责、各方积极配合的心理健康服务和社会心理服务体系建设工作机制和目标责任制，推动形成部门齐抓共管、社会力量积极参与、单位家庭个人尽力尽责的工作格局。要把心理健康教育作为各级各类领导干部教育培训的重要内容，把良好的心理素质作为衡量干部综合能力的重要方面，全面提升党员领导干部的心理素质。（各相关部门按职责分工负责）

21. 明确部门职责。各部门各行业要做好本部门本行业内人员的心理健康教育和心理疏导等工作。卫生计生部门牵头心理健康服务相关工作，制订行业发展相关政策和服务规范，指导行业组织开展工作，并会同有关部门研究心理健康服务相关法律及制度建设问题。综治机构做好社会心理服务疏导和危机干预，并将其纳入综治（平安建设）考评内容。宣传、文化、新闻出版广播电视部门负责协调新闻媒体、各类文化组织开展心理健康宣传教育。发展改革部门负责将心理健康服务、社会心理服务体系建设纳入国民经济和社会发展规划，完善心理健康服务项目价格政策。教育部门负责完善心理健康相关学科建设，加强专业人才培养，健全各级教育机构心理健康服务体系，组织各级各类学校开展学生心理健康服务工作。科技部门加大对心理健康服务相关科学技术研究的支持力度，并加强科技成果转化。公安、司法行政部门负责完善系统内心理健康服务体系建设，建立重大警务任务前后心理危机干预机制，组织开展被监管人员和强制隔离戒毒人员的心理健康相关工作。民政部门负责引导与管理城乡社区组织、社会组织、社会工作者参与心理健康服务，推动心理健康领域社会工作专业人才队伍建设。财政部门加大心理健康服务投入并监督使用。人力资源社会保障部门负责心理咨询师职业资格鉴定工作的规范管理。工商部门对未经许可擅自从事心理咨询和心理治疗的机构，依有关主管部门提请，依法予以吊销营业执照。中医药管理部门负责指导中医医疗机构做好心理健康服务相关工作。工会、共青团、妇联、残联、老龄办等组织负责职业人群和儿童青少年、妇女、残疾人、老年人等特定工作对象的心理健康服务工作。各相关部门要根据本指导意见制定实施方案。（各相关部门按职责分工负责）

22. 完善法规政策。不断完善心理健康服务的规范管理，研究心理健康服务相关法律问题，探索将心理健康专业人员和机构纳入法制化管理轨道，加快心理健康服务法制化建设。各地各部门要认真贯彻执行《精神卫生法》，并根据工作需要，及时制定加强心理健康服务、健全社会心理服务体系的相关制度和管理办法。鼓励各地结合本地实际情况，建立心理健康服务综合试点，充分发挥先行先试优势，不断改革创新，将实践探索得来的好经验好方法通过地方性法规、规章制度、政策等形式固化下来，为其他地区加强心理健康服务、健全社会心理服务体系提供示范引导。（国家卫生计生委牵头，相关部门配合）

23. 强化基础保障。要积极落实基层组织开展心理健康服务和健全社会心理服务体系的相关政策，加大政府购买社会工作服务力度，完善政府购买社会工作服务成本核算制度与标准规范。要建立多元化资金筹措机制，积极开拓心理健康服务公益性事业投融资渠道。鼓励社会资本投入心理健康服务领域。（民政部、财政部、国家卫生计生委按职责分工负责）

24. 加强行业监管。以规范心理健康服务行为、提高服务质量和提升服务水平为核心，完善心理健康服务监督机制，创新监管方式，推行属地化管理，规范心理健康服务机构从业行为，强化服务质量监管和日常监管。心理健康服务行业组织要定期对心理健康服务机构进行评估，将评估结果作为示范单位、实践基地建设和承接政府购买服务项目的重要依据。加强对心理健康数据安全的保护意识，建立健全数据安全保护机制，防范因违反伦理、安全意识不足等造成的信息泄露，保护个人隐私。（国家卫生计生委牵头，相关部门配合）

25. 加强心理健康相关科学研究。大力开展心理健康相关的基础和应用研究，开展本土化心理健康基础理论的研究和成果转化及应用。针对重点人群的心理行为问题和危害人民群众健康的重点心理疾病，开展生物、心理、社会因素综合研究和心理健康问题的早期识别与干预研究，推广应用效果明确的心理干预技术和方法；鼓励开展以中国传统文化、中医药为基础的心理健康相关理论和技术的实证研究，逐步形成有中国文化特色的心理学理论和临床服务规范。加强心理健康服务相关法律与政策等软科学研究，为政策法规制订实施提供科学依据。鼓励开展基于互联网技术的心理健康服务相关设备和产品研发，完善基础数据采集和平台建设。加强国际交流与合作，吸收借鉴国际先进科学技术及成功经验。（科技部牵头，教育部、国家卫生计生委、中科院、国家中医药局等相关部门配合）

国家卫生计生委 中宣部 中央综治办 国家发展改革委 教育部 科技部 公安部 民政部 司法部 财政部 人力资源社会保障部 文化部 工商总局 新闻出版广电总局 中科院 国家中医药局 全国总工会 共青团中央 全国妇联 中国科协 中国残联 全国老龄办

参考文献

［1］《马克思恩格斯选集》（1-4卷），人民出版社 2012 年版。

［2］中共中央文献研究室编：《建国以来重要文献选编》（1949-1965），中央文献出版社 2011 年版。

［3］中共中央文献研究室编：《三中全会以来重要文献选编》，中央文献出版社 2011 年版。

［4］《毛泽东选集》（1-4卷），人民出版社 1991 年版。

［5］《邓小平文选》（1-3卷），人民出版社 1993 年版。

［6］《江泽民文选》（1-3卷），人民出版社 2006 年版。

［7］《胡锦涛文选》（1-3卷），人民出版社 2016 年版。

［8］《习近平谈治国理政》（第 1-4 卷），外文出版社 2014、2017、2020、2022 年版。

［9］中共中央文献研究室编：《十八大以来重要文献选编》（上中下），中央文献出版社 2013、2016、2018 年版。

［10］中共中央党史和文献研究室编：《十九大以来重要文献选编》（上中），中央文献出版社 2019、2021 年版。

［11］中共中央党史和文献研究室编：《习近平关于尊重和保障人权论述摘编》，中央文献出版社 2021 年版。

［20］《习近平法治思想概论》编写组：《习近平法治思想概论》，高等教育出版社 2021 年版。

［21］习近平：《在庆祝中国共产党成立 100 周年大会上的讲话》，人民出版社 2021 年版。

［22］习近平：《在庆祝中华人民共和国成立 70 周年大会上的讲话》，人民出版社 2019 年版。

［23］习近平：《论坚持全面依法治国》，中央文献出版社 2020 年版。

［24］中共中央文献研究室编：《习近平关于社会主义社会建设论述摘编》，中央文献出版

社 2017 年版。

［25］习近平：《决胜全面建成小康社会　夺取新时代中国特色社会主义伟大胜利——在中国共产党第十九次全部代表大会上的报告》，人民出版社 2017 年版。

［26］习近平：《高举中国特色社会主义伟大旗帜　为全面建设社会主义现代化国家而团结奋斗——在中国共产党第二十次全部代表大会上的报告》，人民出版社 2022 年版。

［27］中华人民共和国国务院新闻办公室：《中国的全面小康》，人民出版社 2021 年版。

［28］中华人民共和国国务院新闻办公室：《中国新型政党制度》，人民出版社 2021 年版。

［29］中华人民共和国国务院新闻办公室：《中国共产党尊重和保障人权的伟大实践》，人民出版社 2021 年版。

［30］中华人民共和国国务院新闻办公室：《抗击新冠肺炎疫情的中国行动》，人民出版社 2020 年版。

［31］《中华人民共和国国民经济和社会发展第十四个五年规划和 2035 年远景目标纲要》，人民出版社 2021 年版。

［32］《"十四五"国民健康规划》，人民卫生出版社 2022 年版。

［33］健康中国行动促进委员会办公室编：《健康中国行为文件汇编》，人民卫生出版社 2019 年版。

［34］健康中国行动促进委员会办公室编：《健康中国行动文件解读》，人民卫生出版社 2019 年版。

［35］（战国）佚名：《黄帝内经　灵枢》，中国医药科技出版社 2018 年版。

［36］张默生原著，张翰勋校补：《庄子新释》，齐鲁书社 1996 年版。

［37］潘菽、高觉敷主编：《中国古代心理学思想研究》，江西人民出版社 1983 年版。

［38］高觉敷主编：《中国心理学史》，人民教育出版社 1985 年版。

［39］叶锦成、高万红主编：《中国精神卫生服务：挑战与前瞻》，社会科学文献出版社 2012 年版。

［40］李筱永、张博源主编：《精神健康社区治理与法治保障研究》，中国政法大学出版社 2019 年版。

［41］易雪媛主编：《"健康中国"战略下健康文化多维研究》，四川大学出版社 2022 年版。

［42］方鹏骞编著：《推进健康中国发展战略研究——基于全民健康覆盖的视角》，科学出版社 2020 年版。

［43］王文科、叶姬：《健康中国战略背景下公共健康伦理研究》，上海三联书店 2020 年版。

［44］苗艳青等：《健康中国战略下的绿色卫生服务体系论》，中国环境科学出版社 2018 年版。

[45] 杨国安主编:《中国公民健康素养三字经》,中国人口出版社 2021 年版。

[46] 傅小兰、张侃等主编:《中国国民心理健康发展报告（2017～2018）》,社会科学文献出版社 2019 年版。

[47] 傅小兰、张侃等主编:《中国国民心理健康发展报告（2019～2020）》,社会科学文献出版社 2021 年版。

[48] [挪] A. 艾德、C. 克洛斯、A. 罗萨斯主编:《经济、社会和文化权利教程》（修订第 2 版）,中国人权研究会组织翻译,四川人民出版社 2004 年版。

[49] 宋志明:《薪尽火传:宋志明中国古代哲学讲稿》,北京师范大学出版社 2010 年版。

[50] 林来梵:《从宪法规范到规范宪法:规范宪法学的一种前言》,法律出版社 2001 年版。

[51] [日] 大须贺明:《生存权论》,林浩译,法律出版社 2001 年版。

[52] 国际人权法教程项目组编写:《国际人权法教程》（第 2 卷）,中国政法大学出版社 2002 年版。

[53] 徐显明主编:《国际人权法》,法律出版社 2004 年版。

[54] 中国大百科全书出版社《简明不列颠百科全书》编辑部译编:《简明不列颠百科全书（1-10）》,中国大百科全书出版社 1985、1986 年版。

[55] 朱景文主编:《全球化条件下的法治国家》,中国人民大学出版社 2006 年版。

[56] 汪习根等:《中国发展权研究报告——话语体系构建》,人民出版社 2020 年版。

[57] 汪习根等:《发展权全球法治机制研究》,中国社会科学出版社 2008 年版。

[58] 汪习根等:《平等发展权法律保障制度研究》,人民出版社 2018 年版。

[59] 信春鹰主编:《中华人民共和国精神卫生法解读》,中国法制出版社 2012 年版。

[60] 申卫星主编:《〈中华人民共和国基本医疗卫生与健康促进法〉理解与适用》,中国政法大学出版社 2020 年版。

[61] 国家卫生健康委法规司编:《中华人民共和国基本医疗卫生与健康促进法专家解读》,中国人口出版社 2021 年版。

[62]《中华人民共和国食品安全法》编写小组编写:《<中华人民共和国食品安全法>释义及适用指南》,中国市场出版社 2009 年版。

[63] [日] 芦部信喜原著,[日] 高桥和之增订:《宪法学》,林来梵等译,北京大学出版社 2006 年版。

[64] 王世杰、钱端升:《比较宪法学》,中国政法大学出版社 2004 年版。

[65] 吴家清、邓世豹、杜承铭:《宪法学新论》,吉林人民出版社 2001 年版。

[66] 姜士林等主编:《世界宪法全书》,青岛出版社 1997 年版。

[67] 江平主编:《民法学》,中国政法大学出版社 2000 年版。

[68] 王利明：《人格权法研究》，中国人民大学出版社 2005 年版。

[69] 王利明等编著：《人格权法》，法律出版社 1997 年版。

[70] 魏振瀛主编：《民法》，北京大学出版社、高等教育出版社 2000 年版。

[71] [美] 斯科特·伯里斯、申卫星主编：《中国卫生法前沿问题研究》，北京大学出版社 2005 年版。

[72] 徐显明主编：《人权研究》（第 5 卷），山东人民出版社 2005 年版。

[73] 陈甦、田禾主编：《中国卫生法治发展报告 No.1 （2021）》，社会科学文献版社 2022 年版。

[74] 莫纪宏、田禾主编：《中国法治发展报告 No.20 （2022）》，社会科学文献出版社 2022 年版。

[75] 冯果、武亦文主编：《中国健康法治发展报告 （2020）》，社会科学文献出版社 2020 年版。

[76] 王鸿春等主编：《中国健康城市建设研究报告 （2021）》，社会科学文献出版社 2022 年版。

[77] 李林、田禾主编：《中国地方法治发展报告 No.7 （2021）》，社会科学文献出版社 2022 年版。

[78] 石佑启、朱最新主编：《中国地方立法蓝皮书 （广东省地方立法年度观察报告 2020）》，中国社会科学出版社 2022 年版。

[79] 杨立新、李怡雯：《中国民法典新规则要点》，法律出版社 2020 年版。

[80] 杨立新：《中华人民共和国民法典条文要义》，中国法制出版社 2020 年版。

[81] 杨明伟编著：《突发应对：人类卫生健康共同体下的中国方案》，辽宁人民出版社 2022 年版。

[82] 胡慧远主编：《实施健康湖北战略智库建设：新时代健康中国长江经济带战略》，武汉大学出版社 2020 年版。

[83] 郑真真等：《中国老年健康调查及数据库建设》，科学出版社 2021 年版。

[84] 黄希庭、郑涌：《心理学十五讲》（第 2 版），北京大学出版社 2014 年版。

[85] 黄希庭：《探究人格奥秘》，商务印书馆 2014 年版。

[86] 黄希庭等：《健全人格与心理和谐》，重庆出版社 2010 年版。

[87] 马建青：《心理卫生与心理咨询论丛》，浙江大学出版社 2004 年版。

[88] 王敬群、邵秀巧：《心理卫生学》，南开大学出版社 2005 年版。

[89] 樊富珉、王建中主编：《当代大学生心理健康教程》，武汉大学出版社 2006 年版。

[90] 樊富珉、费俊峰编著：《青年心理健康十五讲》，北京大学出版社 2006 年版。

[91] 鲁龙光：《心理疏导疗法》，人民卫生出版社 2006 年版。

[92] 马有度：《中国心理卫生学》，四川科技出版社 1988 年版。

[93] 《国家学生体质健康标准解读》编委会编著：《国家学生体质健康标准解读》，人民教育出版社 2007 年版。

[94] 谢鹏程：《公民的基本权利》，中国社会科学出版社 1999 年版。

[95] ［美］托马斯·伯根索尔等：《国际人权法精要》（第 4 版），黎作恒译，法律出版社 2010 年版。

[96] 郭曰君等：《国际人权救济机制和援制度研究：以〈经济、社会和文化权利国际公约任择议定书〉为中心》，中国政法大学出版社 2015 年版。

[97] 黄金荣主编：《〈经济、社会、文化权利国际公约〉国内实施读本》，北京大学出版社 2011 年版。

[98] 黄金荣著：《司法保障人权的限度——经济和社会权利可诉性问题研究》，社会科学文献出版社 2009 年版。

[99] ［美］托马斯·H. 黎黑：《心理学史》（上下），李维译，浙江教育出版社 1998 年版。

[100] Commission on Human Rights. Preliminary report of the Special Rapporteur ［R］. E/CN. 4/2003/58，7.

[101] WHO. Mental Health：New Understanding, New Hope ［R］，2001.

[102] Melvyn Freeman, Soumitra Pathare：《世界卫生组织精神卫生、人权与立法资源手册》，2006 年。

[103] Eric Rosenthal, Clarence J. Sundram：《国际人权在国家精神卫生立法方面的作用》，WHO 2002 年。

[104] Mental Health Action Plan for Europe：Facing the Challenges, Building Solutions ［R］，2005.

[105] 《国家学生体质健康标准解读》编委会编著：《国家学生体质健康标准解读》，人民教育出版社 2007 年版。

[106] 张翔："基本权利的受益权功能与国家的给付义务——从基本权利分析框架的革新开始"，载《中国法学》2006 年第 1 期。

[107] 杜承铭、谢敏贤："论健康权的宪法权利属性及实现"，载《河北法学》2007 年第 1 期。

[108] 栗克清等："中国精神卫生服务及其政策：对 1949-2009 年的回顾与未来 10 年的展望"，载《中国心理卫生杂志》2012 年第 5 期。

[109] 陈润滋等："中国 2009-2019 年的精神卫生政策与实施"，载《中国心理卫生杂志》2020 年第 7 期。

[110] 王玮等："部分发达国家心理健康研究与促进的政策及启示"，载《中国卫生政策研究》2019 年第 10 期。

[111] 严丽萍等："健康促进学校建设政策、环境、服务和需求分析"，载《中国健康教育》2018 年第 5 期。

[112] 陈善平等："《国家学生体质健康标准》政策态度理论模型的实证分析"，载《西安体育学院学报》2020 年第 2 期。

[113] 林崇德等："科学地理解心理健康与心理健康教育"，载《陕西师范大学学报（哲学社会科学版）》2003 年第 5 期。

[114] 沈德立、马惠霞："论心理健康素质"，载《心理与行为研究》2004 年第 4 期。

[115] 张大均、王鑫强："心理健康与心理素质的关系：内涵结构分析"，载《西南大学学报（社会科学版）》2012 年第 3 期。

[116] 林崇德："'心理和谐'是心理学研究中国化的催化剂"，载《心理发展与教育》2007 年第 1 期。

[117] 丛晓波、田录梅、张向葵："自尊：心理健康的核心——兼谈自尊的教育意境"，载《东北师大学报》2005 年第 1 期。

[118] 肖汉仕："心理素质的结构及其内外关系"，载《中国教育学刊》1999 年第 4 期。

[119] 刘翔平、曹新美："给心理健康教育注入积极心理学因素"，载《教育研究》2008 年第 2 期。

[120] 陈建文、王滔："社会适应与心理健康"，载《西南师范大学学报（人文社会科学版）》2004 年第 3 期。

[121] 李蔚："心理健康的定义和特点"，载《教育研究》2003 年第 10 期。

[122] 李寿欣、张秀敏："中西方关于心理健康标准问题的探讨及对我们的启示"，载《心理学探新》2001 年第 3 期。

[123] 彭国强、舒盛芳："美国国家健康战略的特征及其对健康中国的启示"，载《体育科学》2016 年第 9 期。

[124] 林增学："心理健康结构维度的研究概述及理论构想"，载《社会科学家》2000 年第 6 期。

[125] 健康中国行动推进委员会："健康中国行动（2019—2030 年）：总体要求、重大行动及主要指标"，载《中国循环杂志》2019 年第 9 期。

[126] 石林、李睿："正念疗法：东西方心理健康实践的相遇和融合"，载《中国临床心理学杂志》2011 年第 4 期。

[127] 佘双好："心理健康教育何以成为思想政治教育的研究领域"，载《马克思主义研究》2007 年第 3 期。

［128］马宁等："《新型冠状病毒感染的肺炎疫情紧急心理危机干预指导原则》专家解析"，载《中华精神科杂志》2020年第2期。

［129］万瑜："'健身气功·八段锦'练习对大学生心理健康的影响"，载《北京体育大学学报》2011年第12期。

［130］明志君、陈祉妍："心理健康素养：概念、评估、干预与作用"，载《心理科学进展》2020年第1期。

［131］江光荣等："心理健康素养：内涵、测量与新概念框架"，载《心理科学》2020年第1期。

［132］郭恒等："心理健康素养的概念、测量及影响因素"，载《中国健康教育》2017年第10期。

［133］江光荣等："中国国民心理健康素养的现状与特点"，载《心理学报》2021年第2期。

［134］徐显明："习近平关于尊重和保障人权重要论述与中国人权事业进步"，载《人权研究》2022年第1期。

［135］王金龙："传统养心思想及其当代健康价值"，载《大连海事大学学报（社会科学版）》2015年第5期。

［136］黄大建："老子的'养心'思想及其当代价值"，载《江西财经大学学报》2003年第5期。

［137］吴志超："中国古代养生心理学思想试探"，载《北京体育大学学报》1995年第1期。

［138］董云波、陈中永："中国古代心理健康思想初探"，载《内蒙古师范大学学报（哲学社会科学版）》2010年第2期。

［139］黄大建："中国古代'养心'思想述论"，载《南昌大学学报（人文社会科学版）》2003年第1期。

［140］叶一舵："论德育与心理健康教育的双向结合"，载《思想教育研究》2002年第6期。

［141］范美香："高校学生心理健康教育与思想政治教育关系探究"，载《教育探索》2007年第1期。

［142］马建青、杨肖："心理育人的内涵、功能与实施"，载《思想理论教育》2018年第9期。

［143］俞国良："我国中小学心理健康教育的现状与发展"，载《教育科学研究》2001年第7期。

［144］叶一舵："我国大陆学校心理健康教育二十年"，载《福建师范大学学报（哲学社

会科学版）》2008 年第 6 期。

[145] 姚本先、陆璐："我国大学生心理健康教育研究的现状与展望"，载《心理科学》2007 年第 2 期。

[146] 俞少华、张亚林："我国大学生心理辅导现状"，载《中国心理卫生杂志》2002 年第 2 期。

[147] 昌敬惠、袁愈新等："新型冠状病毒肺炎疫情下大学生心理健康状况及影响因素分析"，载《南方医科大学学报》2020 年第 2 期。

后 记

　　早上起来打开手机，才知道今天是"大暑"节气。北京时间 2022 年 7 月 23 日 4 时 7 分大暑，来了，而且是今年夏季最后的一个节气了。"暑"代表炎热，"大暑"，相对于小暑，更加炎热，炎热之极，是一年中阳光最猛烈、最炎热的节气，"湿热交蒸"在此时到达顶点。赶上了这个特殊的日期交稿，不是约定，而是巧合。约定的是 7 月 20 日交稿，已签字画押的，最后截止时间的，结果在满以为绰绰有余的预留时间内，心想肯定会提前个几天完成，而且是在自己算盘的时间内不紧不慢地完成，至少故意提前个一两天交稿，向出版社展示一下我做事的态度。结果是事与愿违，节外生枝的事情一件一件地压来，而且都很重要，也都很紧急，甚至比我签字画押的契约更紧急。思来想去，在我知天命的年龄还真不能听天由命呢，然而出现家事的耽误、工作事的延误、书稿事的违约，都是拖不起的事情，都是有截止时间的，都是必须在限期内完成的事情。感觉时间过得真快啊，而且属于自己的时间太少了。回过头来一想，也许是自己没有利用好时间。时间是最公平的，对待每个人都一样，你公平地对待时间，时间也公平地对待你，当你不公平地对待时间，时间也会不公平地对待你。突然想起圣人孔子用"逝者如斯夫，不舍昼夜"勉励后辈们要珍惜人生时间话语，可惜年轻时根本不懂这句话的意思。这里还是要先感谢一下出版社的丁春晖编辑，是他帮忙进行了这次"时间调整"——延迟个两三天交稿，正好赶上"大暑"这个日子收官，可能是对我的厚爱，也可能是时间对我的馈赠。不管怎么说还是要感谢丁编辑在严谨的契约履行中留有余地的关爱。"大暑"尽管天气极热，但又是盛夏对万物的馈赠，万物感暑气而奋发，在自然天地里各争其时，迅猛生长。俗话说，"大暑至，万物荣华""大暑不暑，五谷不鼓"。大暑也是考验我们祖先们挥汗如雨、精耕细作的好节气，"大暑热，田头歇；大暑凉，水满塘"，大暑天做好庄稼抢收抢种、抗旱排涝，才能迎来秋收。

记得从 2007 年那个暑假开始就已开始关注促进国民心理健康的法治保障话题。转眼间，十五年过去了，时间过得真快啊。尽管这些年一直在关注这个话题，遇到这个话题格外亲切，把资料收集下列，不时写写文章，一年或两年一篇。但是总觉得自己的认识没有跟上时代发展的步伐，也没有跟上社会发展的需求，跳不出自己的认知局限，遭遇了井蛙的境况。随着党和国家把全民健康纳入治国基本理念，实施健康中国战略，把人民健康融入各项政策和健康优先发展战略，重拾"大健康大卫生理念"，发布《"健康中国2030"规划纲要》和《健康中国行动 2019—2030 年》，制定《基本医疗卫生与健康促进法》《精神卫生法》等法规，出台我国出台首个心理健康领域宏观指导性文件《关于加强心理健康服务指导意见》，我国精神卫生事业和公民心理健康促进才真正走上了法治化轨道。这时候才感觉到，自己在这方面的研究不能再拖了，否则真的跟不上时代的步伐了。今年暑假突然想找回自己多年前的一个梦想，想把自己在国民心理健康法治保障方面的点滴研究体会杀青成册，作为天命年的一个傲娇，作为一个阶段的小结，作为多年来对支持、关心、厚爱我的老师、家人、同学、同事、朋友的一个小问候。一想起自己的水平，哎，下不为例吧，五十知天命。

在本书的成书过程中，需要感谢的人很多。感谢我的研究生导师吴家清教授，没有他的指导和帮助，也就没有我今天的学术成长之路。感谢我读研究生期间的所有老师，特别是杜承铭教授、邓世豹教授、朱孔武教授、房文翠教授，还有孟老师、刘老师、戴老师，还有研究生处的朱老师、段老师、林老师、杨老师，还有每一位教过我的老师，没有他们的悉心指导和教诲，也就没有我今天的学术成长。

感谢广东工程职业技术学院的各位领导、老师、同事和同学们，是他们长期的支持、鼓励和陪伴才使我有勇气在这里度过了人生的第二个十五年，才使我有机会在这里不断地成长。特别是要感谢方燕教授，研究生毕业后我面临人生第二次择业，毅然来到贵单位，在这里人生地不熟，一干就是十多年，全是在她的带领和指导下一点一滴成长的，她也是我人生的指导老师，没有她的激励和引导也就没有我今天的成长。感谢广东工程职业技术学院马克思主义学院的郭华生院长、张建德书记、柏欣副院长，感谢对我默默支持的各位同事，还有很多"80后""90后""00后"，没有他们的大力支持，我不会有顺利成长的机会的。

特别感谢韶关学院法学院陈军院长的大力支持和帮助，因为是在陈教授的大力帮助和指导下才顺利出书的。

感谢一直以来帮助我的同学和朋友！感谢未感谢到的所有人！

最后，还要特别感谢我的家人，妻子刘萍、女儿玉衡和儿子不多，你们永远是我不断前进的坚强后盾，没有你们的关怀和鼓励，我也不会取得任何进步。

本书在写作过程中，参考了许多学者的相关研究成果，从中获得了许多有益的启示，在此一并表示感谢！特此说明一下，在最后付梓时，出版社及其编辑对书稿进行了优化删减与修改，虽有不适，后渐解其厚爱。

由于作者水平有限，本书在写作过程中，难免有许多不足之处：如所采用的数据不够新、所参考的英文文献有点少、各章节内容不够平衡、论述不够深刻、某个观点有疏漏或者不当之处，用词有错误之处。对于书中的种种不足，恳请读者多多批评指正。

在五千多年文明中，勤劳、勇敢、智慧的中华民族经过无数次生死劫难后形成了几乎能抗拒时间冲击的自强不息、厚德载物、天人合一、生生不息、和而不同、美美与共、以人为本、天下大同的民族品格和精神追求。即便是在那样一个连基本生活都不能有效保障的农业文明时代，伟大的先民创造了灿烂辉煌的中华文明，哺育了一代又一代华夏儿女。正如网友们引以为豪地慨叹，"此生无悔入华夏，来生愿在种花家"。这种有限的社会心理和谐和个体心理健康在农业文明时代得以平衡延续并推动了中华文明走上了人类文明的顶峰。但由于体制的僵化、人的潜力发展有限、物质文明的匮乏和西方侵略式工业文明的冲击，打破了中华农业文明的平衡。特别近代以来，中华民族遭受了前所未有的国家蒙辱、人民蒙难、文明蒙尘，四分五裂，任人宰割。在几千年中华文明中形成的顶天立地的"士的精神"激励下，一代又一代的仁人志士投身到以实现中华民族伟大复兴的救国救民大潮中。各路志士轮番出场，皆以失败告终，但拯救者前赴后继，毫不气馁。直至马克思列宁主义的到来，催生了以人民幸福、民族复兴为己任的政党——中国共产党。中国共产党团结带领中国人民，浴血奋战、百折不挠，创造了新民主主义革命的伟大成就，自力更生、发奋图强，创造了社会主义革命和建设的伟大成就，解放思想、锐意进取，创造了改革开放和社会主义建设的伟大成就，自信自强、守正创新，创造了新时代中国特色社会主义的伟大成就。经过全国各族人民的持续奋斗，在中国共产党建党一百周年，我国全面建成了小康社会，历史性地解决了绝对贫困问题，实现了中华民族的几千年梦寐以求的"小康梦"。而今，中国共产党正带领全国各族人民以中国式现代化向着全面建成社会主义现代化强国的第二个百年奋斗目标迈进。中国式现代化是人口规模巨大的现代化，是全体人民共同富裕的现代化，是物质文明与精神文明相协调的现代化，是人与自然和谐共生的现代化，是走和平发展道路的现代化。质言之，中国式现代化是实现人的全面发展的现代化，是以自立、自信、自强与和平、和谐、合和的理念解决人与自我、人与人、人与社会、人与国家、人与民族、人与世界的关系的现代化，是人类文明新形态的现代化，每个人都在明确的人生意义指导下向上、向善、向美、向和的生活，共同形成了自尊自信、理性平和、积极向上的社会心态。我们这个时代具备了实现全民心理健康的制度基础、物质基础、文化基础和社会基础。到那时，中国特色的全民心理健康需要更加完善的心理健康服务体系和服务水平，中国特色的国民心理健康发展道路也随之成形了。为了促进全民心理健康更好地实现，本书对"健康中国战略下国民心理健康法治保障"做了一点初步探索，提出了作者一点粗浅的认识，恳请专家、同行和社会各界多多批评指正。

万传华

2022 年 7 月 23 日